U0542339

◎ 贵州省哲学社会科学规划课题青年项目（23GZQN62）

生产性服务进口贸易对中国制造业升级的影响研究

Research on the Impact of Producer Service Import on the Upgrading of Manufacturing Industry in China

杨承佳　著

中国矿业大学出版社

China University of Mining and Technology Press

·徐州·

图书在版编目（CIP）数据

生产性服务进口贸易对中国制造业升级的影响研究 / 杨承佳著. — 徐州：中国矿业大学出版社，2024.6.

ISBN 978-7-5646-6292-9

Ⅰ. F426.4

中国国家版本馆 CIP 数据核字第 2024MK8434 号

书　　名	生产性服务进口贸易对中国制造业升级的影响研究
	Shengchanxing Fuwu Jinkou Maoyi Dui Zhongguo Zhizaoye Shengji de Yingxiang Yanjiu
著　　者	杨承佳
责任编辑	夏　然
出版发行	中国矿业大学出版社有限责任公司
	（江苏省徐州市解放南路　邮编 221008）
营销热线	（0516）83885370　83884103
出版服务	（0516）83995789　83884920
网　　址	http://www.cumtp.com　E-mail: cumtpvip@cumtp.com
印　　刷	湖南省众鑫印务有限公司
开　　本	710 mm×1000 mm　1/16　印张 14　字数 205 千字
版次印次	2024 年 6 月第 1 版　2024 年 6 月第 1 次印刷
定　　价	88.00 元

（图书出现印装质量问题，本社负责调换）

杨承佳 1989年12月生,贵州遵义人,仡佬族,经济学博士,访问学者,贵州大学经济学院讲师,硕士研究生导师。主要研究方向为数字经济、丝绸之路经济带与产业转型升级等。在《经济纵横》、*Journal of Resources and Ecology*等国内外核心期刊发表论文20余篇。近年来,主持省级课题2项。。

前　言

自改革开放以来，我国依托丰富的劳动力和低成本资源优势，经由中低端制造业参与全球价值链分工，取得了举世瞩目的辉煌成就，为经济社会发展奠定了坚实基础。然而，在国内国际环境发生深刻变化的新形势下，我国制造业发展仍面临创新能力不足、核心部件依赖度较高、结构性矛盾冲突、低成本优势逐渐衰退、产品技术含量不高等问题，与发达国家仍存在差距。现阶段，中国经济发展方式已由高速增长向高质量发展转变，而产业转型升级则是高质量发展的关键，这就要求产业发展从低附加值向高附加值、高污染高能耗向低污染低能耗、粗放型向集约型转型升级。如何适应和引领经济高质量发展是当前乃至今后经济发展的逻辑。十九届中央委员会第四次会议提出了推动经济高质量发展，着力要求建设高水平开放型经济，实施范围更广、领域更宽、层次更深的全面对外开放，不断推动制造业、服务业、农业扩大开放。党的二十大提出推进高水平对外开放，创新服务贸易发展机制。这些举措的提出为促进我国服务贸易发展，特别是生产性服务进口贸易发展指明方向，而生产性服务具有专业化强、知识密集度高等特点，贯穿于国民经济生产活动诸多环节。在我国服务业发展过程中，虽然生产性服务业有着极具活力、增长速度最快等特点，其增长速度甚至超越了制造业，但与发达国家相比仍然存在差距，面临水平不高、结构性矛盾突出等问题，对国民经济增长的贡献作用还有很大进步空间。制造业转型升级是推动高质量发展的重要举措，目前，我国迫切需要通过扩大生产性服务进口贸易促进制造业升级水平提升，增强经济高质量发展优势。因此，研究如何通过扩大生产性服务进口贸易促进我国制造业升级，进而增强和保持经济高质量发展优势具有重要的理论意义和实践价值。

本书在归纳和总结已有相关文献对生产性服务业、生产性服务贸易和制造业升级概念界定的基础上，探讨生产性服务进口贸易影响制造业升级的理论机理，重点探究生产性服务进口贸易如何影响制造业升级，据此为本书提出研究假设，并通过构建数理模型刻画生产性服务进口贸易与制造业升级之间是否存在内在的函数关系。在此基础上，依托省际面板数据和行业面板数据，分析生产性服务进口贸易与制造业升级的时序变化特征及事实；基于制造业产业间升级视角、制造业产业内升级视角和制造业价值链升级视角，通过设定计量检验模型并结合静态面板估计、动态 GMM 估计模型实证考查生产性服务进口贸易对制造业升级的影响作用，并采用中介效应方法验证生产性服务进口贸易通过何种途径影响制造业升级，得出一系列有益的结论，据此提出具有针对性的政策建议。研究结论主要包括：第一，生产性服务进口贸易总体规模、结构有着波动起伏的时序变化特征，制造业升级水平也呈波动变化趋势，且这种时序变化特征存在行业和区域差异；第二，生产性服务进口贸易确实有助于制造业升级水平提升，而且这种提升效应存在明显的区域异质性和行业异质性；第三，生产性服务进口贸易确实有助于制造业升级水平提升，而且这种提升效应是依靠技术溢出效应、制度创新效应和规模经济效应等多种途径来实现的。

本书的主要创新点如下：第一，拓展了研究视域。本书基于制造业产业间升级视角、制造业产业内升级视角和制造业价值链升级视角，构建了制造业产业结构整体升级指数、制造业产业结构高级化指数、制造业产业结构内部变革指数以及制造业出口技术复杂度指数，从行业层面和区域层面系统考查了生产性服务进口贸易对制造业升级的影响，丰富和拓展了生产性服务进口贸易影响制造业升级的研究视域。第二，延伸了研究内容。本书全面和系统考查了跨境交付下生产性服务进口贸易对制造业升级的影响，以及商业存在下生产性服务业 FDI 对制造业升级的影响，延伸了生产性服务进口贸易影响制造业升级的研究内容。第三，丰富了实证内容。本书从理论层面探讨生产性服务进口贸易主要通过规模经济效应、竞争效应、技术溢出效应等多种途径影响制造业升级，并依托现实数据，结合中介效应方法验证生产性服务进口贸易是否通过规模经济效应、竞争效应、技术溢出效应等多种途径影响制造业升级，丰富了实证研究维度和内容。

杨承佳

2024年3月

目 录

第1章 导论 1

  1.1 研究背景及意义 1

    1.1.1 研究背景 1

    1.1.2 研究意义 3

  1.2 研究思路与研究内容 5

    1.2.1 基本思路 5

    1.2.2 研究内容 6

  1.3 研究方法 9

  1.4 本书的创新点 10

第2章 理论基础与文献综述 13

  2.1 理论基础 13

    2.1.1 生产性服务贸易的理论基础 13

    2.1.2 产业升级理论 17

  2.2 文献综述 22

    2.2.1 生产性服务业与制造业升级的相关研究 22

    2.2.2 服务贸易与制造业升级的相关研究 25

    2.2.3 生产性服务贸易与制造业升级的相关研究 27

  2.3 对已有研究成果的总结性述评 30

第3章 生产性服务进口贸易对制造业升级影响的理论机理 32

  3.1 相关概念界定 33

  3.1.1 生产性服务业的概念界定 ················· 33
  3.1.2 生产性服务贸易的概念界定 ··············· 36
  3.1.3 制造业升级的概念界定 ··················· 37
 3.2 生产性服务进口贸易影响制造业升级的机理分析 ········ 39
  3.2.1 生产性服务进口贸易影响制造升级的机理 ······· 39
  3.2.2 生产性服务进口贸易分方式影响制造升级的机理 ··· 44
 3.3 数理模型 ··································· 47
  3.3.1 基于跨境交付角度的分析 ················· 47
  3.3.2 基于商业存在角度的分析 ················· 50
 3.4 本章小结 ··································· 53

第4章 生产性服务进口贸易与中国制造业升级的特征与事实 ······ 55
 4.1 生产性服务进口贸易的特征及事实 ················ 55
  4.1.1 生产性服务进口贸易总体规模 ·············· 55
  4.1.2 生产性服务进口贸易结构 ················· 57
 4.2 制造业升级的特征及事实 ······················ 59
  4.2.1 行业层面 ··························· 59
  4.2.2 地区层面 ··························· 63
 4.3 生产性服务进口贸易与制造业升级的基本关系 ········· 67
  4.3.1 产业间升级视角下生产性服务进口贸易与制造业升级的关系
    ·································· 67
  4.3.2 产业内升级视角下生产性服务进口贸易与制造业升级的关系
    ·································· 70
  4.3.3 价值链升级视角下生产性服务进口贸易与制造业升级的关系
    ·································· 71
 4.4 本章小结 ··································· 72

第5章　生产性服务进口贸易对制造业升级影响的实证分析：基于产业间升级视角 …………………………………………………………… 74

 5.1　模型、变量与数据 ……………………………………………………… 74
  5.1.1　模型设定 …………………………………………………………… 74
  5.1.2　变量选取 …………………………………………………………… 75
  5.1.3　数据来源与说明 …………………………………………………… 76
 5.2　实证结果与分析 ………………………………………………………… 79
  5.2.1　全国层面分析 ……………………………………………………… 79
  5.2.2　生产性服务进口贸易对制造业升级影响的地区差异分析 …… 81
 5.3　内生性问题 ……………………………………………………………… 83
 5.4　本章小结 ………………………………………………………………… 86

第6章　生产性服务进口贸易对制造业升级影响的实证分析：基于产业内升级视角 …………………………………………………………… 88

 6.1　行业层面的分析 ………………………………………………………… 88
  6.1.1　模型、变量与数据 ………………………………………………… 88
  6.1.2　实证结果分析 ……………………………………………………… 92
  6.1.3　细分生产性服务进口贸易的扩展研究 ………………………… 98
 6.2　区域层面的分析 ………………………………………………………… 105
  6.2.1　模型、变量与数据 ………………………………………………… 105
  6.2.2　实证结果及分析 …………………………………………………… 106
 6.3　本章小结 ………………………………………………………………… 111

第7章　生产性服务进口贸易对制造业升级影响的实证分析：基于价值链升级视角 …………………………………………………………… 113

 7.1　模型、变量与数据 ……………………………………………………… 113
  7.1.1　模型设定 …………………………………………………………… 113

    7.1.2 变量选取 ·· 114
    7.1.3 数据来源与说明 ·· 116
  7.2 实证结果及分析 ·· 118
    7.2.1 全样本分析 ·· 118
    7.2.2 不同密集型行业的分析 ································ 121
  7.3 本章小结 ·· 124

第8章 生产性服务进口贸易对制造业升级影响的机制检验：基于中介效应分析 ·· 125
  8.1 研究方法 ·· 125
  8.2 模型、变量与数据 ··· 127
    8.2.1 模型设定 ·· 127
    8.2.2 变量选取 ·· 128
    8.2.3 数据来源与说明 ·· 131
  8.3 实证结果及分析 ·· 131
    8.3.1 基于跨境交付下的分析 ······························ 131
    8.3.2 基于商业存在下的分析 ······························ 139
  8.4 本章小结 ·· 144

第9章 生产性服务进口贸易促进制造业升级的国际实践——以美、日、韩为例 ·· 146
  9.1 美国生产性服务贸易促进制造业升级的实践 ······ 146
    9.1.1 美国生产性贸易服务贸易现状 ··················· 146
    9.1.2 美国制造业发展历史 ································· 146
    9.1.3 美国制造业产业结构 ································· 148
    9.1.4 美国利用生产性服务贸易促进制造业升级的主要措施 ··· 149
    9.1.5 美国生产性服务贸易促进制造业升级对我国的启示 ······ 150

9.2 日本生产性服务贸易促进制造业升级的实践 ……………… 151
9.2.1 日本生产性服务贸易现状 ……………… 152
9.2.2 日本制造业发展历史及产业结构 ……………… 153
9.2.3 日本利用生产性服务贸易促进制造业升级主要措施 ……………… 154
9.2.4 日本生产性服务贸易促进制造业升级对我国的启示 ……………… 157

9.3 韩国生产性服务贸易促进制造业升级的实践 ……………… 158
9.3.1 韩国生产性服务贸易现状 ……………… 158
9.3.2 韩国制造业发展历史及产业结构 ……………… 159
9.3.3 韩国利用生产性服务贸易促进制造业升级主要措施 ……………… 160
9.3.4 韩国生产性服务贸易促进制造业升级对我国的启示 ……………… 163

第10章 研究结论、对策建议与研究展望 ……………… 165
10.1 研究结论 ……………… 165
10.1.1 生产性服务进口贸易影响制造业升级的理论机理 ……………… 165
10.1.2 中国生产性服务进口贸易与制造业升级的特征事实 ……………… 167
10.1.3 生产性服务进口贸易对制造业产业间升级的影响效应 ……………… 169
10.1.4 生产性服务进口贸易对制造业产业内升级的影响效应 ……………… 170
10.1.5 生产性服务进口贸易对制造业价值链升级的影响效应 ……………… 170
10.1.6 机制检验 ……………… 171

10.2 对策建议 ……………… 172
10.3 研究展望 ……………… 189

参考文献 ……………… 191

第1章 导 论

1.1 研究背景及意义

1.1.1 研究背景

制造业作为基础性产业，是我国经济社会发展的重要支柱和经济增长的重要支撑力量，对我国 GDP 贡献达40%以上。制造业的健康发展将影响就业、社会稳定和经济健康发展等各方面，制造业也是提升我国国际竞争力和影响力的重要产业，制造业产业嵌入全球价值链中的地位直接影响着我国参与国际分工的利益分配。改革开放40多年来，依托资源和劳动力的低成本优势，我国以中低端制造业嵌入全球价值链参与国际分工，制造业发展取得了举世瞩目的辉煌成就，为经济社会发展奠定了坚实基础。特别是自2010年我国成为全球制造业产出大国以来，我国制造业已被贴上"世界工厂"标签。然而，在国内国际环境发生深刻变化的新形势下，我国制造业仍面临创新能力不足、核心部件依赖度普遍较高、结构性矛盾突出、低成本优势逐渐衰弱、产品技术含量不高等问题，与发达国家仍存较大差距。现阶段，我国经济已进入新时代，由增长阶段向高质量发展阶段转变，是我国经济可持续发展的必然要求，也是破除我国社会主要矛盾的关键之举，更是实现我国社会主义现代化的重要途径。产业转型升级是经济高质量发展的关键，这就要求我国产业从低附加值向高附加值、高污染高能耗向低污染低能耗、粗放型向集约型转型升级。

如何适应和引领经济高质量发展是我国当前乃至今后经济发展的逻辑。在此背景下，党第十九届中央委员会第四次会议提出了推动经济高质量发展，着力建设更高水平开放型经济新体制，这就要求实施范围更广、领域更宽、层次更深的全面对外开放，不断推动制造业、服务业、农业扩大开放。进一步地，要全面贯彻落实党的二十大关于推进高水平对外开放的部署，既巩固已有开放成果，又扎实推动制度型开放，加快形成更高水平开放型经济新体制，既用好全球市场和资源发展自己，又推动世界共同发展。这些重大举措的提出为促进我国服务贸易发展，特别是生产性服务进口贸易发展指明方向，而制造业转型升级是推动高质量发展的关键[①]。因此，研究如何通过扩大生产服务进口贸易影响我国制造业升级，增强和引领经济高质量发展优势具有重要理论意义和实践价值。

毫无疑问，生产性服务贯穿于国民经济生产活动诸多环节，具有专业化程度高、知识技术密集的特点。我国服务业已成为拉动经济增长的中坚力量，相关统计数据显示，2022年，我国服务业增加值为638 698亿元，比上年增长2.3%，服务业增加值占国内生产总值比重为52.8%，对国民经济增长的贡献率为41.8%，拉动国内生产总值增长1.3个百分点，服务经济的主导地位已基本确立。在我国服务业发展过程中，虽然生产性服务业的增长速度较快，甚至超越了制造业，但与发达国家相比仍然存在差距，面临水平不高、结构性矛盾突出等瓶颈，对国民经济增长的贡献作用还有很大提升空间。鉴于此，在经济转型过程中如何通过扩大生产性服务进口贸易规模、优化生产性服务进口贸易结构，进而促进我国制造业升级，从而增强我国经济高质量发展优势，是亟待解决的理论和现实问题。

随着信息技术崛起和快速扩散，生产性服务已成为我国国民经济发展不可或缺的要素。2018年11月，商务部首次发布的《中国服务进口报告2018》指出，扩大研发设计、节能环保、信息技术、金融保险、商务咨询等服务进口是经济转型升级和高质量发展的需要。如何通过提升生产性服务进口贸易，促进我国

---

① 制造业转型升级是推动高质量发展的关键[N].21世纪经济报道,2018-01-16(001).

生产性服务业向专业化发展和价值链高端延伸，以推动我国制造业向高级化、服务化方向发展，是实现"中国制造"高质量发展亟待解决的现实问题。基于此，加速推进生产性服务进口贸易发展，可能是有效缓解日益严峻的资源约束、有效推动我国制造业转型升级的突破口。学术界诸多研究结论已证实了生产性服务贸易与制造业之间存在良性关系，如陈启斐等（2014）已证实生产性服务进口贸易确实有助于我国制造业升级水平的改善，而且金融服务进口贸易、研发服务进口贸易和商业服务进口贸易能够显著提高生产率；蒙英华等（2010）指出中国从美国进口中间服务品如版权、专利等对我国劳动密集型和资本密集型制造业效率具有负面影响；邱爱莲等（2016）指出商业存在的生产性服务贸易对技术密集型制造业生产率的促进作用并不明显。由此可见，学术界侧重于从单一视角出发，探讨生产性服务贸易与制造业效率之间存在何种关系，并且对其是否促进制造业生产率提升这一问题的回答存在明显争议。现有研究成果在某种程度上能够反映制造业升级状况，但缺乏从多视角、多维度探讨生产性服务进口贸易对我国制造业升级的影响。那么，生产性服务进口贸易对制造业升级是否具有影响作用，是否存在地区差异和行业异质性，其影响规律如何，国内尚缺乏相关研究。鉴于此，本书拟采用省际面板数据和行业面板数据，试图较为全面地回答上述问题，这对于实现我国制造业转型升级具有重要意义。

1.1.2 研究意义

为了重新审视和理解生产性服务进口贸易对我国制造业升级的影响作用，在阐释生产性服务贸易相关理论和制造业升级相关理论的基础上，归纳和总结对本书研究具有启示意义的现有相关理论及相关文献，进而阐释了生产性服务进口贸易影响制造业升级的理论机理，并基于经典理论模型构建生产性服务进口贸易与制造业升级的数理模型，考查二者之间存在的函数关系，依托省际数据和行业数据，据此分析生产性服务进口贸易、制造业升级的时序变化特征和规律,结合计量模型实证分析了生产性服务进口贸易对制造业升级的影响作用,以期为"十四五"时期加快发展现代服务业,推动生产性服务业向专业化和价值链高端延伸,推动现代服务业同先进制造业深度融合的政策选择提供一定的理论支持和实践参考。

1.1.2.1 理论意义

(1)有助于拓展我国制造业升级的研究视域,丰富了产业升级理论。本书基于产业间升级视角、产业内升级视角、价值链升级视角三个维度,从跨境交付和商业存在角度出发,据此论证了生产性服务进口贸易如何影响我国制造业升级,并得出一系列有益结论,为研究生产性服务进口贸易影响制造业升级提供了新的视域,并丰富了产业升级理论。

(2)有助于扩展生产性服务贸易影响制造业升级的研究维度,丰富了该领域的研究内容。学术界较多研究成果侧重于考查生产性服务进口贸易如何影响制造业国际竞争力、出口技术复杂度以及制造业效率,得出的结论尚存在争议,本书充分考虑地区和行业异质性问题,进一步按照要素不同将制造业归结为三类制造业,即劳动密集型制造业、资本密集型制造业和技术密集型制造业,在此基础上结合产业结构升级的思想和内涵,据此构造制造业产业结构整体升级—制造业产业结构高级化—制造业产业结构内部变革—出口技术复杂度四个维度的指数,论证了生产性服务进口贸易对衡量制造业升级四个维度指数的影响作用,并得出了一系列有益的结论,丰富了该领域的研究内容,克服了现有研究维度单一的问题。

(3)有助于认识生产性服务进口贸易对制造业升级影响的理论机制,丰富了该研究领域的相关理论。目前,学术界探寻了其存在的内在机制,但大多停留在理论探讨上,尚缺乏经验证实其存在的内在关系。鉴于此,本书结合相关理论探讨了生产性服务进口贸易对制造业升级影响的作用机理,并依托省际面板数据，采用中介效应检验方法考查了生产性服务进口贸易间接影响制造业升级的路径，丰富和完善了生产性服务进口贸易影响制造业升级的相关理论。

1.1.2.2 现实意义

（1）有助于地区深刻认识生产性服务进口贸易与制造业升级的时序变化特征，为政府决策制定差异化政策提供现实参考。本书整理和测算了生产性服务进口贸易规模、结构以及制造业升级指数，重点分析了生产性服务进口贸易规模、结构以及制造业升级的时序变化特征，有助于清晰认识其呈现的演变趋势和发展阶段，对政府决策制定差异化政策具有重要的实践意义。

（2）有助于为我国经济高质量发展、生产性服务业结构优化和制造业全球价值链升级政策制定提供实践基础。本书基于制造业产业间升级视角、产业内升级视角和价值链升级视角，构建了衡量制造业升级的多维指数，从行业层面和区域层面深入考查了生产性服务进口贸易对制造业升级的影响作用，并得出了有益结论，对政策制定具有重要的现实意义。

（3）有助于充分认识生产性服务进口贸易作用于制造业升级的异质性影响规律，为政府实施不同地区的生产性服务进口贸易支持政策提供参考。本书充分考虑生产性服务进口贸易对制造业升级的影响可能存在的异质性影响关系，因此，依托省际面板数据实证检验了生产性服务进口贸易与制造业升级的异质性关系，得出了有益的结论，对政府实施不同区域的生产性服务进口贸易扶持政策具有重要的实践价值。

1.2 研究思路与研究内容

1.2.1 基本思路

本书紧紧围绕"生产性服务进口贸易对中国制造业升级的影响"这一主题，阐释了生产性服务贸易相关理论和产业升级相关理论，并梳理了生产性服务进口贸易与制造业升级的相关文献，对已有研究成果进行总结性述评，在此基础上，着重探讨了理论机理，即探究生产性服务进口贸易如何影响制造业升级，并提出相应研究假设，从跨境交付与商业存在这两方面构建数理模型，分析生产性服务进口贸易与制造业升级之间是否存在函数关系，依托中国生产性服务进口贸易数据和制造业升级数据，分析生产性服务进口贸易与制造业升级的时序变化特征。本书主要回答如下问题：生产性服务进口贸易是否影响了我国制造业升级？如果有影响，是否存在行业异质性和地区异质性？生产性服务进口贸易是否依靠规模经济效应、竞争效应、消费需求效应、技术溢出效应等诸多途径影响制造业升级？

为了较为全面地回答上述问题，本书首先探究生产性服务进口贸易影响制造业升级的理论机理，并通过构建数理模型考查生产性服务进口贸易与制造业升级之间是否存在函数关系；其次，依托中国生产性服务进口贸易数据与制造业数据，重点分析生产服务进口贸易总体规模、结构的时序变化特征，以及行业层面和地区层面制造业升级水平的时序变化特征；再次，拟运用省际面板数据和行业面板数据，结合静态面板估计方法、动态 GMM 等方法试图对上述问题进行全面的回答；最后，结合中介效应检验方法，试图回答生产性服务进口贸易是否依靠规模经济效应、竞争效应、消费需求效应、技术溢出效应等诸多途径影响制造业升级。上述问题的回答，对于新时代下经济高质量发展、生产性服务业结构优化以及产业价值链升级具有重要的意义。本书具体的研究思路图如图1-1所示。

1.2.2 研究内容

本书共包括10章内容：

第1章：导论。本章首先阐述了本书的研究背景，主要阐释在国内国际环境发生深刻变化的背景下，由于国内生产性服务要素能力不足，迫切需要通过

图1-1 本书研究的基本思路图

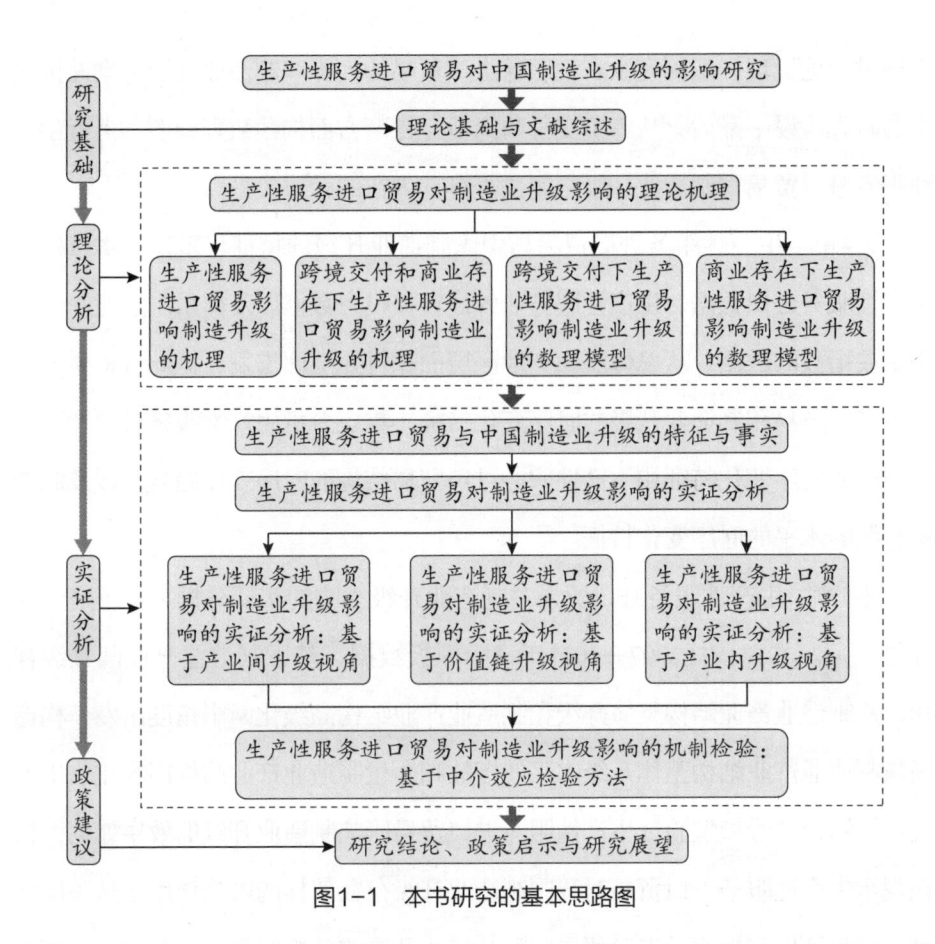

扩大国外先进生产性服务要素的进口作为我国制造业发展的中间服务要素投入；其次，从理论层面和实践层面阐述本书的意义；再次，阐述了基本思路、研究内容以及研究方法；最后，阐述了本书的主要创新点。

第2章：理论基础与文献综述。本章主要厘清生产性服务贸易相关理论、产业升级理论以及价值链升级理论，归纳和总结生产性进口贸易与制造业升级已有研究成果，并对现有成果进行总结性述评，为后续研究奠定理论基础。

第3章：生产性服务进口贸易对制造业升级影响的理论机理。首先，着重对本书研究对象的概念及内涵进行界定，包括生产性服务业、生产性服务贸易的概念及内涵进行界定，以及对制造业升级的概念及内涵进行界定；其次，重点探讨理论机理,即探究生产性服务进口贸易如何影响制造业升级,据此提出本书研究假设;最后,从跨境交付与商业存在两方面构建数理模型,考查生产性服务进口贸易与制造业升级之间是否存在内在的函数关系。

第4章:生产性服务进口贸易与中国制造业升级的特征与事实。本章根据生产性服务进口数据、生产性服务业外商直接投资数据以及衡量制造业升级水平相关指数的数据,从总体层面、地区层面和行业层面出发,据此分析生产性服务进口贸易和制造业升级的时序变化特征,重点分析生产性服务进口贸易总体规模的时序变化特征和生产性服务进口贸易结构的时序变化趋势,以及制造业升级的水平的时序变化特征。

第5章:生产性服务进口贸易对制造业升级影响的实证分析:基于产业间升级视角。本章依托2007—2021年省际面板数据,基于制造业产业间升级视角,从制造业产业结构整体升级和制造业产业结构高级化两个角度出发,构造衡量制造业产业结构整体升级水平的指数和衡量制造业产业结构高级化水平的指数,结合计量模型验证生产性服务进口贸易影响制造业升级的效果如何,旨在揭示生产性服务进口贸易对我国制造业升级存在怎样的影响作用;从不同区域角度验证生产性服务进口贸易影响制造业升级的效果如何,旨在揭示生产性服务进口贸易对制造业升级影响的地区异质性。

第6章:生产性服务进口贸易对制造业升级影响的实证分析:基于产业内升级视角。本章基于制造业产业内升级视角,从行业层面和区域层面出发,分别考查在跨境交付下生产性服务进口贸易和商业存在下生产性服务业外商直接投资对制造业升级的影响,旨在揭示基于行业层面生产性服务进口贸易对制造业升级的影响效果,以及基于区域层面生产性服务进口贸易对制造业升级的影响效果。

第7章:生产性服务进口贸易对制造业升级影响的实证分析:基于价值链升级视角。本章从制造业价值链升级视角出发,基于前文机制分析的基础上,并结合2016年WIOD发布的最新数据，首先重点考查2001—2014年生产性服务进口对制造业价值链地位提升的影响效应；其次考查2001—2014年生产性服务进口对制造业价值链地位提升影响的行业异质性。

第8章：生产性服务进口贸易对制造业升级影响的机制检验：基于中介效应检验方法。本章基于2007—2021年省级面板数据，从制造业产业间升级视角和制造业产业内升级视角出发，采用中介效应检验方法验证在跨境交付下生产性服务进口贸易对制造业升级的影响机制，以及商业存在下生产性服务业外商直接投资对制造业升级的影响机制。

第9章：生产性服务进口贸易促进制造业升级的国际实践——以美、日、韩为例。本部分以美、日、韩为例，探究生产性服务进口贸易促进制造业升级的国际实践，提炼问题、总结经验，据此为我国利用生产性服务进口贸易促进制造业升级方面提供启示。

第10章：研究结论与展望。本章重点阐述本书主要研究结论，在此基础上提出具有针对性的对策建议。此外，根据本书研究不足之处提出下一步研究展望。

1.3 研究方法

本书紧扣"生产性服务进口贸易对中国制造业升级的影响"这一主题，依托中国现实数据，结合计量模型实证考查生产性服务进口贸易对制造业升级的影响，二者相辅相成，有机统一。

（1）归纳与演绎相结合的分析方法。归纳与演绎是学术研究不可或缺的辩证分析方法，经济学科研究某一事物的特征、事实及规律离不开归纳与演绎方法。一方面，本书第2章通过运用归纳法系统厘清已有研究成果，并提炼出有助于开拓本书的研究思路、视域和方法，同时，着重分析生产性服务进口贸易的时序变化特征，以及制造业升级的时序变化特征。另一方面，结合生产性服务进口贸易与中国制造业升级的特征，运用演绎法对归纳总结出的一般规律进行拓展和研究，并通过理论分析与数理模型推导得出本书的研究假设，作为本书经验证据的基础。

（2）统计与比较相结合的分析方法。统计与比较分析相结合的方法作为本书研究的基础性方法，主要体现在第4章中，通过运用直观易懂的统计分析法分析生产性服务进口贸易总体规模、结构以及制造业升级水平的时序变化特征，并结合比较分析方法对生产性服务进口贸易的时序变化特征以及制造业升级水平的时序变化特征进行描述和比较，总结出生产性服务进口贸易与制造业升级水平之间关系的客观规律和背后深层次原因，作为后续实证分析的基础。在实证分析章节结合比较方法比较区域和行业是否存在差异，旨在揭示区域异质性和行业异质性。

（3）规范与实证相结合的分析方法。规范分析主要体现了主观价值判断，用来回答"应该是什么"的问题，而实证分析主要体现了经验证据，用来回答"是什么"的问题，规范与实证相结合的分析方法是经济学科研究的重要方法。本书第3章运用规范分析方法着重探讨理论机理，即探究生产性服务进口贸易如何影响制造业升级，据此提出相关研究假设，同时提出解决方案；通过运用统计分析得出相应数据，并结合计量模型实证检验理论假设，得出与现实相吻合的可靠结论，这对于新时代下的经济高质量发展和产业价值链升级的政策选择具有重要的实践价值。

1.4 本书的创新点

本书紧扣"生产性服务进口贸易对中国制造业升级的影响"这一主题，着重探讨了理论机理，即探究生产性服务进口贸易如何影响制造业升级，通过构建数理模型考查生产性服务进口贸易与制造业升级之间存在的内在函数关系，提出了本书研究假设，依托中国生产性服务进口贸易与制造业升级的省级面板数据和行业面板数据，基于制造业产业间升级视角、制造业产业内升级视角和制造业价值链升级视角，并根据研究需要设定计量检验模型，据此检验生产性服务进口贸易对制造业升级的影响效果，丰富了该领域研究的理论框架和实践依据。本书的创新点主要体现在如下3个方面：

（1）拓展了研究视域。目前，学术界侧重于探讨生产性服务进口贸易对制造业效率、国际竞争力、技术进步的影响作用，虽然在一定程度上考量了制造业升级的状况，但缺乏从制造业产业结构整体升级、制造业产业结构高级化、制造业产业结构内部变革、制造业价值链升级多个方面系统考查；研究视角较为单一，缺乏从行业异质性和区域异质性系统考查生产性服务进口贸易影响制造业升级的研究。鉴于此，本书基于制造业产业间升级视角、制造业产业内升级视角和价值链升级视角三个方面，构建了衡量制造业产业间升级的制造业产业结构整体升级和制造业产业结构高级化两个维度的指数，以及衡量制造业产业内升级的制造业产业结构内部变革指数和衡量制造业价值链升级的制造业出口技术复杂度指数，从行业层面和区域层面系统考查了生产性服务进口贸易对制造业升级的影响，丰富和拓展了生产性服务进口贸易影响制造业升级的研究视域。

（2）延伸了研究内容。目前，现有研究往往单方面考虑跨境交付下或商业存在下生产性服务进口贸易对制造业效率、价值链攀升等的影响，鲜有从跨境交付和商业存在两方面系统考查生产性服务进口贸易对制造业升级的影响。鉴于此，本书全面和系统考查了跨境交付下生产性服务进口贸易对制造业升级的影响作用，以及商业存在下生产性服务业外商直接投资对制造业升级的影响效果，延伸了该领域的研究内容。

（3）丰富了实证内容。目前，学术界侧重于探讨理论机理，即从理论层面探讨生产性服务进口贸易如何影响制造业升级，缺乏从实证维度考查生产性服务进口贸易如何影响制造业升级。鉴于此，本书从理论层面探讨生产性服务进口贸易主要通过规模经济效应、竞争效应、技术溢出效应等多种途径影响制造业升级，并依托现实数据，结合中介效应方法验证生产性服务进口贸易是否依靠规模经济效应、消费需求效应、物质资本积累效应等多种渠道来影响制造业升级水平的提升，从而丰富了实证内容。

第2章 理论基础与文献综述

2.1 理论基础

2.1.1 生产性服务贸易的理论基础

2.1.1.1 比较优势理论在生产性服务贸易中的普适性

大卫·李嘉图于1817年率先提出了比较优势论,并且在代表著作《政治经济学及赋税原理》中详细阐释了该理论的思想和内容,其主要建立在"绝对成本"的基础上,立足于"比较成本"概念来认识和理解国际贸易的基础。比较优势理论指出,假设世界上存在一个国家在产品生产过程中处于绝对优势,另一个国家则在产品生产过程中处于绝对劣势,但两国在劳动生产率上存在相对差别,这也导致了一国产品价格和生产成本出现差别,不同国家间产品的比较优势就会由此产生,致使国际贸易与国际分工的产生(陈晨,2017)。另外,大卫·李嘉图还指出国际贸易与国际分工的产生是由于各国生产技术存在差异使得生产成本也存在差异,必然要求出口国家相对其他国家拥有较高的技术生产率。在自由贸易下,资源在国际上自由流动,必然要求拥有较高技术生产率的国家具备更多出口的能力。由此可见,在国际贸易产生过程中绝对优势并不是唯一的必要条件,只要两国在产品生产过程中存在比较优势就会引发国际贸易。而且一国可以集中生产具有最大优势的产品或者劣势最小的产品,并非生产全部产品,也就是说,"两利相权取其重,两害相权取其轻",这样通过国际贸易实现资源有效配置,从而在参与国际分工中获得经济收益。

最初，理查德·库伯曾指出在研究服务贸易领域中，比较优势论具有一定程度的普适性。随后西方学者普遍认为比较优势论的优越性在于它在很大程度上能够将服务和商品区别开来（Sapir et al., 1980; Hindley et al., 1984），因此，比较优势理论对于服务贸易的解释具有较强的适用性。在参与国际分工的过程中，发达国家服务业具有较强的比较优势，此时，发达国家不仅扩大服务出口，而且不断阻止发展中经济体具有相当优势的服务输入到发达国家市场中。国外学者还结合比较优势论中的模型来分析运输服务贸易，发现扩大运输服务贸易开放水平有助于福利的增加（Deci et al., 1987）。我国学者指出生产性服务贸易水平的差异决定了一国比较优势，也是决定其参与国际分工地位的关键要素（成丹，2012）。由此可见，比较优势理论在生产性服务贸易领域具有较强的适用性。

2.1.1.2 要素禀赋理论在生产性服务贸易中的普适性

瑞典经济学家赫克歇尔于1919年提出了要素禀赋理论，并且在他的经典文章《对外贸易对收入分配的影响》中详细阐释了其思想和内容。生产要素的稀缺性差异是比较成本的基础，因此，赫克歇尔探究了各国资源禀赋差异与贸易发展模式之间的关联关系，从而得出了要素禀赋理论的基本观点。随后，俄林将要素禀赋理论引入国际贸易研究中，从而形成了完备的赫克歇尔-俄林定理（简称H-O定理），亦称为要素禀赋理论。而俄林定理和要素价格均等定理构成了要素禀赋理论，其中，俄林定理指出，资源禀赋决定了一国参与国际贸易与国际分工的地位，其原因在于，由于各国资源禀赋存在稀缺性差异，各国要素禀赋间存在非替代性，且国际贸易、国际分工也存在非均衡性，这就决定了一国集中生产和出口本国资源禀赋丰富的产品，进口资源禀赋稀缺的产品[①]。要素价格均等化定理指出，在自由贸易中，由于各国自然资源禀赋存在差异，

---

① 1977年诺奖得主俄林和米德简介[J]. 国有经济评论，2013，5（2）：143-148.

导致了各国生产要素的价格不同，而生产要素和商品通过国际贸易转移最终实现要素价格直接均等化和间接均等化，致使要素价格趋于均等①。在赫克歇尔提出的要素禀赋理论中，土地、资本和劳动是主要的三要素，此后，企业家才能、知识、信息和技术等隐性高级要素也被学术界视为生产要素。尽管要素禀赋理论的切入点是货物贸易，但在参与国际社会分工过程中，诸如知识、信息和技术等隐性高级要素可以通过贸易形式在国际上流动，并可以作为一国或地区经济生产活动的中间投入要素，因此，要素禀赋理论在生产性服务贸易领域也具有较强的适用性。

Deardorff（1985）最早使用 H-O 模型构建了"一种服务"模型来探讨服务贸易比较优势，他认为一国以封闭条件下的价格进行国际贸易，将使得该国出现贸易逆差现象，这就意味着一国的货物和服务贸易都是建立在比较优势的基础上来开展的。他还强调服务贸易模式主要取决于要素禀赋比较优势，并且在比较优势理论应用于服务贸易的适用性方面取得了较大突破，因此，任何国家进行服务贸易时，需要考虑服务贸易的比较优势，这是服务贸易发展的基础。国外学者基于 H-O 模型，深刻揭示了要素与服务贸易的内在关系，通过研究证实资本、劳动禀赋要素确实与服务贸易之间存在内在关系（Melvin et al.，1989）。随后，部分学者结合特定的要素模型，对服务贸易展开深入研究，并得出了有益的结论，如一国或地区在参与国际社会分工过程中，服务贸易收益的增加主要取决于服务要素的优势及其要素禀赋（Jones et al.，1990）。鉴于此，一国或地区在参与国际社会分工过程中，服务贸易方式的选择可以根据服务要素的价格水平和技术水平情况来进行选择。发达国家资本密集型服务和技术密集型服务相对于发展中国家和贫困国家占据较强的比较优势，而那些发展中国家和贫困落后国家仅仅在劳动密集型服务上相对于发达国家来说占有一定的比较优势（Falvey et al.，1991）。由此可见，一国或地区在参与国际社会分工过

---

① 陈晨. 美国与新兴经济体贸易影响因素及潜力研究 [D]. 大连：辽宁大学，2017.

程中，开展服务贸易的基础源于服务要素价格的差异，而服务要素价格的差异往往又取决于要素禀赋（王影，2013）。

综上观点可以发现，在服务贸易研究领域中，要素禀赋论具有较强的适用性。不仅如此，由于服务贸易涵盖知识、信息等隐性高级要素，恰恰这些隐性高级要素被视为生产性服务要素，因此，在生产性服务贸易研究领域中，要素禀赋论也具有较强的适用性。一国或地区在参与国际社会分工过程中，可以根据自身的要素禀赋特点，不断改进服务贸易结构，从而加速生产性服务贸易的快速发展。

2.1.1.3 新贸易理论下的相关理论在生产性服务贸易中的普适性

20世纪60年代以来，随着信息和技术的不断扩散，发达国家在参与国际分工过程中出现了进口和出口相同或相似产品现象；与此同时，发达国家与发展中经济体之间形成产业内贸易的现象逐渐显现，这与传统国际贸易理论相悖。1975年格鲁伯（Grubel H. G）和劳埃德（Lloyd P. J）为度量产业内贸易发展水平设计出了著名的 C-L 指数，后经克鲁格曼（Krugman P）、巴拉萨（Balassa B. C）等经济学家的不断完善，产业内贸易在理论体系和模型构建上日益成熟。传统的产业内贸易理论有水平型产业内贸易理论和垂直型产业内贸易理论之分。水平型产业内贸易理论多用来研究发达国家之间的产业内贸易问题，而垂直型产业内贸易理论多用来研究发达国家与发展中国家之间的产业内贸易问题。这两者的区别主要表现在，前者是建立在不同产品而具有相同或相似要素密集度假设上，用来解释不完全竞争条件下消费者偏好和产品多样性对产业内贸易的影响；后者是建立在不同产品而存在差异变化的要素密集度假设上，用来解释完全竞争条件下各国资源禀赋不同而形成比较优势对产业内贸易的作用（万兆泉，2012）。各国要素禀赋存在差异致使产业内贸易理论的兴起，而产业间贸易的发生源于各国比较成本存在差异。

产业内贸易理论应用于服务贸易领域具有较强的适用性。戴维斯和格雷等在20世纪70年代指出规模经济和产品差异的相互作用决定了产业内贸易的产生。Markusen（1986）认为规模经济影响生产性服务贸易的产生。Kierzkowsk（1989）分析产业内贸易囊括了运输服务。而Li等（2003）在此基础上将产业内贸易理论的研究拓展到生产性服务贸易领域。Hoekman等（1997）以运输、金融和商务服务为研究对象，论证了国际服务贸易中产业内贸易流动的特点。由此可见，产业内贸易理论在生产性服务贸易领域具有一定的适用性。

2.1.2 产业升级理论

产业升级理论一直是产业经济学领域重要的研究内容，而制造业升级与产业升级理论存在千丝万缕的关系，也是产业升级理论的重要研究内容。制造业升级不仅在学术界备受关注，更为重要的是在一国或地区产业发展过程中对产业布局和优化升级至关重要，对于国家实施产业发展政策起着指导性作用。随着国际环境发生深刻的变化，尤其是受金融危机的影响，西方发达国家为提升其产业在全球价值链分工中的地位，不断实施推动制造业转型升级的政策和举措；我国也积极调整工业结构，推动制造业转型升级以适应外部环境变化，这充分体现了制造业转型升级在国民经济中起到至关重要的作用。因此，在研究制造业升级时有必要厘清产业升级的相关理论。

2.1.2.1 经典的产业升级理论

产业升级理论最初广泛用于研究产业结构的调整和升级，因此，学术界大多学者将这二者视为等同关系，认为在产业发展过程中，产业结构升级是产业结构高级化的动态演化的过程，或是产业结构高度化的动态演化过程，通俗来讲就是产业的发展从低端向高端转变的过程。国内学者杨治1985年在代表著作《产业经济学导论》中较为全面系统归纳和总结了产业结构升级理论。这些产业升级理论按照著名经济学家库兹涅茨提出的三次产业划分标准，以产业结构演化为研究对象，重点研究国家产业在国民经济发展过程中不断演化的过程。产业升级理论主要包括：

（1）配第-克拉克定理。这个定理主要源于英国古典经济学家威廉·配第的经典代表作《政治算术》一书，随后，由科林·克拉克1940年在代表著作《经济进步的条件》中进行梳理和归纳总结，从而形成了经典的配第-克拉克定理。这个定理的具体内容可归纳总结为，随着国民经济的发展，经济体中的劳动力结构也随之发生质的转变，这也意味着经济体中劳动力由第一产业向第二产业方向不断转变，最终向第三产业不断转变的过程。

（2）库兹涅茨提出的产业结构论。美国著名经济学家库兹涅茨1941年在配第-克拉克定理的基础上，在其著作《国民收入及其构成》中引入国民收入，从而综合论述了国民收入情况与劳动力布局在三次产业中的演变过程。该理论的核心是产值结构发生变化的过程，具体而言，当经济发展到一定阶段和水平以后，第一产业的产值结构和劳动力结构随着经济的快速发展产生质的变化，第一产业的产值占总产值的比重逐步缩小，第一产业的劳动力占总劳动力的比值也逐步缩小；第二产业的产值结构发生质的变化，第二产业的产值占总产值的比重呈上行态势，但第二产业的劳动力结构却未发生明显的变化；第三次产业的国民收入占总体比重的数值和劳动力占总体比重的数值不断上升。

（3）工业化进程阶段的产业升级理论。随着信息技术的崛起和不断扩散，工业发展在经济发展过程中扮演至关重要的角色，工业化发展的演变过程亦称为工业化进程。该理论的核心是产业布局和产业发展发生质的变化，换句话说就是工业化进程中国家的工业内部结构发生了质的变化，这也意味着工业发展逐步由低端劳动密集型产业向高端资本密集型产业转变；随着时间的推移和工业化的不断推进，最终向知识、技术密集型产业逐步演变。

2.1.2.2　产业升级理论的延伸和拓展

国外学者根据特定研究对象对不发达国家或发展中国家产业升级，具体内容如下：

（1）刘易斯二元结构转变理论。该理论以不发达国家为研究对象，体现了不发达国家如何实现从农业为主的落后经济状况转向以工业为主的发达经济状况。刘易斯1954年在《劳动无限供给条件下的经济发展》一文中提出，假定不发达国家农业部门存在劳动力剩余和城市部门存在劳动生产率高，农业部门的产出决定了转移劳动力的工资以及工业部门的储蓄较高。因此，一定条件下，不发达国家在经济发展过程中农业部门剩余劳动力为追求更高工资而不断流向工业部门，满足了工业部门生产所需劳动力供给。在农业部门劳动力逐渐向工业部门流动过程中，农业部门劳动力逐步减少，使得农业部门边际劳动生产率逐步提高，而工业部门边际劳动生产率逐步下降，直至二者趋于相等为止，此时，经济就由二元结构演变为一元结构。刘易斯二元结构转变理论实质上是分析不同产业劳动生产率差异致使收入存在差距，最终形成产业调整和优化。

（2）罗斯托主导产业部门理论。美国著名经济学家华尔特·惠特曼·罗斯托为主导产业领域研究奠定了基础，提出了经济成长阶段理论、主导产业部门理论和产业扩散效应理论。罗斯托指出人类社会发展主要由传统社会阶段、起飞准备阶段、起飞阶段、成熟阶段、高消费阶段、高质量需求阶段等六个阶段组成。对于某一经济体而言，主导产业部门对经济持续增长有着重要作用。主导产业部门不仅仅是自身部门占有一定份额，而且对其他部门发展有着带动作用，这种带动作用亦称为扩散效应。扩散效应有着前向效应、旁侧效应和后向效应之分。具体来讲，前向效应主要体现在能够为其他部门提供更多的有效供给以带动其他部门快速发展，从而促进整体经济快速发展；旁侧效应主要体现在主导产业部门的发展致使外围环境不断向工业化方向的动态演变过程；后向效应主要体现在主导产业部门的发展将带来更多生产要素需求，最终对相关产业部门的发展起到带动作用。

（3）赫希曼和筱原三代平的主导产业选择基准理论。这一理论是主导产业部门理论的重要分支理论，提出了某一经济体选择主导产业的若干具体基准，最为重要的是该理论从另一侧面揭示了某一经济体产业结构内部变革及产业升级的方向，也就是将沿着前后向关联性强、市场空间大、技术水平高的趋势逐步升级的动态演变过程。这一理论主要代表人物为德国经济学家阿尔伯特·赫希曼和日本经济学家筱原三代平。具体来讲，赫希曼在代表著作《经济发展战略》中提出了产业关联效应标准，也就是产业之间相互作用、相辅相成、互为关系，这就意味着某一产业的发展将影响到其他产业的发展。产业关联效应标准是指导某一地区选择主导产业的关键基准，也就是应选择与其他产业关联关系强且对这些产业发展具有较强的带动作用的产业作为这个地区的主导产业。筱原三代平则提出了以收入弹性基准和生产率上升基准作为某一地区选择主导产业的重要基准。收入弹性基准就是某一地区应选择收入弹性较高的产业作为该地区的主导产业；生产率上升基准则是某一地区应选择生产率上升速度较快的产业作为该地区的主导产业。某一地区对于具体主导产业选择过程也从侧面反映了该地区产业调整和升级的动态演变过程，也就是将产业演变为关联效应更强、收入弹性更高、生产率上升速度更快的产业。

（4）内生经济增长理论。该理论不同于以往理论将技术进步视为外生变量，而是将技术进步纳入理论分析框架中，考查技术进步对经济长期增长的作用。内生经济增长理论强调技术进步对于经济长期增长和产业升级起着至关重要的作用。具体来讲，该理论与新古典经济增长理论的区别是它强调在资本边际收益不变的条件下，技术进步与资本同样重要，应被视为内生变量而非外源变量。最具代表性的是罗默的知识溢出模型和卢卡斯的人力资本模型。美国经济学家保罗·罗默1986年在《收益递增经济增长模型》一文中提出了内生经济增长模型。罗默的内生经济增长模型主要涉及资本、劳动、人力资本和技术水平等生产要素，客观评价了知识和技术在经济增长过程中所起到的作用，但缺陷是没有提出研究初始状态，将总量设定为不变。美国经济学家罗伯特·卢卡斯在代表著作《论经济发展机制》提出了人力资本模型并论证了人力资本对产出的作用，也就是人力资本增加越多则产出也越多。卢卡斯人力资本模型论述了人力资本决定着技术水平，因此，人力资本积累是经济长期增长的关键要素。

2.1.2.3 全球化背景下的价值链升级理论

20世纪后半叶以来，随着全球化的兴起，跨国公司逐渐盛行，产业嵌入全球价值链参与国际分工和转移的趋势愈来愈明显，产业和产品生产愈来愈依赖全球价值链网络，致使全球价值链理论随着国际分工理论的演进而逐步兴起，直接根源在于经济学家对产业链、商品链和价值链等理论研究的深入。国内国际环境发生的深刻变化，导致了传统产业升级理论已无法适应内外部环境的变化，为适应复杂多变的环境，一部分经济学家在产业组织和竞争战略理论的基础上，着眼于探讨产业和企业如何参与全球价值链分工而获得竞争优势。迈克尔·波特在代表著作《国家竞争优势》提出，价值链是企业生产活动由研发、设计、制造、物流、营销等诸多环节构成的系统，由于生产活动各个环节不同，使得各个环节创造的价值也大相径庭，从而构成创造价值链条的动态演变过程（Porter et al., 1985）。这也意味着各国的产业升级水平和创新能力决定了国家贸易的竞争优势，而非传统理论所认为的由劳动力、自然资源和汇率等决定了国家贸易的竞争优势。随着国际分工的深入，国际生产外包活动逐步兴起，价值链概念由单个垂直一体化企业逐步延伸至不同企业之间形成的价值链体系。Kogut（1985）通过实证考查发现单个企业是价值链体系中的某一个环节，而由不同地区的企业集合资本、劳动、技术等生产要素用于产品生产、流通和销售的价值增值过程则是从本质上更加深刻揭示了价值链在空间上的垂直分离关系。

随后，Gereffi（1994）通过引入商品链研究发现，商品链作为全球产业网络组织体系及其优越性的核心工具，有生产者驱动型和消费者驱动型之分，世界消费需求者处于消费者驱动型商品链的支配地位，而跨国公司在生产者驱动型商品链中掌握核心技术。Gereffi（1999）将产业升级划分为产业间升级、经济活动升级、产业内升级以及产品升级，产业升级标志着某一国家在参与全球价值链国际分工的地位攀升，也标志着通过资本技术密集型生产在盈利能力方面的提升。Gereffi（2001）提出全球价值链理论弥补了价值链和商品链的局限性。Kaplinsky等（2001）指出全球价值链涉及研发、生产、制造、市场、售后等价值创造过程的诸多环节，而最具竞争优势环节莫过于战略价值环节。Humphrey等（2002）将全球价值链中产业升级的途径分为产品升级、功能升级、工业流程升级以及链条升级。具体来讲，产品升级意味着产品附加值提升；功能升级意味着通过获得新功能提升技术含量以增强产品价值链的地位优势；工业流程升级反映了加工流程效率提升的过程；链条升级意味着从一条低端产业价值链向另一条新的、价值更高的相关产业价值链转变和升级的过程。总而言之，随着国内国际环境发生深刻的变化，产业升级也变得更加复杂，然而，无论是产业间升级还是产业内升级，无论是工业流程升级、产品升级、链条升级还是功能升级，都全面反映了产业从低附加值、低技术含量的劳动密集型产业向高附加值、高技术含量的资本技术密集型产业转变的动态过程。

2.2 文献综述

2.2.1 生产性服务业与制造业升级的相关研究

产业合理布局是决定经济可持续增长的重要因素。生产性服务业的快速发展为制造业的发展提供了中间服务要素支持，而在经济转型过程中，制造业产业的结构调整和不断优化升级对生产性服务业的发展提出了更高要求，迫使生产性服务业发展水平不断提升、结构不断优化，也促使了生产性服务业不断朝着集聚化方向发展，从而能够为制造业发展提供足够的要素支持。有关生产性服务业与制造业升级关系的研究可归纳为促进论、抑制论和不确定性论。

（1）促进论。较多的研究成果支持了该观点，认为生产性服务业有助于制造业水平的提升。由于生产性服务业集聚的发展，生产性服务企业作为生产活动的中间服务要素投入，具有规模经济和共享熟练劳动力的特点（Simon et al.，2002），而且更能够吸收知识溢出的功能（Maine et al.，2010），并通过专业化分工、降低交易费用、推动地区创新等诸多途径促进制造业升级（Desmet et al.，2005）。生产性服务业能够为制造业的发展提供中间品要素投入，在一定程度上生产性服务不仅有助于制造业产业的国际竞争力的提升，而且还能够增强制造业发展优势以打破制造业大而不强的僵局（Harrington，1995）。制造业生产商面临生产制造成本的压力和困境，不得不将那些与生产关联度较低的环节进行外包，促使内部提供的服务外部化，从而对生产性服务业的发展起到带动作用（Bhagwati，1984）。生产性服务业成为制造业发展的补充（Rowthorn et al.，1999）。生产性服务业能够提升专业化程度和深化社会劳动分工，劳动生产率随着专业化水平的提高而不断提升，服务部门的快速发展在一定程度上能够降低投入到制造业部门的中间服务要素的成本（Kakaomerlioglu et al.，1999），生产性服务业对于制造业劳动生产率、产品竞争力提升具有重要的支撑作用（Daniels，1991）。生产性服务业与制造业相辅相成、相互作用、互为关系（Fuentes，1999）。由此可见，在经济转型过程中，生产性服务业与制造业存在着千丝万缕的关系。顾乃华等（2006）指出在我国经济转型时期，生产性服务业的发展确实有助于制造业国际竞争力提升。冯泰文（2009）以中国制造业28个细分行业为研究对象，并将交易成本和生产制造成本作为中介变量，以考查交易成本和生产制造成本在生产性服务业影响制造业效率提升过程中是否具有中介效应，通过经验检验证实了生产性服务业确实有助于制造业效率提升，而且这种提升效应是依靠降低交易成本来实现的。宣烨（2012）运用2003—2009年城市面板数据研究表明，生产性服务业空间集聚既有助于本地区制造业效率的提升，也通过空间溢出效应促进周边地区制造业效率的提升。喻春娇等（2012）着重探讨生产性服务业对制造业效率的影响作用，通过经验验证表明确实具有提升效应。黄莉芳等（2012）指出生产性服务业确实有助于制造业效率提升，而且生产性服务业对技术密集型制造业效率的改善主要依靠成本和规模来实现。张振刚等（2014）通过使用1997—2009年珠三角城市面板数据，研究发现生产性服务业的发展不仅对本地区制造业效率提升具有促进作用，而且通过空间溢出效应对邻近和不相邻城市制造业效率提升也具有促进作用。宣烨等（2014）以长三角38个城市为例，实证发现生产性服务业通过专业化分工、空间溢出效应和比较优势来促进制造业生产效率提升。陈光等（2014）通过使用2004—2011年全国面板数据研究表明，金融、商务和流通服务有助于制造业效率的提升，而且生产性服务业对制造业效率的促进作用存在明显的行业异质性。刘叶等（2016）通过运用2003—2011年22个城市群面板数据，研究发现生产性服务业与制造业协同集聚发展促进了制造业TFP提升。余泳泽等（2016）通过经验证据论证了生产性服务业对制造业效率确实存在提升效应。杜宇玮（2017）通过经验证据证实了生产性服务业的良性发展确实有助于改善制造业升级水平。刘奕等（2017）通过使用城市面板数据发现，生产性服务业集聚发展对生产性服务业集聚与制造业升级间的关联关系、融合促进内在关系起着支持作用。于斌斌（2017）研究发现生产性服务业集聚确实有助于城市制造业生产率提升，但存在明显的地区异质性和行业异质性。丁博等（2019）通过运用2005—2016年地级市面板数据并结合空间计量模型，证实了生产性服务业确实有助于本地区制造业效率水平的改善，而且能够通过空间溢出效应对周边地区制造业效率提升也具有明显的促进作用。鲁成浩等（2022）研究发现生产性服务发展能够显著推动我国地区制造业升级。靳光涛等（2023）则认为高质量生产性服务业集聚不仅能直接推进制造业升级，还能通过内含的知识溢出效应间接推进制造业升级。

（2）抑制论。部分学者认为生产性服务业不利于制造业升级水平提升。于斌斌（2017）通过经验证据论证了生产性服务业集聚对制造业效率的影响效果，表明低端生产性服务业的集聚发展反而不利于制造业效率水平的改善，同时，西部地区生产性服务业集聚也不利于制造业生产率提升。王辉（2015）指出生产性服务业创新能力的市场化指数不利于制造业效率提升。杜宇玮（2017）指出生产性服务业促进制造业升级水平提升的作用效率并不高，而且这种作用效率受生产性服务业规模的负面约束。

（3）不确定性论。部分学者认为生产性服务业与制造业升级水平提升之间关系不明显。孔婷等（2010）通过经验证据表明生产性服务业对制造业效率的影响尚未达到预期效果。彭湘君等（2014）通过经验证据证实了生产性服务业与制造业效率之间不存在相关关系。陈光等（2014）指出科技服务业与三类要素密集型制造业效率的关系既存在负相关关系，也存在不明显的关系。简晓彬等（2016）指出科技服务业和信息服务业等知识技术密集型服务业与制造业价值链升级之间的关系尚不明显。詹浩勇等（2016）指出知识密集型服务业集聚发展对本地区制造业升级的作用尚未达到预期效果。杨仁发等（2019）指出科学研究技术服务业并未促进制造业全球价值链地位提升。

2.2.2　服务贸易与制造业升级的相关研究

在生产性服务业不能满足制造业发展需要的情况下，有必要探讨引进国外服务要素作为生产活动环节的中间服务要素投入对制造业发展的作用。鉴于此，大量学者探讨了服务贸易对制造业发展的影响作用。服务贸易与制造业升级关系的研究可归纳为促进论、抑制论和不确定性论。

（1）促进论。较多的研究成果支持了该观点，认为服务贸易有助于制造业升级水平的提升。Coe等（1995）指出服务贸易促进制造业TFP增长主要依靠生产者服务进口来实现。Ethier（1982）将中间服务要素引入D-S模型中，认为中间服务要素投入种类增加将促进厂商生产效率水平提升。Francois（1990）和Markusen（1989）认为服务业FDI有助于制造业效率水平提升，而且这种提升效应主要依靠资本要素再配置效应、学习效应、技术转移效应等诸多途径来实现。Fernandes等（2012）则指出服务业外商直接投资有助于服务质量改善、服务价格降低、服务种类增加以及知识溢出效应等，因此服务业外商直接投资有助于制造业生产率水平提升和改善（Arnold et al.，2012）。国内大部分学者支持上述观点。罗立彬（2009）实证发现服务业外商直接投资确实有助于制造业出口产品结构升级水平提升，但这种提升效应依靠竞争效应、降低服务价格等诸多途径来实现。张宝友等（2012）通过探讨制造业11个重点行业发现，服务进口有助于我国制造业国际竞争力提升，但这种提升作用存在行业异质性。华广敏等（2013）研究表明科学研究技术服务外商直接投资依靠创新能力提升来实现制造业效率水平的提升。刘艳（2013）研究表明服务业外商直接投资确实有助于我国制造业技术水平提升和制造业技术效率改善，但这种提升效应主要依靠提高制造业技术水平来实现。张珺等（2014）论证了知识密集型服务业FDI与制造业技术进步之间的互动关系。杨校美（2015）研究发现服务进口有助于我国制造业效率水平的改善，这种改善作用存在行业异质性。戴翔（2016）研究发现服务贸易自由化确实有助于我国制成品出口技术复杂度的改善。魏作磊等（2017）依托2005—2014年我国制造业15个行业面板数据，实证发现虽然当期服务业外商直接投资对制造业生产率水平改善不明显，但滞后一期却显著促进了我国制造业生产率水平改善，这种改善作用主要依靠制造业技术进步来实现。邹国伟等（2018）依托2005—2016年我国29个制造业行业面板数据，实证发现服务贸易开放有助于我国制造业服务化水平提升，但存在服务贸易细分行业和制造业不同类型上的异质性。陈明等（2018）认为服务业双向FDI有助于我国制造业打破"低端锁定",而这种作用主要依靠技术外溢效应、资源再配置效应等途径来实现。孙湘湘等(2018)实证发现服务业开放对我国制造业价值链地位攀升具有显著的促进作用。马盈盈(2019)通过服务贸易限制指数和投入产出数据研究表明,服务贸易自由化有助于制造业参与全球价值链中国际分工地位的攀升。黄繁华等(2023)运用2014—2018年制造业微观企业数据,实证检验了服务贸易自由化对制造业企业服务化转型的影响,发现服务贸易自由化能显著提高中国制造业企业的服务化水平。樊文静等(2023)研究发现化服务贸易对我国制造业投入服务化和产出服务化均具有积极的推动作用。

(2)抑制论。部分学者认为服务贸易不利于制造业升级水平提升。蒙英华等(2010)指出我国从美国进口版权和专利服务与我国劳动密集型制造业效率和资本密集型制造业效率呈显著的负相关关系。于诚等(2018)实证表明服务业FDI短期有助于技术密集型制造业技术创新改善,而长期抑制效应更为显著。

(3)不确定性论。部分学者认为服务贸易与制造业升级水平提升之间关系不明显。张艳等(2013)指出国营企业和港澳台投资企业的服务贸易自由化与制造业企业生产效率之间的关系尚不明显。邹国伟等(2018)通过经验证据证实了服务贸易对劳动密集型制造业的作用尚未达到预期效果。马盈盈(2019)指出运输服务贸易自由化与制造业全球价值链升级之间的关系尚不显著。戴翔等(2019)认为不考虑服务投入的国内来源结构,只考虑总体的制造业服务化,那么其与制造业全球价值链提升之间并没有关系。

2.2.3 生产性服务贸易与制造业升级的相关研究

毫无疑问,生产性服务贯穿于国民经济生产活动的诸多环节,具有专业化程度高、知识密集的特点。而在我国服务业发展进程中,生产性服务业呈现出极具活力、增长速度最快的特点,其发展速度甚至超越了制造业,但与发达国家相比仍然存在差距，面临水平不高、结构不合理等瓶颈，对经济增长的贡献作用还比较有限。在此背景下，怎样通过扩大生产性服务进口贸易促进我国制造业升级水平提升，进而实现经济高质量发展，是亟待解决的理论和现实问题。有关生产性服务贸易与制造业升级关系的研究可归纳为促进论、抑制论和不确定性论。

（1）促进论。较多研究成果支持了该观点，认为生产性服务贸易有助于制造业生产率提升。Markusen 等（2005）从微观层面将生产性服务引入 D-S 模型，认为生产性服务可以借助多种渠道或途径促进制造业环境改善，生产性服务与生产要素有效融合，有利于生产率提升。Langhammer（2007）也得出相同的观点，认为生产性服务贸易作为中间投入，使得生产活动的要素种类增加和质量改善，从而获得规模经济效应，有利于生产率水平改善。虽然商业服务进口不利于劳动密集型制造业改善，但扩大生产性服务业的开放性有助于制造部门专业化分工，加速制造商获得规模经济效应和专业化效应，从而能够有效提升技术密集型产业的发展和效率提升（Francois et al., 2007）。Robinson 等（2002）采用10个国家（或地区）11个部门 CEG 模型，表明扩大服务进口不仅可以获得低价高质的中间服务品，而且还可以获得先进的信息、技术等高级要素，从而有利于生产率提升。国内学者大多也支持了该观点。尚涛等（2009）指出随着生产性服务贸易开放水平的提高确实有助于制造业国际竞争力地位提升。樊秀峰等（2012）指出不同类型的生产性服务贸易对不同类型的制造业生产率的促进作用路径存在差异。陈启斐等（2014）的研究发现扩大生产性服务进口有利于我国制造业技术水平提升，而且金融服务进口贸易、研发服务进口贸易和商业服务进口贸易能够显著提高生产率。刘艳（2014）认为生产性服务进口对高技术制成品出口复杂度具有明显的促进作用，但这种促进作用存在行业异质性和地区异质性。莫莎等（2015）研究表明生产性服务进口复杂度有助于技术密集型制造业国际竞争力提升，但这种提升效应存在行业异质性。李惠娟等（2016）指出生产性服务进口显著促进了制造业自主创新效率水平的提升。董也琳（2016）认为生产性服务进口有利于我国制造业自主创新能力提升。孟萍莉等（2017）指出生产性服务业 FDI 有利于制造业升级水平提升。郭根龙等（2017）研究表明生产性服务业 FDI 对制造业 TFP 增长水平提升具有积极作用。舒杏等（2018）指出扩大生产性服务贸易主要通过中间品贸易、产品内资源重置和技术创新等渠道促进制造业生产率水平的改善。陈明等（2018）通过经验证据证实了引进生产性服务确实有助于制造业效率的改善。陈丽娴等（2018）认为生产性服务贸易来源多样化，特别是生产性服务进口明显促进制造业全球价值链升级水平提升。陈海波等（2018）依托贸易增加值核算框架，实证表明生产性服务进口技术复杂度有助于制造业参与全球价值链国际分工地位的提升。陈海波等（2019）研究表明生产性服务进口有助于我国装备制造业技术创新效率水平的提升。杜运苏等（2019）依托2000—2014年世界投入产出表，实证发现生产性服务进口复杂度有助于制造业国际分工地位的提升。金泽虎等（2019）通过经验证据证实了生产性服务进口确实有助于制造业升级水平的改善。姚战琪（2019）研究表明生产性服务进口对我国制造业全球价值链分工地位的提升具有积极作用。李娜娜等（2020）研究表明生产性服务进口技术复杂度显著促进制造业全球价值链地位提升。李平等（2022）研究表明生产性服务进口技术复杂度的提高显著促进了制造业企业生产率的提升。

（2）抑制论。该观点认为生产性服务贸易不利于生产率水平提升。Doytch 等（2011）指出非金融服务业外国直接投资对制造业技术的影响主要是消极的。蒙英华等（2010）指出中国从美国进口中间服务品如版权、专利等对我国劳动密集型和资本密集型制造业效率具有负面影响。邱爱莲等（2014）指出信息服务业商业存在阻碍了制造业技术效率提升。刁莉等（2018）认为技术密集度较低行业的生产性服务进口抑制了制造业服务化转型。罗军（2019）指出由于生产性服务进口贸易的技术创新效应低于成本增加效应，这也导致了生产性服务进口贸易对制造业参与全球价值链分工中功能升级具有明显的抑制作用。

（3）不确定性论。部分学者认为生产性服务贸易与生产率之间的关系并不明显。Alfaro（2003）指出扩大服务业FDI对东道国制造业技术效率的影响不明显。王诏怡（2013）的研究结果表明信息和计算机服务进口与资本技术密集型制造业生产率之间的关系尚不明显。邱爱莲等（2016）指出商业存在的生产性服务贸易对技术密集型制造业生产率的促进作用并不明显。杨玲（2016）的研究结果表明生产性服务进口复杂度对制造业增加值率提升具有明显的区域异质性，甚至对某些地区提升效应不明显。

2.3 对已有研究成果的总结性述评

综上可知，现有文献较多从国内生产性服务要素中间投入出发，探讨生产性服务业的发展与制造业升级的关联关系，并得出了诸多有益结论，但与发达国家相比，我国生产性服务业仍然存在差距，面临水平不高、结构不合理等瓶颈，对经济增长的贡献作用还比较有限。在此背景下，怎样通过扩大生产性服务进口贸易促进我国制造业升级水平提升，进而实现中国制造高质量发展，是亟待解决的理论和现实问题。目前虽已有较多研究成果探讨了生产性服务进口贸易对制造业升级的重要性，但研究结论尚存在一定争议。

首先，已有文献较多集中于关注制造业技术进步、全要素生产率、国际竞争力等方面的影响，虽然这些指标在某种程度上能够反映制造业升级状况，但研究视角过于单一，鲜有系统、全面深入地分析制造业升级，得出的结论也存在较大分歧，鲜有生产性服务进口贸易对制造业产业结构整体优化升级、制造业产业结构高级化和制造业产业结构内部变革影响的多维度研究。

其次，已有文献侧重于从线性角度探讨生产性服务贸易对制造业升级的影响，鲜有文献从非线性角度探究生产性服务进口贸易对制造业升级的影响。

最后，已有文献集中于从理论层面探讨生产性服务贸易对制造业升级影响的理论机制，缺乏对生产性服务进口贸易影响制造业升级的渠道进行实证考查。

基于此，本书在已有研究成果的基础上重点关注上述问题，较为全面地探讨了理论机理，即探究生产性服务进口贸易如何影响制造业升级，并从制造业产业间升级视角、制造业产业内升级视角和制造业价值链升级视角出发，构造制造业产业结构整体升级、制造业产业结构高级化、制造业产业结构内部变革以及制造业出口技术复杂度等多维度测算制造业升级的指标，从不同层面厘清生产性服务进口贸易对制造业升级的影响，进行多视角对比分析。

第3章 生产性服务进口贸易对制造业升级影响的理论机理

改革开放40多年来,"中国制造"早已在世界上声誉鹊起,但我国制造业仍然面临质量水平不高的困境,主要体现在材料类和中间产品基本位于全球价值链中低端,这就意味着我国制造业产品附加值并不高、出口产品技术含量相对较低,因此,"中国制造"要实现由大到强必须进行提质增效和转型升级。在此背景下,国家提出了加快推进开放型经济发展,实行"走出去"和"引进来"的双向开放格局,助推生产性服务与制造业融合发展,从而实现制造业高质量发展和转型升级。随着经济全球化的不断深入,我国与其他国家经济联系日益紧密,经济依存度越来越高,我国不断推进产业嵌入全球价值链过程使得我国参与国际分工的领域不断扩大,服务贸易尤其是生产性服务贸易地位越来越重要。生产性服务进口贸易在我国制造业升级过程中起着至关重要的作用。具体而言,在宏观上,引进国外先进的生产性服务要素贯穿于制造环节,有助于提升我国制造业国际竞争优势,从而加速制造业走出去的步伐;在微观上,引进国外先进的生产性服务要素,有利于满足本土企业要素需求,有助于我国制造业企业出口产品质量提升。本章内容重点探讨理论机理,即探究生产性服务进口贸易如何影响制造业升级。首先,对相关概念和内涵进行界定,包括对生产性服务业和生产性服务贸易的概念和内涵的界定,以及制造业升级的概念和内涵的界定;随后以生产性服务进口贸易和制造业升级为核心,着重探讨生产性服务进口贸易影响制造业升级的理论机理。最后,从跨境交付和商业存在角度出发，基于 Melitz（2003）的贸易模型在开放经济条件下构建多边贸易模型来分析生产性服务进口贸易对制造业升级的影响；基于 Hallak 等（2008）、Fan 等（2014）的理论模型，构建一个包含制造业生产率和生产技术的双重异质性企业贸易模型来分析生产性服务业 FDI 对制造业升级的影响，着重考查生产性服务进口、生产性服务业 FDI 与制造业升级之间是否存在内在的函数关系。

3.1 相关概念界定

3.1.1 生产性服务业的概念界定

一国或地区生产性服务业的良性发展必然会刺激生产性服务贸易快速发展。为便于分析，本书在界定生产性服务贸易概念之前，首先要对生产性服务业的概念进行界定。

生产性服务业亦称为生产者服务，主要是生产性服务部门向其他部门提供的中间生产性服务要素，这种要素以有形服务要素或无形服务要素作为其他部门中间要素服务投入，具有专业化程度高和知识密集的特征。Machlup 最早提出了生产性服务业的概念，指出生产性服务业具有知识密集度高的特点，换句话说，生产性服务业就是知识密集的产业（Machlup，1962）。学术界对生产性服务业概念的阐释可归纳为如下几方面：

（1）从服务对象界定生产性服务业概念。最早由 Greenfield（1966）提出，认为生产性服务是为生产部门提供的中间要素服务而不是为最终消费者提供的要素服务。Grubel 等（1989）也认为生产性服务业是生产性服务部门向其他门提供的服务和劳动要素，而不是向最终消费者提供的服务和劳动要素的产业。格鲁伯等（1993）也提出了相似的观点，认为生产性服务部门将知识资本和人力资本中间生产性服务要素投入到生产活动中，有助于提高生产专业化程度，从而促进劳动以及其他生产要素的生产率水平提升。国内大部分学者也支持了上述观点。吴智刚等（2003）指出生产性服务业虽然不是直接参与生产，但在生产活动环节扮演不可或缺的角色，是为全社会生产活动提供各种非实物形态的中间服务要素的产业。李江帆等（2004）指出生产服务业就是为了满足其他生产部门中间需求而提供中间服务要素，以及向外部企业提供中间服务要素投入，主要用于满足生产活动所需的行业；如果是为了满足最终消费就不是生产性服务的范畴。而部分学者如来有为（2004）、钟韵等（2005）则指出，在国民经济活动中，生产性服务业主要是为满足生产所需、商务活动所需以及政府管理所需而提供的中间品服务要素。Coffey（2000）也提出相似的观点，认为生产性服务是为生产、商务活动和政府管理提供的服务，并延伸出最为广义的概念，即企业和机构在生产过程中被消耗掉的那部分服务就是生产性服务。

（2）从服务过程界定生产性服务业概念。Grubel等（1989）指出生产性服务业为其他生产部门提供中间品或服务时更加强调使用大量人力和知识资本。Coffey等（1989）指出生产性服务业是为了生产活动而提供的中间要素投入，用于生产其他的产品和服务，是中间要素服务投入而不是生产最终产品。Hansen（1990）认为生产性服务业在货物贸易和服务贸易生产过程中扮演着中间角色，因此它是生产活动的中间要素投入。Francois（1990）提出生产性服务业为生产提供要素服务，对于实现规模经济、专业化生产发挥重要的作用。Martinelli（1991）指出生产性服务业具有知识、技术高度集中的特点。Hill（1999）认为生产性服务业作为生产部门的中间服务要素投入，是以产业总成本的形式使用中间服务要素投入直到最终产出。国内学者指出生产性服务业就是为了满足生产所需而提供的中间品要素，贯穿于国民经济的诸多环节（程大中，2006），是资本、知识、技术高度集中的产业（徐国祥等，2004；杨勇，2011），具有技术附加值高、技术含量高等特点（田曦，2007）。随着生产性服务业的快速发展，生产性服务业对制造业的依赖性趋于下降，而生产性服务业的服务能力培育和生产愈来愈重要（王建冬等，2010）。

（3）从研究范畴界定生产性服务业概念。Browning 等（1975）指出生产性服务主要包括金融保险、法律咨询等商务服务。Howells 等（1986）指出金融保险、法律咨询、会计、广告、研发等是生产性服务的范畴。Marshall 等（1987）指出生产性服务包括研发、市场研究、广告等服务商品的服务。Hansen（1990）和 Martinelli（1991）对生产性服务业提出了较为类似的概念，指出生产性服务业就是经济中的上下游活动及产品，并且与资源分配和流通相关。国内学者如高传胜等（2007）指出金融业、交通运输和仓储业、计算机服务与软件业、信息传输、租赁与商务服务业、批发零售业、公共设施管理业以及科学研究、技术服务与地质勘查业属于生产性服务业的范畴。顾乃华（2011）、张浩然（2015）、惠炜等（2016）、刘奕等（2017）以"交通运输、仓储和邮政业""信息传输、计算机服务和软件业""科学研究、技术服务和地质勘查业""金融业"和"租赁和商业服务业"这5个行业作为生产性服务业的研究范畴。而韩峰等（2017）在此基础上将"环境治理和公共设施管理业""批发和零售业"纳入分析框架，将7个行业作为生产性服务业的范畴进行考查。原毅军等（2018）指出生产性服务业包括批发和零售业、金融业、房地产业、交通运输和邮电业这几个行业。郭然等（2019）以批发零售业、运输和邮电业、金融业、房地产业作为生产性服务业的研究内容。曾艺等（2019）则剔除了"科学研究、技术服务和地质勘查业""金融业""租赁和商业服务业"3个行业，而将"交通运输、仓储和邮政业""信息传输、计算机服务和软件业""批发与零售业"这几个行业列入生产性服务业的范畴。

通过上述厘清现有关于生产性服务业的研究可以发现，学术界从服务对象、服务过程和研究范畴等方面阐释了生产性服务业的内涵，虽然对生产性服务业内涵阐释存在一定差异，但普遍认为生产性服务业是提供给生产、经营等生产性活动的要素服务，并不是提供给最终消费者。生产性服务业的研究内容是不断变化的，但研究范畴大体上包括交通运输、信息传输、金融、研发等行业。鉴于此，在现有文献的基础上，本书将"交通运输、仓储和邮政业""信息传输、计算机服务和软件业""批发和零售业""金融业""租赁和商务服务业""科学研究、技术服务和地质勘查业"这6个行业列入生产性服务业的范畴，并为下文关于生产性服务贸易概念和内涵的界定做铺垫。

3.1.2 生产性服务贸易的概念界定

生产性服务贸易最早由 Markusen 在20世纪后叶提出。他认为为满足生产活动所需而提供的专业化中间要素投入具有报酬递增的特点，为获得这种专业化中间要素投入从而在国际产生贸易（Markusen，1989）。Francois（1990）指出生产性服务贸易是一国或地区为了生产性活动需要而与其他国家进行的中间服务要素国际交易，生产性服务贸易能够有效促进劳动分工和规模报酬递增。郑春霞等（2007）认为生产性服务贸易是作为生产性服务业的贸易。在生产活动中必然需要大量的中间服务品作为要素支撑，生产性服务业就是为满足生产活动所需而提供中间服务要素投入的行业，这意味着生产性服务贸易就是这些部门的国际贸易（庄丽娟 等，2009）。余道先等（2010）认为生产性服务是服务业和制造业融合发展的黏合剂，依托服务业将产业价值链各个环节链接起来，是典型的工业化后期的重要特征，这就意味着生产性服务贸易成为服务贸易的重要内容。

目前，学术界对生产性服务贸易的范畴界定还存在一定的差异。部分学者如汪素芹等（2008）、王超铧（2010）以通信、专利权使用费和特许费、金融、保险、广告宣传、咨询等作为生产性服务贸易的研究范畴。部分学者认为虽然交通运输服务具有生产和消费的双重功能，但主要为生产性活动提供服务，因此，交通运输服务也应纳入到生产性服务贸易的研究范畴。而建筑服务是否纳入生产性服务贸易研究范畴的争议较大，在《WTO关于建筑服务贸易的分类及分析》中指出建筑服务是由建筑工程师等专业性人才为生产性活动提供的智力服务，学术界如王诏怡（2013）、邱爱莲等（2014）将建筑服务纳入生产性服务贸易的研究范畴。陈启斐等（2014）根据联合国贸发数据库（UNCTAD）关于服务业细分行业范畴的界定的基础上，将信息服务、科技服务、运输和通信服务、金融保险服务、个人服务、其他商业服务纳入生产性服务贸易的研究范畴。

基于上述相关观点的梳理，本书将生产性服务贸易定义为：生产性服务贸易是指为了满足一国或地区生产性活动需要，以跨境交付和商业存在两种形式对生产性服务要素进行的国际交易。因此，本书研究的生产性服务进口贸易主要包括跨境交付下的生产性服务进口和商业存在下的生产性服务业FDI。在跨境交付下，在《中国国际收支平衡表（BPM6）》对细分服务贸易行业的基础上，本书将生产性服务贸易范畴界定为运输服务、建设服务、保险和养老金服务、金融服务、知识产权使用服务、加工服务、维护和维修服务、其他商业服务以及电信、计算机和信息服务；在商业存在下，上述关于生产性服务业范畴的界定为6个行业，这6个行业的外商直接投资（亦可称为生产性服务业外商直接投资）也就是本书生产性服务贸易研究范畴。

3.1.3 制造业升级的概念界定

制造业作为一国的基础性产业，是提升一国国际竞争力的重要产业，其发展健康与否将影响到一国就业、社会稳定和经济发展等各方面。产业升级是在经济社会发展过程中随着新技术的发明和广泛应用，技术含量高、附加值高、质量高、能耗低、污染低的新产品与新工艺不断更迭原有层次较低的旧产品与旧工业，并实现推进经济社会可持续健康发展的动态演进过程（Solow，1956；Swan，1956）。制造业升级主要是指一国制造业企业从劳动密集型向资本密集型、技术密集型变革的动态过程（Gereffi，1999；Poon，2004）。Altenburg等（2008）指出制造业升级的典型特征就是技术不断创新并应用到制造业各个环节。国内学者如吴崇伯（1988）认为产业升级就是指产业结构不断升级和换代的过程。韩霞（2003）、李平等（2010）将产业结构升级和产业升级等同化。盛丰（2014）认为制造业升级是指制造业朝着高端化发展，主要包括制造业向价值链两端延伸和附加值不断提升。大部分学者如刘志彪（2000）、阚大学（2012）认为制造业升级是制造业产业由劳动密集型向资本密集型和技术密集型转型和升级的过程，本质上就是制造业产业由低附加值向高附加值不断演变的过程。王思语等（2018）指出制造业服务化是推动制造业升级的关键，也是制造业嵌入全球价值链地位攀升和国际竞争力增强的重要途径。刘斌等（2016）认为制造部门为提升竞争力，不断将产业链从以制造为核心向以服务为核心动态转变，这样能够提高制造业产业价值链产业程度和价值链分工地位。赵景峰等（2019）根据产业结构升级的内涵，指出制造业升级是劳动密集型制造业、资本密集型制造业和技术密集型制造业三类制造业不断优化的过程，制造业由劳动密集型向资本密集型和技术密集型不断转变的过程，本质上是制造业朝着高级化不断发展以及制造业内部不断变革的过程。

根据上述厘清制造业升级相关研究，本书将制造业升级定义如下：制造业升级既是产业间升级的过程，也就是劳动密集型制造业、资本密集型制造业和技术密集型制造业三类制造业不断优化的过程，以及由劳动密集型制造业向资本密集型制造业演变和升级，最终向技术密集型制造业演变和升级的过程；也是产业内升级的过程，就是制造业内部不断变革的过程，更是价值链升级的过程，是制造业产业嵌入全球价值链过程中产品技术复杂度不断提升的过程。

需要说明的是，考虑制造业行业数据采集的连续性，本书依据学者们的做法，采用2017年行业分类标准，选取了分类号C13～C41共28个细分行业（见表3-1）。

表3-1 制造业行业及按照要素密集度分类

类别	行业
劳动密集型	C13 农副食品加工业，C14 食品制造业，C15 酒、饮料和精制茶制造业，C16 烟草制品业，C17 纺织业，C18 纺织服装、服饰业，C19 皮革、毛皮、羽毛及其制品和制鞋业，C20 木材加工和木、竹、藤、棕、草制品业，C21 家具制造业，C22 造纸和纸制品业，C23 印刷和记录媒介复制业，C24 文教、工美、体育和娱乐用品制造业，C29 橡胶和塑料制品业
资本密集型	C25 石油、煤炭及其他燃料加工业，C30 非金属矿物制品业，C31 黑色金属冶炼和压延加工业，C32 有色金属冶炼和压延加工业，C33 金属制品业，C34 通用设备制造业，C35 专用设备制造业
技术密集型	C26 化学原料和化学制品制造业，C27 医药制造业，C28 化学纤维制造业，C36 汽车制造业，C37 铁路、船舶、航空航天和其他运输设备制造业，C38 电气机械和器材制造业，C39 计算机、通信和其他电子设备制造业，C40 仪器仪表制造业

3.2 生产性服务进口贸易影响制造业升级的机理分析

3.2.1 生产性服务进口贸易影响制造升级的机理

制造业作为基础性产业，是促进一国国际竞争力提升的重要产业，并深度影响着就业、社会稳定和经济增长等各方面。制造业变革往往与技术溢出、市场竞争、制度创新等因素有关，因此，可通过吸纳海外先进的技术、知识等要素助推制造业转型升级。由此，本书主要从生产性服务进口贸易技术溢出、市场竞争、制度创新等多重路径深入分析生产性服务进口贸易对制造业升级的影响。

（1）技术溢出效应。外商直接投资与国际贸易是技术溢出的两个重要渠道，而新贸易理论和新增长理论研究更倾向于国际贸易的技术溢出（Rivera-Batiz，1991），Coe 等（1995）认为国际贸易是国际技术溢出的重要渠道，Lichtenberg 等（1998）得出与 Coe 等相一致的结论，认为国际贸易技术溢出效应能够促进全要素生产率的提升。因此，制造业企业可以借助生产性服务进口渠道引进国外先进技术、管理经验等,并通过"干中学"提升生产技术水平,促使本国制造业优化与转型升级。另外,制造业企业通过引进高质量的中间服务品作为中间要素投入,一方面,能够提升企业生产技术水平;另一方面,能够倒逼产业链上相关企业革新旧工艺、旧理念以提升技术水平,最终实现制造业整体升级。据此,本书提出如下假设:

假设1:生产性服务进口贸易可通过技术溢出效应促进制造业升级。

(2)竞争效应。在国内外生产性服务市场竞争日趋激烈的背景下,制造业企业对生产性服务提出了更高要求,随着国外生产性服务的"引进来",本国生产性服务企业面临巨大压力。生产性服务企业一方面不断改进原有的生产工艺、管理模式,另一方面促使生产性服务价格降低。这使得制造业获得低价格、高质量的生产性服务,有助于实现制造业向高级化、服务化全面升级。此外,竞争促使生产性服务企业将生产要素集中到更具优势的环节(陈明 等,2018)。这些都有助于提高服务质量、降低服务成本(张楠 等,2011),进而降低制造业企业转型升级的成本。据此,本书提出如下假设:

假设2:生产性服务进口贸易可通过竞争效应促进制造业升级。

(3)制度创新效应。企业是实现制造业升级的主体,对科学技术、生产经营体系、营销策略、组织形式和管理模式等方面的变革具有主导作用,但这一系列发展都离不开政府主导的制度创新的推动作用。在经济全球化背景下,面对国际市场竞争格局,制度创新对企业创新的推动作用越发凸显。适应本土市场的制度机制将有利于制造业企业技术创新,能有效促进制造业转型升级(孟萍莉,2017)。通过生产性服务贸易"引进来"吸纳更多适用于本土的先进理念和管理制度,并带动产业变革,进而加速本国相关经济制度的创新,促进产业发展。据此,本书提出如下假设:

假设3:生产性服务进口贸易可通过制度创新效应促进制造业升级。

(4)消费需求效应。生产性服务"引进来"会极大地刺激消费需求。根据贸易异质性理论，进口的生产性服务一般都是高质量的。所以，高质量生产性服务一旦进入国内市场，就会激发相关企业提升产品质量的潜在需求。特别是缺少知识积累和技术突破的发展中经济体，很难在短时间内进行产业自主升级，要提高本国产品竞争力，更多需要借助国外高质量的生产性服务。所以，一旦扩大生产性服务进口的准入门槛，就会激发出巨大的生产性服务消费需求。生产性服务消费需求的扩大，可以直接增加高质量产品占总产品的比例，从而助推制造业升级。据此，本书提出如下假设：

假设4：生产性服务进口贸易可通过消费需求效应促进制造业升级。

(5)物质资本积累效应。以克鲁格曼（Krugman）为代表的新贸易理论的观点认为，一国或地区贸易快速发展将有利于贸易总量的增长，从而加速物质资本积累，使得资源配置效率得以提升，最终推动产业转型升级。各国由于经济发展水平和发展阶段不同，通过生产性服务贸易发展实现资本积累的方式也存在差异。对于发展中经济体，可通过引进高技术含量的生产性服务产品弥补国内低效率的生产性服务产品，从而实现本国高技术物质资本积累，这对制造业升级起到不可或缺的作用。据此，本书提出如下假设：

假设5：生产性服务进口贸易可通过物质资本积累效应促进制造业升级。

(6)环境负担效应。在国际分工不断深化的背景下，贸易的开展有利于一国或地区的产业集聚（邵昱晔，2012），但随着制造业的集聚发展，环境污染也在逐渐加深（周明生 等，2018）。其原因在于随着产业集聚式发展，产业规模的不断扩张，而制造量的增加可能导致环境质量的恶化（Leeuw et al.，2001）。随着生产性服务进口贸易的快速发展，生产性服务业发展速度加快，有利于形成集聚发展，在一定程度上缓解了工业污染排放（刘胜 等，2015）、有效改善环境污染问题（余泳泽 等，2017；纪祥裕，2019；郭然 等，2019），但也并未达到预期的碳减排效应（刘慧，2017；韩峰 等，2017）。我国地域辽阔使得各地区区位条件、比较优势、产业政策等因素存在差距，致使生产性服务与工业发展并不能达到完全匹配的格局（席强敏 等，2015），使得各地区背离实际情况和工业盲目发展现象不断涌现，从而阻断了生产性服务进口贸易引发生产性服务业规模化发展和集聚发展对清洁生产过程中所释放的规模经济效应减排机制。由于地区争相发展经济，从而大幅增加生产性服务进口以扩大制造业的生产规模（陈启斐 等，2018），这一方面推动制造业的发展，但另一方面也带来了严重的环境污染问题。政府将通过强制性的环境规制要求制造业企业完善排污系统，而制造业企业在污染排放方面的资金投入过多，在生产经营方面就会减少，有碍于制造业进一步优化升级的资金投入。据此，本书提出如下假设：

假设6：生产性服务进口贸易可通过环境负担效应抑制制造业升级。

（7）规模经济效应。生产性服务贸易是一个国家或地区产业嵌入全球价值链并且在全球范围内参与国际分工的结果（邱爱莲 等，2014），生产性服务进口贸易在一定程度上有助于我国生产性服务业朝着专业化、规模化方向发展，据此凭借自身服务能力的提升推进制造业生产效率不断提升，从而有助于我国制造业产业升级。制造业产业在嵌入全球价值链过程中为了占据竞争优势，迫使企业不得不将生产性服务环节进行外包，促使各个环节实现专业化生产，有效释放各个环节的规模经济效应，致使整个价值链的生产效率提高。因此，制造企业与生产性服务企业可进行长期合作，一方面有利于降低生产成本和交易成本，获得更多的规模经济效应（刘明宇 等，2010）；另一方面有利于制造厂商有效规避在价值链其他环节的投入，集中于极具竞争力的业务，使得资源优化配置和高效利用，获得更多的规模经济效应。也就是说，制造厂商凭借生产性服务进口贸易方式将某些不具备竞争优势的生产性服务环节进行外包，专注于极具竞争优势的业务，充分为自身发展提供要素支撑，提升研发能力和装备水平，占据更多市场份额实现自身规模化发展，从而有助于制造业升级。由于生产制造商对制造环节实行服务外包化发展，刺激了生产制造商对引进国外生产性服务提出了更高层次的需求，加剧了本国生产性服务进口贸易的发展速度，不仅为我国制造业提供高质量服务，而且也带动了我国生产性服务业发展。两业相互作用、互动发展，有效刺激国内生产性服务业的规模逐渐壮大，有助于其规模经济效应的产生和释放，与此同时，制造业也能够间接获得规模经济效应，从而有助于制造业转型升级。据此，本书提出如下假设：

假设7：生产性服务进口贸易可通过规模经济效应促进制造业升级。

（8）低端锁定效应。我国制造业虽然可以通过生产性服务进口贸易渠道引进海外先进技术加快技术水平提升速度，但生产性服务进口贸易贸易的快速发展也使得我国制造业陷入低端锁定的僵局，不利于我国制造业转型升级。我国制造业产业嵌入欧美发达国家主导的全球价值链，在全球价值链加工、组装等中低端环节获得国际分工收益，在嵌入全球价值链过程中低附加值产品有助于跨国公司生产成本降低，显而易见这就是所谓的被俘获、锁定于全球价值链低端环节的表现（刘志彪 等，2009）。而恰恰是低端锁定的存在意味着我国制造业产业升级明显受阻，也就是说我国制造业产业嵌入全球价值链过程中可持续从低附加值环节获得国际分工利益。我国制造厂商虽然可以借助生产性服务进口贸易渠道引进国外先进技术刺激自身技术水平快速提升，但这也可能致使我国制造厂商对国外技术过度依赖，导致我国制造厂商研发设计能力不足、营销创新匮乏等困境，致使我国制造业产业被锁定在全球价值链低端，反而不利于我国制造业升级。据此，本书提出如下假设：

假设8：生产性服务进口贸易可以通过低端锁定效应抑制制造业升级。

综合以上分析，可以绘制出生产性服务进口贸易对制造业升级的影响机理图（具体见图3-1）。由此可见，通过引进国外先进生产性服务要素产生的技术溢出效应、竞争效应、制度创新效应、消费需求效应、物质资本积累效应、规模经济效应等渠道间接促进我国制造业升级水平提升，但通过引进国外生产性服务要素产生的环境负担效应和低端锁定效应却间接阻碍了我国制造业升级水平提升。

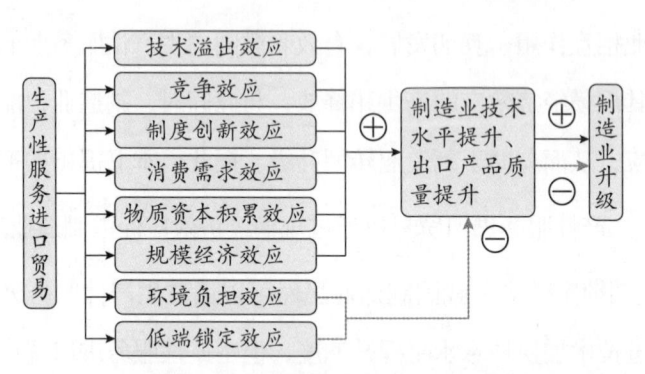

图3-1 生产性服务进口贸易对制造业升级的影响机理图

3.2.2 生产性服务进口贸易分方式影响制造升级的机理

上述主要分析了生产性服务进口贸易对制造业升级的影响机理，接下来着重分析在不同方式的生产性服务进口贸易对制造业升级的影响机理。一是探讨跨境交付下的影响机理，即跨境交付下生产性服务进口贸易如何影响制造业升级；二是探讨商业存在下的影响机理，即商业存在下生产性服务业外商直接投资如何影响制造业升级。生产性服务作为制造业产业发展的中间品要素投入，是制造业发展水平的提升的关键要素，而制造业出口产品质量提升、产品升级以及附加值增加是衡量制造业方式转变的标志（Chen et al.，2016）。

在跨境交付下生产性服务进口贸易如何影响制造业升级，主要表现在两个方面：直接影响和间接影响。直接影响主要体现在：随着国内致力于引进国外先进的生产性中间品服务要素，在一定程度上对生产性服务提出更高层次的需求，因此，国内生产性服务市场竞争更加激烈，导致国内生产性服务业势必会朝着专业化方向发展，专业化程度不断提高，致使生产性服务业发展水平得到进一步提升，为制造业升级提供足够的要素支撑；同时，生产性服务更高层次的需求能够对制造业发展提出更高层次的要求，有助于制造业转型升级。间接影响主要体现在：生产性服务进口引发国内生产性服务市场竞争更加激烈，降低价格和提高服务质量，有助于制造业升级水平提升；制造业产业的升级必然对生产性服务提出更高层次的要求，致使高端生产性服务进口产品规模扩大，有助于制造业升级水平的提升；生产性服务进口有利于获取技术溢出、制度创新、物质资本积累，有助于制造业升级；生产性服务进口可通过降低交易费用和生产成本、促进制造业专业化程度提高，制造厂商获取间接的规模经济效应，有助于制造业升级。但是，过度依赖国外生产性服务要素也可能会引发国内制造业陷入"低端锁定"僵局和环境负担加剧，反而不利于制造业升级。由此可得出在跨境交付下生产性服务进口对制造业升级的影响机制图（具体见图3-2）。

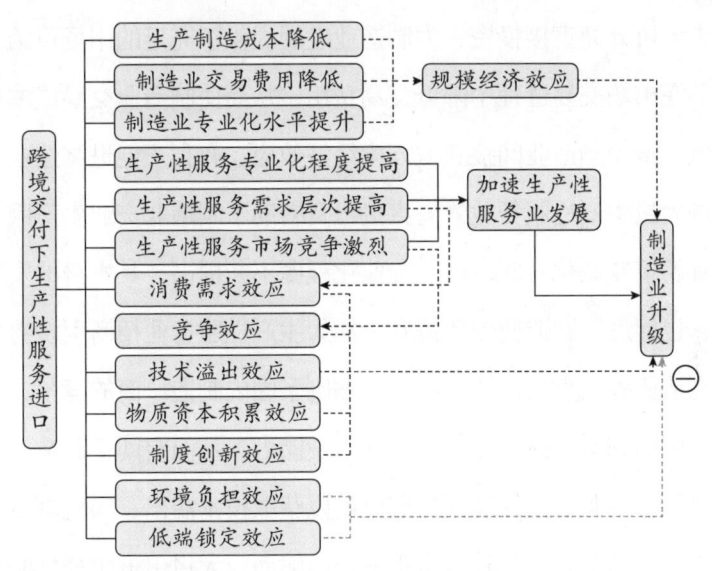

注：实线箭头代表直接渠道；虚线箭头代表间接渠道。

图3-2 跨境交付下生产性服务进口对制造业升级的影响机理图

在商业存在下生产性服务业 FDI 也是通过直接渠道和间接渠道影响制造业升级水平的提升。生产性服务业 FDI 通过直接渠道影响制造业升级水平提升主要表现在：在经济全球化时代，国际环境具有复杂多变性特点，引发了信息不对称问题的可能性，这导致高新技术制造业产品在生产和国际交易过程中必然会面临高成本和高不确定性风险。然而，在国际交易过程中通过扩大生产性服务业外商直接投资，在一定程度上可以有效降低生产过程中的国际交易风险和不确定性，有助于高新技术制造业出口产品的国际交易，从而使得制造业出口产品技术结构不断优化、出口产品质量提升以及出口产品不断升级。随着国内招商引资规模不断扩大，国内对引进生产性服务要素提出了更高层次的需求，注入高端生产性服务中间要素在一定程度上能够为制造业提供充足的优质要素，有助于制造业升级；国内通过生产性服务进口引进外商直接投资，使国内生产性服务市场竞争越演越烈，倒逼国内生产性服务业快速发展，为国内制造业发展提供充足的要素支撑，有助于制造业升级水平的提升；通过生产性服务进口引进大量外商直接投资，为制造业发展提供了充足的市场供给，有利于生产性服务在市场交易过程中降低交易费用，从而使制造业交易成本和生产制造成本降低，推动制造业间接获取规模经济效应，有利于促进制造业升级水平提升；引进大量生产性服务业外商直接投资有助于制造业产业生产服务环节外包化，使其朝着专业化方向发展，专业化程度不断提高，其本身的发展水平进一步提升，也促进了制造业效率提升；加大生产性服务业招商引资势必会引发大量高端制造业外商直接投资的注入，加剧了国内制造厂商的竞争，为提升自身竞争力，国内制造厂商只能不断提升研发能力，从而有助于制造业升级水平提升；引进生产性服务业外商直接投资可以获取技术溢出、实现制度创新和物质资本积累，有助于制造业升级水平提升。然而，大量引进生产性服务业外商直接投资可能会使国内制造业陷入"低端锁定"僵局和环境负担加剧，反而不利于制造业升级。由此可得出在商业存在下生产性服务业外商直接投资对制造业升级的影响机制图（具体见图3-3）。

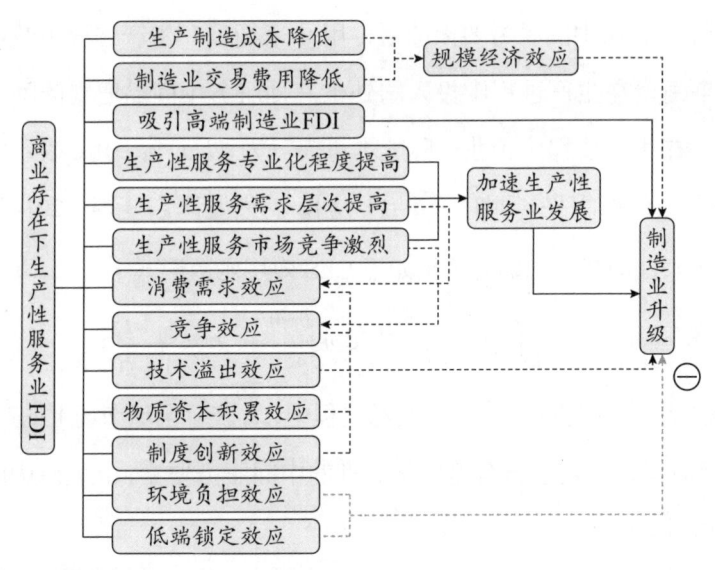

注：实线箭头代表直接渠道；虚线箭头代表间接渠道。

图3-3　商业存在下生产性服务业 FDI 对制造业升级的影响机理图

3.3　数理模型

为了深入探讨影响机理，本部分从跨境交付和商业存在两方面出发，构建数理模型来分析生产性服务进口贸易如何影响制造业升级，也就是探究跨境交付下生产性服务进口贸易如何影响制造业升级，以及商业存在下生产性服务业外商直接投资如何影响制造业升级。

3.3.1　基于跨境交付角度的分析

本书借鉴 Melitz（2003）的基准贸易模型下通过建立多边贸易模型来探讨生产性服务进口贸易如何影响制造业升级。假设一国（地区）制造业生产技术水平较低，使用国外先进生产性进口服务（生产性服务品）会降低中间品的价格。假定企业 k 生产一单位的最终制造业产品需要消耗 β 单位中间服务产品，用 φ_k 表示制造业生产率，累计分布函数为 $\mu(\varphi)$，用 η 代表在制造业生产过程中投入国外生产性中间服务要素的量，用 w 来衡量在生产过程中劳动工资水平，用 ξ 来衡量在生产过程中投入国外生产性服务中间品要素的国内价格水平，因此，在生产过程中企业边际成本可表示为 $\xi\beta+w/\varphi_k$；用 $\bar{\xi}$ 表示国际市场上中间服务品价格水平，即有：$\xi=(1-\eta)\bar{\xi}$。借鉴陈启斐等（2014）的研究思路，将代表性消费者的偏好满足如下 CES 效用函数形式：

$$U_Z = \left[\int_{\omega\in\Omega_z} q_z \omega^{(\sigma-1)/\sigma} d\omega\right]^{(\sigma-1)/\sigma}, \sigma = \frac{1}{1-\rho} > 1 \quad (3.1)$$

式中，在进行生产性服务要素国际交易过程中，Ω_z 表示全球市场上的产品序列，$q_z(\omega)$ 表示数量，ω 表示具有差异化类别的中间服务要素，σ 表示中间服务要素的替代弹性。

假定 R_z 代表消费者收入，$p_z(\omega)$ 为差异化产品 ω 的价格函数，由此可得消费者的预算约束为：

$$R_z = \int_{\omega\in\Omega_z} p_z(\omega) q_z(\omega) \quad (3.2)$$

在利润最大化条件下，对式（3.2）求导，可求得所有产品的价格指数和每种差异化产品的需求函数：

$$P_z(\varphi_k) = \left[\int_{\omega\in\Omega_z} p_z(\varphi_k) d\varphi_k\right]^{1/(1-\sigma)} \quad (3.3)$$

$$q_z(\varphi_k) = R_z \frac{[p_z(\varphi_k)]^{-\sigma}}{P_z^{1-\sigma}} \quad (3.4)$$

式中，P_z 为加总的价格指数，根据均衡定价条件、零利润与出口劳动生产率临界值条件、劳动生产率事后分布条件等，可得如下表达式：

$$P_z = M\left[\int_0^\infty p(\varphi)^{(1-\sigma)}\mu(\varphi)d\varphi + n\tau^{(1-\sigma)}\int_{\phi_z}^\infty p(\varphi)^{(1-\sigma)}\mu(\varphi)d\varphi\right]^{1/(1-\sigma)} \quad (3.5)$$

式中，$\tau(\tau>1)$ 表示可变贸易成本，M 表示企业个数，n 代表有 n 个国家进行贸易往来，$\int_0^\infty p(\varphi)^{(1-\sigma)}\mu(\varphi)d\varphi$ 表示国内价格指数，$n\tau^{(1-\sigma)}\int_{\phi_z}^\infty p(\varphi)^{(1-\sigma)}\mu(\varphi)d\varphi$ 表示国际市场上中间服务要素输入到本国的价格指数。假定市场和价格是对称的，因此，在国际交易过程中价格指数是相同的。在式（3.4）的基础上，借鉴 Markusen 等（2005）提出的垄断竞争模型的做法，结合需求函数和替代弹性，据此可以得到每一个中间服务品的价格指数，其具体形式可表示如下：

$$p(\varphi_k) = \left[w/\varphi_k + (1-\eta)\overline{\xi}\beta \right] / \left[(\sigma-1)/\sigma \right] \quad (3.6)$$

式中，$\sigma/(1-\sigma)$ 代表价格加成。

在式（3.6）的基础上，据此可测算出口的中间服务要素在国际市场上的价格：

$$p_z(\varphi_k) = \tau \left[w/\varphi_k + (1-\eta)\overline{\xi}\beta \right] / \left[(\sigma-1)/\sigma \right] \quad (3.7)$$

假定用 E_k 代表制造业出口规模，即有：

$$E_k = \tau p(\varphi_k) q_z(\varphi_k) \quad (3.8)$$

我们利用式（3.4）、式（3.6）、式（3.7），进一步可将出口规模表示为如下形式：

$$E_k = \tau^{(1-\sigma)} R_z \left[\frac{P_z(\sigma-1)/\sigma}{w/\varphi_k + (1-\eta)\overline{\xi}\beta} \right]^{(\sigma-1)} = \tau^{(1-\sigma)} R_z \left[\frac{P_z}{p(\varphi_k)} \right]^{(\sigma-1)} \quad (3.9)$$

我们将 E_k 对 η 求导可得①：

$$\frac{\partial E_k}{\partial \eta} = \frac{(\sigma-1)E_k}{\eta} \left[\frac{\partial P_z}{\partial \eta} \frac{\eta}{P_z} - \frac{\partial p(\varphi_k)}{\partial \eta} \frac{\eta}{p(\varphi_k)} \right] \quad (3.10)$$

基于式（3.10）不难发现，生产性服务业进口 η 对制造业出口规模 E_k 产生影响，但所产生的影响是一个复杂的过程，因为需要判别价格弹性 $\frac{\partial P_z}{\partial \eta} \frac{\eta}{P_z}$ 和 $\frac{\partial p(\varphi_k)}{\partial \eta} \frac{\eta}{p(\varphi_k)}$ 之间的大小。同时，假定其他条件不变且相同，这也意味着随着

---

① 求解过程：$\frac{\partial E_k}{\partial \eta} = (\sigma-1)\tau^{(1-\sigma)} R_z \left[\frac{P_z}{p(\varphi_k)} \right]^{(\sigma-2)} \left[\frac{\partial P_z}{\partial \eta} \frac{1}{p(\varphi_k)} - \frac{\partial p(\varphi_k)}{\partial \eta} P_z \right]$

$= (\sigma-1)\tau^{(1-\sigma)} R_z \left[\frac{P_z}{p(\varphi_k)} \right]^{(\sigma-1)} \frac{p(\varphi_k)}{P_z} \frac{P_z}{p(\varphi_k)} \frac{1}{\eta} \left[\frac{\partial P_z}{\partial \eta} \frac{\eta}{P_z} - \frac{\partial p(\varphi_k)}{\partial \eta} \frac{\eta}{p(\varphi_k)} \right]$

$= \frac{(\sigma-1)E_k}{\eta} \left[\frac{\partial P_z}{\partial \eta} \frac{\eta}{P_z} - \frac{\partial p(\varphi_k)}{\partial \eta} \frac{\eta}{p(\varphi_k)} \right]$

进口生产性服务要素的不断变化必然会引起每个企业的市场占有额的变化，当 φ_k 越高，而 $p_z(\varphi_k)$ 越低，那么 $\partial E_k/\partial \eta > 0$；反之 $\partial E_k/\partial \eta < 0$。结合式（3.10）可知，$E_k(\varphi)$ 随着 φ 的增加而增加。由此我们可以判定存在唯一值 φ_a 满足 $\partial E_k(\varphi)/\partial \eta = 0$，当 $\varphi > \varphi_a$ 时，企业的出口规模会随着 η 的增加而增加。

接下来，沿着 Melitz（2003）的思路以探究生产性服务进口贸易如何影响制造业升级。本书假定企业 k 出口的利润表示为 π_k，有 $\pi_k = E_k/\sigma - f_z$，f_z 代表企业为了出口而必须支付的固定成本。当 $\pi_k > 0$ 时，本国制造业出口存在超额利润，本国新的企业不断进入国际市场直到 π_k 降到0为止，由此可进一步得到：$f_z = E_k(\varphi)/\sigma$。从式（3.9）中可得到 $\partial E(\varphi)/\partial \varphi > 0$，因此，只有当 $\varphi_k > \varphi_z$ 时，才满足 $\pi_k = 0$。如前所述，由于 $f_z = E(\varphi_z)/\sigma$，那么在均衡条件下我们可得：

$$d\varphi_z/d\eta = [\partial E(\varphi)/\partial \eta]/[\partial E(\varphi)/\partial \varphi] \tag{3.11}$$

由于 $\partial E(\varphi)/\partial \varphi > 0$；又由式（3.10）我们已知当 $\varphi > \varphi_a$ 时，有 $\partial E(\varphi)/\partial \eta > 0$。由此可得，当 $\varphi > \varphi_a$ 时，则有 $d\varphi_z/d\eta > 0$。

基于以上分析，我们从理论模型分析表明当一国生产率水平超过临界值 φ_a 时，随着该国对生产性服务品进口的增加，那么该国制造业水平将随之提升，最终实现该国制造业升级。

3.3.2 基于商业存在角度的分析

上文通过构建数理模型考查了跨境交付下生产性服务进口贸易与制造业升级之间的内在函数关系，深入认识影响机理，即生产性服务进口贸易如何影响制造业升级。接下来本书将从商业存在角度出发，通过构建数理模型来探讨生产性服务业 FDI 对本国制造业升级有着怎样的影响。本部分将通过构建数理模型来揭示商业存在下生产性服务业外商直接投资与制造业升级之间的内在函数关系，且构建的数理模型是建立在生产率和生产技术水平双重异质性基础上的贸易模型。假设一国（地区）出口具有差异化的制造产品，而且这种差异性依靠技术含量来实现，同时，具有差异化类别的制造产品设定为 ω（$\omega \in \Omega$，$0 \leq \omega \leq 1$）。因此，本部分在参照 Hallak 等（2008）的研究思路，并将代表性消费者的偏好满足如下 CES 效用函数形式：

$$U = \left[\int_0^1 q(\omega)^{1/\sigma} \mu(\omega)^{(\sigma-1)/\sigma}\right]^{\sigma/(\sigma-1)}, \quad \sigma = \frac{1}{1-\rho} > 1 \qquad (3.12)$$

式中，ω 为序列 Ω 中可供消费者消费的某一种产品或某一类产品。

$\mu(\omega)$ 为产品序列 Ω 中可供消费者消费的产品 ω 的函数，也就是可供消费者消费的数量。$q(\omega)$ 是用来衡量一国或地区出口制造产品的技术含量。设定消费者收入为 r，我们可得对产品 ω 的最优消费选择为：

$$\mu(\omega) = \frac{q(\omega) R P^{(\sigma-1)}}{P(\omega)^\sigma} \qquad (3.13)$$

式中，R 代表总收入，P 代表包含了出口产品技术含量的总体价格指数。

本书假设市场是垄断竞争性的，不会出现垄断利润。在开放经济条件下，一国不仅出口制造业产品，而且还可以引进生产性服务业外商直接投资。因此，一国可通过生产性服务业外商直接投资渠道获取国外智力要素、研发知识、信息等先进技术和知识，实现先进技术在本国扩散，促进本国企业、产业乃至全国的生产率提升。基于此，由于企业进行的是生产性服务业外商直接投资，其通过生产性服务业外商直接投资（FDI）产生的技术溢出效应 ts，进而对厂商的边际生产成本产生影响（Lichtenberg et al., 1998）。然而，本国为获得国外的生产性服务要素也就是生产性服务业 FDI 在技术溢出效应的过程中，必然要支付一定的成本，而且应将这一支付的成本纳入到引进国外生产性服务业 FDI 的企业总固定成本 H 中。在此基础上，参照 Chen 等（2013）、杨连星等（2016）的研究思路，进一步将生产成本形式设定如下：

$$C(\zeta) = MC[\zeta, \varphi(i), ts]\mu(i) + H[\varphi(i)] \qquad (3.14)$$

在制造商生产过程中，MC 为边际成本，H 为差异化产品的总固定成本；ζ（$\zeta > 0$）为生产率。沿着 Hallak 等（2008）的研究思路，那么可变成本函数形式可表示如下：

$$MC[\zeta, \varphi(i), \beta] = \varphi(i)^{\gamma}/(\zeta + ts) \tag{3.15}$$

式中，γ代表可变成本对制造业产品出口技术含量的弹性，β表示生产性服务业外商直接投资技术溢出效应。在此基础上，假定 MC（边际成本）与ζ（制造商的生产率）、φ（制造商出口产品技术含量）以及 ts（生产性服务业外商直接投资技术溢出效应）有关。制造商生产率和生产性服务业外商直接投资技术溢出效应的数值越大，意味着制造商的边际成本的数值越小。

接下来，将制造商的固定成本视为外生变量，用 c 来衡量制造商的固定成本，用 η 来衡量本国采取"引进来"策略行为所需支付的一系列固定成本，且将制造商的总固定成本设定为 $H = c + \eta$。在此基础上，沿着 Hallak 等（2008）的研究思路，用 $\varphi(i)$ 来替换 $q(i)$，由式（3.13）可知，制造业的消费数量可表示为：

$$\mu(i) = \frac{\varphi(i) R P^{(\sigma-1)}}{p(i)^{\sigma}} \tag{3.16}$$

基于此，我们考虑制造业企业均衡利润为零以及固定成本和可变成本的情况下，制造业企业的利润可表示为：

$$\pi = p(i)\mu(i) - \left[c + \eta + \frac{u(i)\varphi(i)^{\gamma}}{(\zeta + \beta)}\right] \tag{3.17}$$

接下来，通过运用数学方法可求得：

$$\left[\frac{\varphi(i)^{\gamma}}{(\zeta + \beta)} - p(i)\right]\left[\frac{\sigma\varphi(i)P^{(\sigma-1)}R}{p(i)^{(\sigma+1)}}\right] + \frac{\varphi(i)P^{(\sigma-1)}R}{p(i)^{(\sigma+1)}} = 0 \tag{3.18}$$

通过式（3.18）可得到制造业商出口产品技术含量与生产性服务业外商直接投资技术溢出效应的表达式，具体形式如下：

$$\mu(i) = \left[\frac{(\sigma-1)p(i)i}{\sigma} + p(i)\beta\right]^{\frac{1}{\gamma}} \tag{3.19}$$

我们进一步将式（3.19）对 β 一阶条件求导可得如下形式：

$$\frac{\mathrm{d}\varphi(i)}{\mathrm{d}\beta} = \left[\frac{(\sigma-1)p(i)i}{\sigma} + p(i)\beta\right]^{\frac{(1-\gamma)}{\gamma}} \quad p(i) > 0 \qquad (3.20)$$

通过上述基于制造业企业生产率和生产技术水平双重异质性构建的数理模型分析可知，制造商可通过获得生产性服务业外商直接投资技术溢出效应 β 降低边际生产成本，扩大制造业利润，也就是说，生产性服务业外商直接投资所带来的技术溢出效应在一定程度上有助于制造商出口产品技术含量的提高，有益于制造业升级。

综上数理模型分析，无论是在跨境交付下还是商业存在下，我们认为生产性服务引进来能促进本国制造业升级。通过数理模型分析可以知道，生产性服务进口贸易确实有助于制造业升级水平提升，当一国或地区制造商的生产率水平超过某一水平后，这种提升效应依靠竞争效应和技术溢出效应来实现。如果一国或地区制造商的技术水平确实较低甚至低于大部分发达国家的情况下，那么该国或地区可以考虑加快推进开放型经济发展，在生产活动中可考虑投入国外先进的中间品服务要素，势必会引发本土市场竞争加剧，通过这种竞争效应来刺激本土制造商采取学习、模仿和更新技术等方式带来技术外溢效应，迫使本土制造商将广泛用于落后的、低效率生产的相关资源集中到优势环节中进行生产，降低本土制造商的成本，并且制造商的生产效率因资源重新高效配置而得到提高，这有益于制造业升级。此外，制造商的技术水平确实较低的情况下，应积极鼓励和引导制造商通过引进来行为投入国外先进的中间服务品要素，并由此可获得因引进的生产性服务业外商直接投资带来的外溢效应进而提升制造商的出口产品技术含量，从而有益于制造业升级。

3.4 本章小结

本章对生产性服务业、生产性服务贸易、制造业升级的概念内涵进行了界定，在此基础上，重点分析了生产性服务进口贸易影响制造业升级的理论机理，具体分析了生产性服务进口贸易如何通过规模经济效应、消费需求效应、物质资本积累效应等诸多途径影响制造业升级。同时，结合经典理论模型，从跨境交付和商业存在两方面构建生产性服务进口贸易影响制造业升级的数理模型，发现生产性服务进口贸易与制造业升级存在函数关系，无论是跨境交付还是商业存在，生产性服务进口贸易都有助于制造业升级水平的改善。

第4章 生产性服务进口贸易与中国制造业升级的特征与事实

本书在第3章深入探究了生产性服务进口贸易影响制造业升级的理论机理，并引入经典理论模型考查了生产性服务进口贸易与制造业升级的内在函数关系。在此基础上，本章依托中国生产性服务进口贸易数据和制造业升级数据，从总体层面、地区层面和行业层面出发，分析生产性服务进口贸易和制造业升级的时序变化特征。首先，分析生产性服务进口贸易总体规模的时序变化特征和生产性服务进口贸易结构的时序变化趋势；其次，分析制造业升级的水平的时序变化特征。

4.1 生产性服务进口贸易的特征及事实

在我国贸易发展历程中，生产性服务贸易相对于货物贸易来说发展相对滞后、规模小。随着服务经济的推进和快速发展，生产性服务贸易极具活力，增长速度较快。为了重新审视和理解生产性服务进口贸易特征及事实，本部分从跨境交付和商业存在两方面分析加入WTO以来我国生产性服务进口贸易的发展现状。

4.1.1 生产性服务进口贸易总体规模

图4-1报告了生产性服务进口贸易的时序变化趋势。从图4-1可以看出，2001—2021年跨境交付下生产性服务进口贸易呈现起伏波动变化趋势，总体

呈上升的趋势。具体而言，21世纪初以来，生产性服务进口额处于持续上升的趋势，其可能的原因在于我国加入WTO有利于国际贸易发展，特别是关税和非关税壁垒的降低，有利于我国参与全球价值链分工地位提升。与此同时，WTO营造了良好的外部环境，有利于我国利用国外先进技术、资金支持我国传统产业，加快高新技术产业和服务业的发展，尤其是生产性服务业的快速发展，这又促进了我国进一步扩大生产性服务进口贸易。随着时间的推移，2009年我国生产性服务进口额出现下降，可能的原因在于，国际金融危机的冲击导致了生产性服务进口贸易出现下降的迹象。2010年开始反弹上升，其可能的原因在于，为应对国际金融危机的冲击和负面影响，我国大力发展外向型服务贸易，完善服务贸易促进政策，从而缓解了生产性服务进口贸易下行压力。2015年虽然出现下行的迹象，但随后出现持续上升的趋势，其可能的原因在于，《国务院关于加快发展服务贸易的若干意见》提出，进一步推进服务贸易规模的不断扩大，重点培育交通运输服务、金融服务、通信服务等资本技术密集型服务发展，为了满足国内中间服务品要素市场需求，生产性服务进口规模不断扩张，在一定程度上推动了生产性服务进口贸易健康发展。

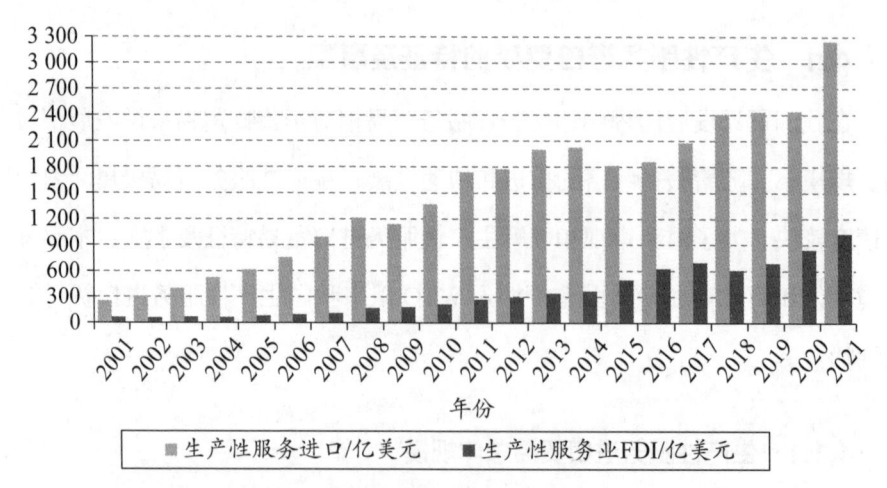

图4-1　2001—2021年生产性服务进口贸易总体规模情况

2001—2021年商业存在下生产性服务业FDI呈现波动上升的趋势。加入WTO以来，我国生产性服务业FDI的时序变化趋势大致可以划分为三个阶段：2001—2006年呈现波动起伏的情况，总体呈上升的趋势。这一阶段国务院转发国家计委《"十五"期间加快发展服务业若干政策措施的意见》，提出重点培育金融、保险、咨询、信息、技术服务等生产性服务行业，着力提升我国服务水平和技术含量，推动服务业结构不断优化，促进我国生产性服务业的发展，进而刺激我国生产性服务业外商直接投资不断增加。2007—2011年我国生产性服务业外商直接投资规模呈持续上升的趋势。这一阶段国务院《关于加快发展服务业的若干意见》提出，重点培育科技服务业发展，强调科技服务业对服务业发展的保障支持和引领作用，促进我国生产性服务业健康发展，从而带动我国生产性服务业外商直接投资水平不断提升。2012—2017年我国生产性服务业外商直接投资呈持续上升的态势。这一阶段"十二五"规划提出，重点培育交通运输业、金融业、科技服务业、商务服务业等11个领域。2018年之后出现波动变化，总体呈上升趋势。这一阶段《国务院关于加快发展生产性服务业促进产业结构调整升级的指导意见》和"十三五"规划提出着力发展生产性服务业，我国生产性服务业外商直接投资水平提升的方向渐趋明朗。

图4-2报告了2001—2021年生产性服务进口贸易同比增长的时序变化趋势。从图4-2可以看出，无论是跨境交付还是商业存在，生产性服务进口额同比增长和生产性服务业外商直接投资额同比增长呈波动变化的趋势，生产性服务进口额同比增长和生产性服务业外商直接投资额同比增长都出现负增长的情况，近年来，生产性服务进口贸易同比增长幅度呈正增长的趋势。

4.1.2 生产性服务进口贸易结构

需要说明的是，由于跨境交付（BOP统计）和商业存在（FAT统计）两种形式对服务贸易的统计口径存在差异，鉴于前文对跨境交付下生产性服务进

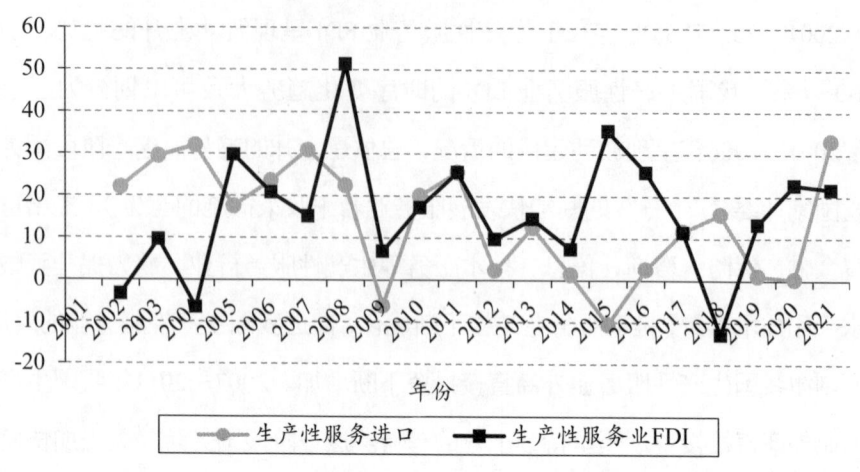

图4-2 2001—2021年生产性服务进口贸易同比增长情况

口贸易的研究范畴的界定和商业存在下生产性服务业外商直接投资研究范畴的界定，本部分在借鉴崔日明等（2013）对两种不同分类统一处理做法的基础上，将运输服务与交通运输、仓储和邮政业相对应，称为运输服务；将保险和养老金服务、金融服务合并与金融业相对应，称为金融服务；将电信、计算机和信息服务与信息传输、计算机服务和软件业相对应，称为信息服务；将加工服务、维护和维修服务、建设服务、知识产权使用费合并与科学研究、技术服务和地质勘查业相对应，称为技术服务；将其他商业服务与租赁、商务服务业以及批发和零售业相对应，称为商务服务。

图4-3报告了跨境交付下生产性服务进口细分行业占比时序变化趋势。从图4-3可以看出，2001—2021年生产性服务进口细分行业占比呈波动变化趋势。具体而言，技术服务进口占比总体呈波动上升的趋势，金融服务进口占比总体呈波动下滑的趋势，运输服务进口总体呈平稳变化的趋势，信息服务进口总体呈波动上升的趋势，商务服务进口总体呈波动下滑的趋势。总体来看，运输服务进口占比最高，商务服务进口占比次之，技术服务进口占比随后。由此可见，我国以运输服务进口为主，技术服务进口、信息服务进口有待进一步加强。

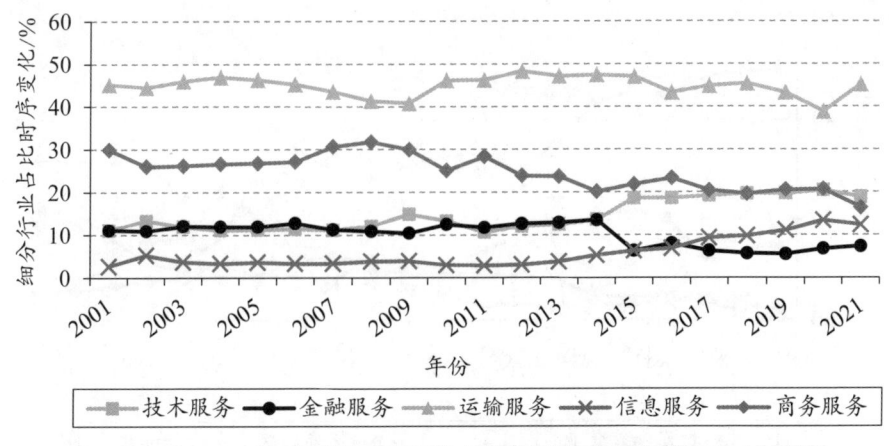

图4-3　2001—2021年跨境交付下生产性服务进口贸易细分行业占比情况

图4-4报告了商业存在下生产性服务业FDI细分行业占比时序变化趋势。从图4-4可以看出，2001—2021年生产性服务业外商直接投资细分行业占比呈波动变化趋势。具体而言，交通运输、仓储和邮政业外商直接投资占比总体呈波动下滑的趋势，信息传输、计算机服务和软件业FDI占比总体呈波动上升的趋势，批发和零售业FDI占比总体呈波动下降的趋势，金融业外商直接投资占比总体呈波动上升的趋势，租赁和商务服务业外商直接投资占比总体呈波动下降的趋势，科学研究、技术服务和地质勘查业外商直接投资占比总体呈波动上升的趋势。2021年，生产性服务业外商直接投资行业占比排序依次为租赁和商务服务业，科学研究、技术服务和地质勘查业，信息传输、计算机服务和软件业，批发和零售业，交通运输、仓储和邮政业，金融业。由此可见交通运输、仓储和邮政业和金融业的外商直接投资有待进一步加强。

4.2　制造业升级的特征及事实

4.2.1　行业层面

本部分基于制造业产业内升级视角，从行业层面探究我国制造业升级水平的时序变化特征，利用其内部变革来情况衡量制造业产业内升级水平，采用全

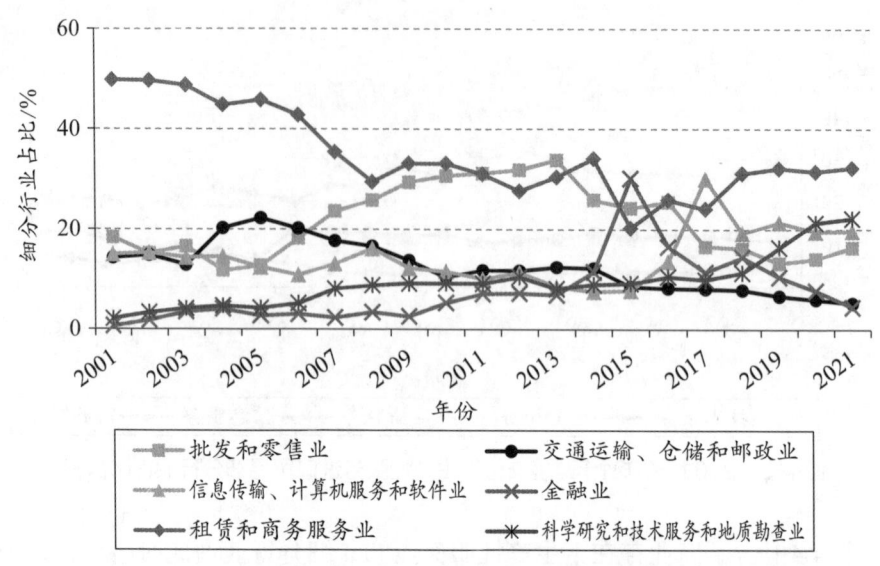

图4-4 2001—2021年商业存在下生产性服务进口贸易细分行业占比情况

要素生产率（TFP）来衡量制造业产业结构内部变革情况，使用 Fare（1994）构建的基于 DEA 的曼奎斯特指数法（Malmquist Index）来测算制造业各产业的全要素生产率。运用该方法测算时需要确定投入和产出变量，具体说明如下：①产出变量。利用制造业工业总产值来表示产出，并采用工业品出厂价格指数折算为2001年基期不变价格水平的实际产值；②资本投入。以制造业固定资产合计和流动资产合计之和近似替代资本投入，分别用固定资产投资价格指数和居民消费价格指数折算为2001基期不变价格水平的固定资产合计和流动资产合计；③劳动力投入。鉴于数据的一致性，我们以制造业全部从业人员平均人数来表征劳动力投入。表4-1报告了2001—2021年我国制造业行业内部变革的时序变化趋势。

从表4-1可以看出，2001—2021年间我国制造业28个行业内部变革指数均值均大于1，表明近年来我国制造业产业结构内部变革指数总体较高。根据制造业产业结构内部变革指数大小，相较于基期而言，制造业产业结构内部变革具有如下几方面特征：一是制造业产业结构内部变革指数由大于基期转变为小于基期而最终呈现大于基期波动变化的特征，满足这一条件的行业有C13、

表4-1 2001—2021年制造业升级情况

行业	2001	2002	2003	2004	2005	2006	2007	2008	2009	2010	2011
C13	1.00	1.21	1.01	0.49	2.19	1.22	0.47	1.28	1.62	0.36	1.96
C14	1.00	1.12	1.06	0.51	2.04	1.22	0.48	1.29	1.62	0.39	1.85
C15	1.00	1.11	0.99	0.54	2.01	1.25	0.48	1.42	1.36	0.45	1.76
C16	1.00	1.15	0.71	0.79	1.91	1.37	0.53	1.51	1.16	0.53	1.74
C17	1.00	0.98	0.51	1.28	1.62	1.00	0.71	1.47	1.03	0.65	1.57
C18	1.00	0.95	0.49	1.40	1.57	0.92	0.81	1.49	0.87	0.76	1.50
C19	1.00	0.97	0.57	1.32	1.48	1.00	0.78	1.51	1.00	0.66	1.55
C20	1.00	0.93	0.58	1.43	1.37	0.43	1.85	1.42	0.56	1.09	1.54
C21	1.00	0.98	0.66	1.23	1.36	0.46	1.72	1.52	0.51	1.16	1.53
C22	1.00	0.97	0.75	1.14	1.35	0.49	1.65	1.32	0.61	1.10	1.37
C23	1.00	0.87	0.99	1.01	1.09	0.60	1.67	1.22	0.63	1.11	1.14
C24	1.00	0.88	1.08	0.97	0.97	0.78	1.30	1.22	0.73	1.06	1.04
C29	1.00	0.89	1.24	0.91	0.84	0.85	1.22	1.30	0.69	1.12	0.95
C25	1.00	0.37	3.31	0.78	0.59	1.30	1.02	0.32	2.77	1.03	0.83
C30	1.00	0.38	3.21	0.79	0.56	1.42	0.93	0.36	2.45	1.07	0.91
C31	1.00	0.38	3.24	0.76	0.59	1.40	0.78	0.44	2.39	0.97	0.99
C32	1.00	0.46	3.32	0.55	0.68	1.63	0.64	0.50	2.44	0.80	1.21
C33	1.00	0.58	3.18	0.40	0.89	1.57	0.63	0.56	2.41	0.65	1.38
C34	1.00	0.64	3.01	0.38	0.83	1.59	0.60	0.64	2.28	0.63	1.40
C35	1.00	0.65	2.62	0.46	0.74	1.53	0.69	0.63	2.01	0.72	1.28
C26	1.00	1.38	2.54	0.36	1.62	1.48	0.24	1.98	1.81	0.40	2.08
C27	1.00	1.40	2.14	0.41	1.57	1.60	0.24	1.85	1.74	0.43	1.93
C28	1.00	1.34	2.26	0.39	1.58	1.60	0.26	1.80	1.55	0.48	1.85
C36	1.00	1.00	1.27	0.82	0.92	0.86	1.07	1.53	0.62	1.05	1.09
C37	1.00	1.41	2.22	0.37	1.62	1.50	0.30	1.96	1.12	0.56	1.93
C38	1.00	1.23	2.70	0.34	1.41	1.67	0.32	1.76	1.08	0.60	1.86
C39	1.00	1.13	2.63	0.36	1.22	1.74	0.37	1.84	0.97	0.64	1.84
C40	1.00	1.09	2.79	0.36	1.26	1.90	0.37	1.64	1.11	0.61	1.70

表4-1（续）

行业	2012	2013	2014	2015	2016	2017	2018	2019	2020	2021	均值
C13	1.22	0.50	1.69	1.72	0.39	1.54	1.34	0.51	2.09	2.03	1.23
C14	1.21	0.57	1.52	1.70	0.41	1.46	1.26	0.63	1.70	2.20	1.20
C15	1.09	0.70	1.30	1.57	0.46	1.42	1.08	0.82	1.46	2.00	1.15
C16	1.18	0.71	1.18	1.32	0.58	1.35	0.95	0.96	1.38	1.98	1.14
C17	1.28	0.68	1.13	1.23	0.64	1.32	0.91	1.03	1.36	2.10	1.12
C18	0.93	0.97	1.17	1.11	0.69	1.32	0.85	1.13	1.36	1.98	1.11
C19	1.45	0.62	1.16	1.21	0.63	1.30	0.92	1.10	1.26	2.06	1.12
C20	0.32	1.62	1.22	0.42	1.72	1.34	0.49	2.15	1.24	0.45	1.10
C21	0.33	1.47	1.33	0.44	1.51	1.44	0.53	1.87	1.19	0.47	1.08
C22	0.39	1.36	1.12	0.61	1.41	1.33	0.67	1.67	1.00	0.61	1.04
C23	0.50	1.36	0.95	0.64	1.38	1.17	0.74	1.84	0.89	0.70	1.02
C24	0.61	1.32	0.98	0.61	1.21	1.11	0.92	1.68	0.84	0.81	1.00
C29	0.70	1.22	0.97	0.64	1.11	1.02	1.11	1.57	0.79	0.85	1.00
C25	0.95	1.16	0.75	1.37	0.99	0.49	1.95	1.41	0.44	1.71	1.17
C30	0.86	1.14	0.83	1.23	1.09	0.50	1.91	1.39	0.46	1.30	1.13
C31	0.83	0.95	1.02	1.22	1.00	0.56	1.70	1.29	0.62	1.23	1.11
C32	0.84	0.86	1.06	1.36	0.85	0.65	1.63	1.31	0.60	1.15	1.12
C33	0.87	0.90	1.07	1.12	0.89	0.78	1.55	1.16	0.77	0.97	1.11
C34	0.96	0.90	1.07	1.11	0.91	0.82	1.48	1.11	0.86	0.90	1.10
C35	0.97	1.45	0.70	1.05	0.95	0.88	1.38	1.55	0.57	0.84	1.08
C26	1.05	0.48	2.12	1.00	0.45	1.81	1.39	0.56	2.64	0.78	1.29
C27	1.17	0.49	1.90	1.06	0.48	1.68	1.49	0.54	2.40	0.87	1.26
C28	1.10	0.59	1.79	1.04	0.53	1.52	1.28	0.68	2.15	0.79	1.22
C36	0.70	1.14	1.42	0.45	1.02	1.53	0.77	1.55	0.92	0.78	1.02
C37	1.14	0.67	1.69	0.90	0.66	1.54	1.15	0.73	2.24	0.69	1.21
C38	1.15	0.70	1.71	0.83	0.69	1.51	1.20	0.75	2.20	0.66	1.21
C39	1.04	0.78	1.71	0.80	0.69	1.51	0.88	1.02	2.25	0.65	1.19
C40	1.13	0.69	1.69	0.92	0.66	1.39	1.22	0.78	2.09	0.72	1.20

C14、C15和C16；二是制造业产业结构内部变革指数由大于基期转变为小于基期而最终呈现小于基期波动变化的特征，满足这一条件的行业有C26、C27、C28、C36、C37、C38、C39和C40；三是制造业产业结构内部变革指数由小于基期转变为大于基期而最终大于基期的波动变化特征，满足这一条件的行业有C17、C18、C19、C25、C30、C31、C32；四是制造业产业结构内部变革指数小于基期而最终转变为小于基期的波动变化特征，满足这一条件行业有C20、C21、C22、C23、C24、C29、C33、C34和C35[①]。不难看出，我国制造业产业结构内部变革指数均值均大于1，说明我国制造业近年来制造业升级水平总体较高。

4.2.2 地区层面

图4-5报告了2001—2021年全国及三大地区制造业产业结构整体升级指数的时序变化特征。从图4-5可以看出，我国制造业产业结构整体升级指数具有波动变化特征，总体呈上升趋势。我国制造业产业结构整体升级指数基本维持在2.05上下波动。2001—2007年我国制造业产业结构整体升级指数呈波动上升趋势。可能的原因在于，改革开放以来，虽然我国工业发展取得了举世瞩目的辉煌，但加入WTO之后，我国工业发展面临的国内外环境发生了巨大变化，结构性矛盾等问题逐渐显现。为适应和引领工业发展，国家经贸委发布《"十五"工业结构调整规划纲要》，着力推进我国制工业结构调整，促进我国工业产业结构优化，实现我国工业产业嵌入全球价值链整体竞争力提升，这一意见的提出使我国制造业转型升级方向渐趋明朗。2008年和2009年出现下降，可能的原因在于，这个阶段我国经济社会发展受国际金融危机影响，制造业产业结构调整也受到国际金融危机的冲击，外部作用使得我国制造业产业结构整

---

① C13~C40代表制造业不同行业，其划分标准和具体名称见表3-1关于制造业行业及按照要素密集度分类。

体升级指数出现下行的压力。为应对国际金融危机的负面影响，我国实施一系列缓解负面冲击的政策和措施，使我国制造业产业结构整体升级指数在2010年出现升温，而后波动上升，特别是2015年以来总体呈上升的趋势。可能的原因在于，国务院印发《"十三五"国家战略性新兴产业发展规划》，重点培育中高端制造业，使得我国制造业朝着中高端方向发展，最终实现我国制造业结构优化。2001—2021年东部地区制造业产业结构整体升级指数呈起伏波动变化特征，总体呈波动上升的趋势；中部地区制造业产业结构整体升级指数呈波动变化特征，总体呈下降趋势；西部地区制造业产业结构整体升级指数呈波动变化特征，总体呈上升趋势。总体来看，东部地区制造业产业结构整体升级指数高于中部地区和西部地区。可能的原因在于，东部沿海地区作为改革开放和经济发展的先行示范区，制造业产业结构优化明显，此外，《中共中央 国务院关于促进中部地区崛起的若干意见》，着力推进东部地区过剩产业向中西部地区转移，致使中西部地区长期从事低附加值、低技术含量的产业，从而制造业产业结构整体升级指数低于东部地区。

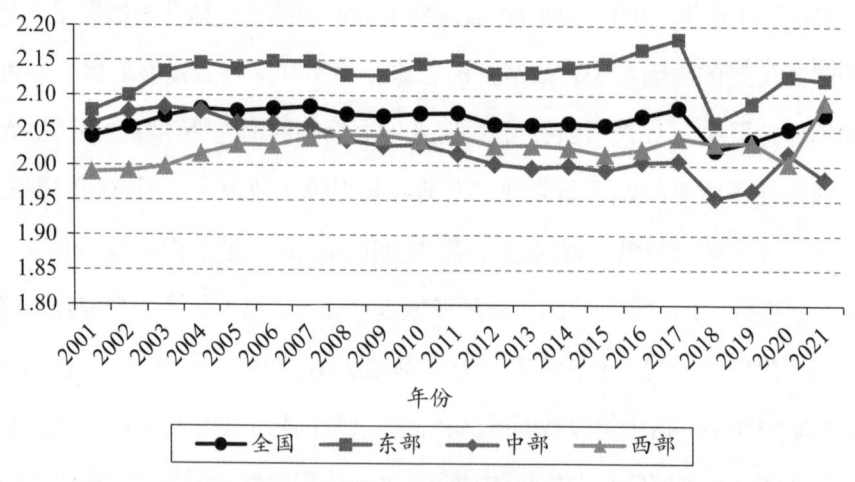

图4-5 2001—2021年全国及三大地区制造业产业结构整体升级情况

图4-6报告了2001—2021年全国及三大地区制造业产业结构高级化指数的时序变化特征。

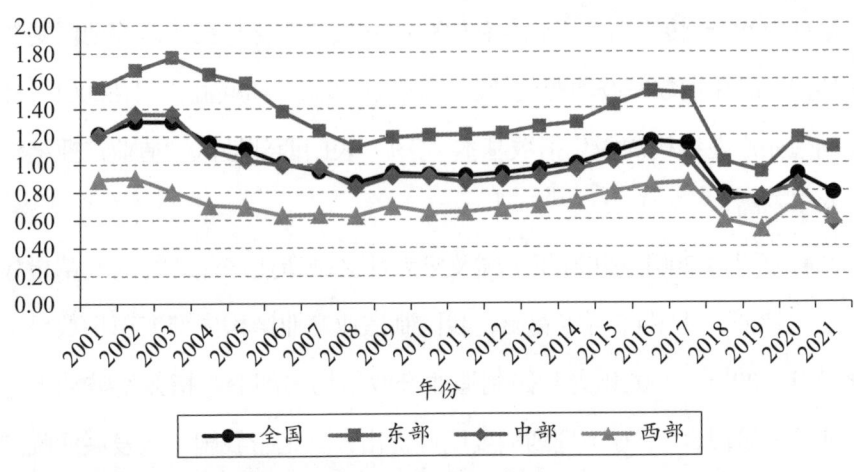

图4-6　2001—2021年全国及三大地区制造业产业结构高级化情况

从图4-6可以看出，我国制造业产业结构高级化指数呈波动变化特征，总体呈下降的趋势。特别是2007年和2008年出现下降，而且制造业产业结构高级化指数下降至小于1，可能的原因在于，我国经济社会发展受次贷危机和国际金融危机影响，技术密集型制造业也受次贷危机和国际金融危机的冲击，外部作用使得我国技术密集型制造业面临下行的压力。我国为应对次贷危机和国际金融危机的冲击，制定和实施一系列应对负面冲击的政策和措施，使指数随后出现波动上升的趋势。特别是我国经济步入新时代，制造业产业结构高级化指数出现大于1的迹象。可能的原因在于，我国经济进入新时代，由高速增长阶段转向高质量发展阶段，强调增长方式转变和产业结构调整。"十三五"规划纲要提出，重点培育智能装备和自主创新能力，重点培育技术密集型制造业，促进制造业结构优化和嵌入全球价值链地位攀升，促使我国制造业朝着高级化方向发展，致使我国制造业高级化指数回温。而近年来指数增长放缓的趋势，可能是疫情造成的部分供应链受阻、大宗商品价格上涨、能源短缺等因素，使得制造业高级化发展面临困难和受阻。2001—2021年东部地区制造业产业结构高级化指数呈波动变化趋势，持续维持在1以上水平，说明东部地区制造业产业结构高级化水平较高；中部地区制造业产业结构高级化指数呈波动变化特征，呈现由大于1转变为小于1最终转变为小于1的变化特征；西部地区制造业产业结构高级化指数呈波动变化特征，虽然近年来有所回温，但在2001—2021年间制造业产业结构高级化指数基本小于1，表明西部地区制造业产业结构高级化水平不高。

图4-7报告了2001—2021年全国及三大地区制造业产业结构内变革指数的时序变化特征。从图4-7可以看出，我国制造业产业结构内部变革指数呈波动变化特征。2001—2007年为我国制造业产业结构内部变革指数呈波动上行阶段。在这一阶段，"十五"规划纲要明确提出，立足于我国工业发展面临的新形势，不断推进产业结构升级和技术创新能力提升，重点培育技术创新和科技进步，着力推进高新技术产业发展，以及使用新技术改造传统产业，强调信息技术促进工业产业结构转型升级的积极作用，这为我国制造业产业结构内部变革明确了方向。2008年我国制造业产业结构内部变革指数出现下降，可能的原因在于，在这一阶段我国经济社会发展受国际金融危机影响，致使制造业产业发展面临国际金融危机冲击，外部作用使得我国制造业产业结构内部变革指数面临下行的压力。2019年以来，我国制造业产业结构内部变革指数基本维持在1以上水平，均值为1.069，表明近年来我国制造业产业结构内部变革指数较高。"十三五"规划纲要提出，新一轮制造业转型升级重点在于科技革命和产业变革，着力推进产业结构全面优化升级和技术结构升级，促进我国智能制造关键技术装备水平提升，实现我国制造业产业结构内部变革。2001—2021年东部地区制造业产业结构内部变革指数呈波动变化特征，其数值基本维持在1以上水平，均值为1.057，表明东部地区近年来制造业产业结构内部变革明显；中部地区制造业产业结构内部变革指数呈波动变化趋势，其数值基本维持在1以上水平，均值为1.056，表明近年来中部地区制造业产业结构内部变革水平较高；

西部地区产业结构内部变革指数呈波动变化趋势,其数值基本维持在1以上水平,均值为1.091,表明近年来西部地区制造业产业结构内部变革水平较高。

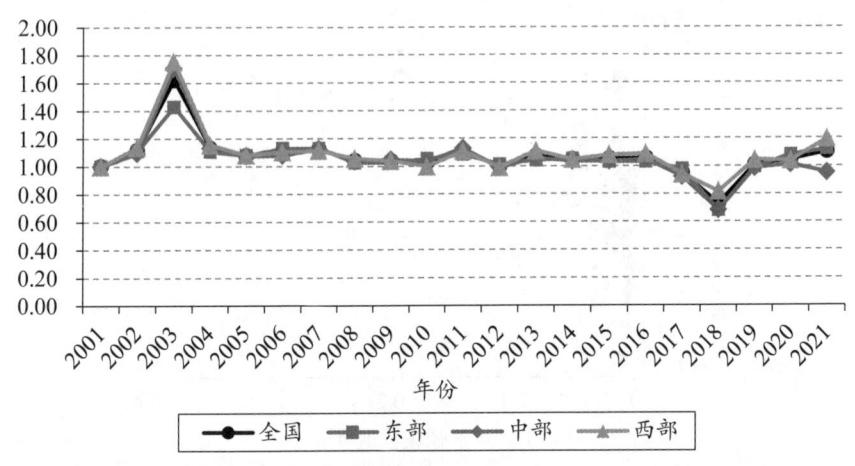

图4-7 2001—2021年全国及三大地区制造业产业结构内部变革情况

4.3 生产性服务进口贸易与制造业升级的基本关系

4.3.1 产业间升级视角下生产性服务进口贸易与制造业升级的关系

4.3.1.1 跨境交付下生产性服务进口贸易与制造业产业间升级的相关关系

图4-8、图4-9显示了跨境交付下生产性服务进口贸易与制造业产业间升级的相关关系。从图4-8显示结果可以看出,横轴代表生产性服务进口贸易,纵轴代表制造业产业结构整体升级,生产性服务进口贸易与制造业产业结构整体升级之间存在较为显著的正相关关系;但图4-8也出现了较为边缘的观测点,这也意味着二者之间呈现的正相关关系可能具有一定的差异。鉴于此,需要借助计量模型和经验证据验证生产性服务进口贸易与制造业产业结构整体升级的相关关系。

从图4-9显示结果可以看出,横轴代表生产性服务进口贸易,纵轴代表制造业产业结构高级化,生产性服务进口贸易与制造业产业结构高级化之间存在较为显著的正相关关系;但图4-9仍然出现了较为边缘的观测点,这也意味着二者之间呈现的正相关关系可能具有一定的差异。鉴于此,需要借助计量模型和经验证据验证生产性服务进口贸易与制造业产业结构高级化的相关关系。

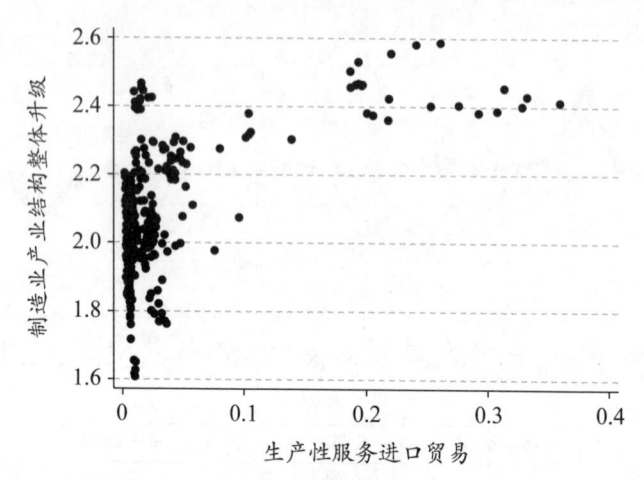

图4-8 生产性服务进口贸易和制造业产业结构整体升级关系散点图

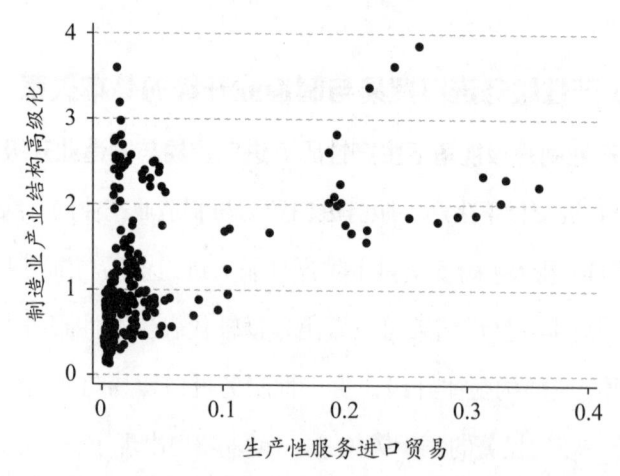

图4-9 生产性服务进口贸易和制造业产业结构高级化关系散点图

4.3.1.2 商业存在下生产性服务业 FDI 与制造业产业间升级的相关关系

图4-10、图4-11显示了商业存在下生产性服务业 FDI 与制造业产业间升级的相关关系。从图4-10显示结果可以看出,横轴代表生产性服务业 FDI,纵轴代表制造业产业结构整体升级,生产性服务业 FDI 与制造业产业结构整体升

级之间存在较为显著的正相关关系；但图4-10也出现了较为边缘的观测点，这也意味着二者之间呈现的正相关关系可能具有一定的差异。鉴于此，需要借助计量模型和经验证据验证生产性服务业 FDI 与制造业产业结构整体升级的相关关系。

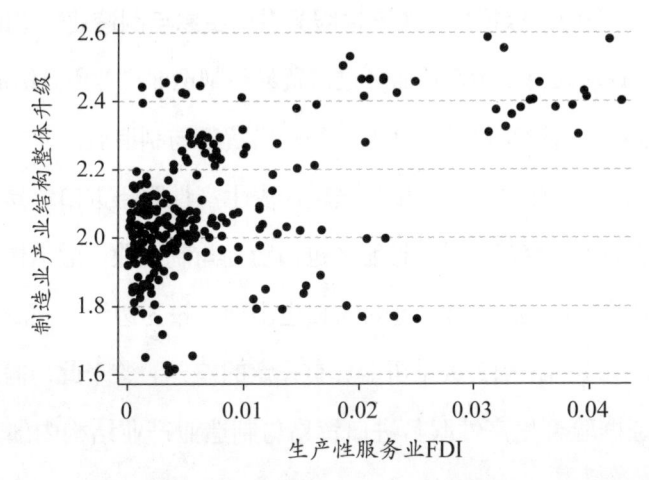

图4-10 生产性服务业 FDI 和制造业产业结构整体升级关系散点图

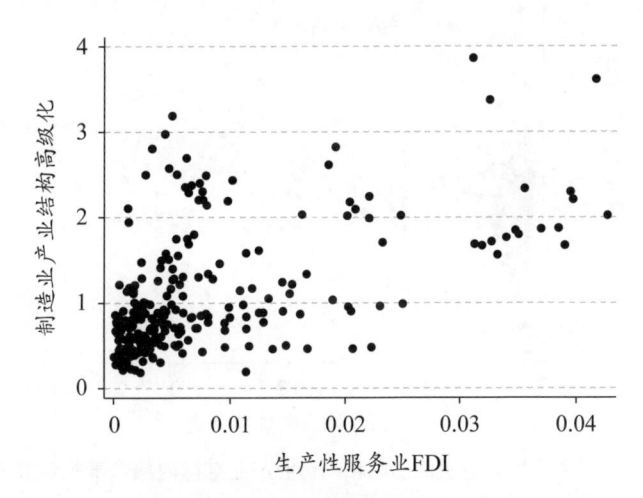

图4-11 生产性服务业 FDI 和制造业产业结构高级化关系散点图

从图4-11显示结果可以看出，横轴代表生产性服务业 FDI，纵轴代表制造业产业结构高级化，生产性服务业 FDI 与制造业产业结构高级化之间存在较为显著的正相关关系;但图4-11也出现了较为边缘的观测点,这也意味着二者之间呈现的正相关关系可能具有一定的差异。鉴于此,需要借助计量模型和经验证据验证生产性服务业 FDI 与制造业产业结构高级化的相关关系。

4.3.2 产业内升级视角下生产性服务进口贸易与制造业升级的关系

4.3.2.1 跨境交付下生产性服务进口贸易与制造业产业内升级的相关关系

图4-12显示了跨境交付下生产性服务进口贸易与制造业产业内升级的相关关系。从图4-12显示结果可以看出,横轴代表生产性服务进口贸易,纵轴代表制造业产业结构内部变革,生产性服务进口贸易与制造业产业结构内部变革之间存在较为显著的正相关关系;但图4-12也出现了较为边缘的观测点,这也意味着二者之间呈现的正相关关系可能具有一定的差异。鉴于此,需要借助计量模型和经验证据验证生产性服务进口贸易与制造业产业结构内部变革的相关关系。

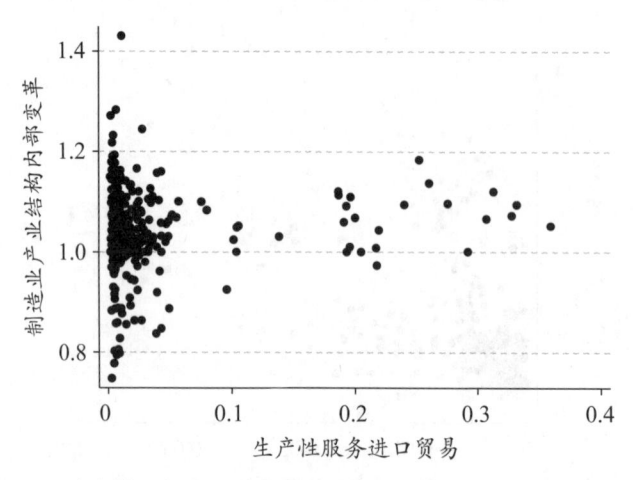

图4-12 生产性服务进口贸易和制造业产业结构内部变革关系散点图

4.3.2.2 商业存在下生产性服务业 FDI 与制造业产业内升级的相关关系

图4-13显示了商业存在下生产性服务业 FDI 与制造业产业内升级的相关关系。从图4-13显示结果可以看出,横轴代表生产性服务业 FDI,纵轴代表制造

业产业结构内部变革，生产性服务业 FDI 与制造业产业结构内部变革之间存在较为显著的正相关关系；但图4-13也出现了较为边缘的观测点，这也意味着二者之间呈现的正相关关系可能具有一定的差异。鉴于此，需要借助计量模型和经验证据验证生产性服务业 FDI 与制造业产业结构内部变革的相关关系。

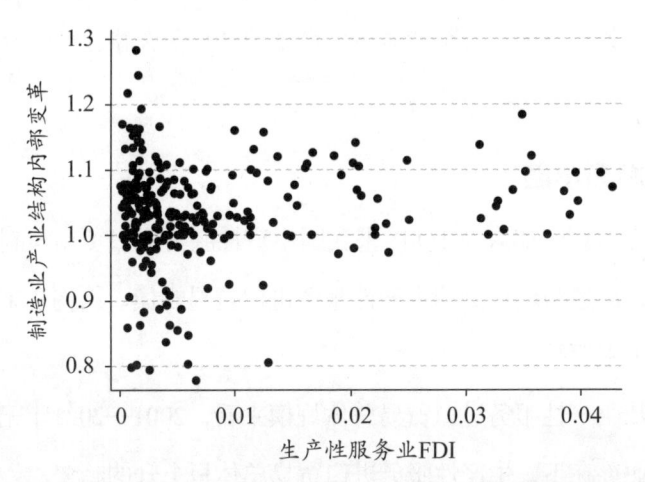

图4-13 生产性服务业 FDI 和制造业产业结构内部变革关系散点图

4.3.3 价值链升级视角下生产性服务进口贸易与制造业升级的关系

图4-14显示了生产性服务进口贸易与制造业价值链升级的相关关系。

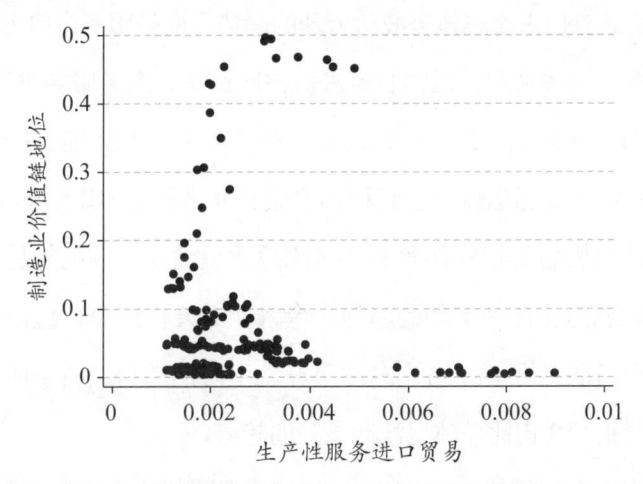

图4-14 生产性服务进口贸易和制造业价值链地位关系散点图

从图4-14显示结果可以看出，横轴代表生产性服务进口贸易，纵轴代表制造业价值链地位，生产性服务进口贸易与制造业价值链地位之间存在较为显著的正相关关系；但图4-14也出现了较为边缘的观测点，这也意味着二者之间呈现的正相关关系可能具有一定的差异。鉴于此，需要借助计量模型和经验证据验证生产性服务进口贸易与制造业价值链地位的相关关系。

4.4 本章小结

本章重点考查了加入WTO以来我国生产性服务进口贸易与制造业升级的特征及事实，通过整理和测算生产性服务进口贸易规模、结构及制造业升级指数，得出如下主要结论：

第一，从生产性服务进口贸易总体规模来看，2001—2021年无论是跨境交付下还是商业存在下，生产性服务进口贸易总体呈上升的趋势。

第二，从生产性服务进口贸易结构来看，2001—2021年生产性服务进口细分行业占比呈波动变化趋势。技术服务进口占比总体呈波动上升的趋势，金融服务进口占比总体呈波动下滑的趋势，运输服务进口占比总体呈平稳变化的趋势，信息服务进口占比总体呈波动上升的趋势，商务服务进口占比总体呈波动下滑的趋势。总体来看，运输服务进口占比最高，商务服务进口占比次之，技术服务进口占比随后。2001—2021年生产性服务业FDI细分行业占比总体呈波动变化趋势。交通运输、仓储和邮政业FDI占比总体呈波动下滑的趋势，信息传输、计算机服务和软件业FDI占比总体呈波动上升的趋势，批发和零售业FDI占比总体呈波动下降的趋势，金融业FDI占比总体呈波动上升的趋势，租赁和商务服务业FDI占比总体呈波动下降的趋势，科学研究、技术服务和地质勘查业FDI占比总体呈波动上升的趋势。

第三，从行业层面来看，2001—2021年间我国制造业28个行业内部变革指数均值均大于1，近年来我国制造业产业结构内部变革总体向好。从地区来看，我国制造业产业结构整体升级指数呈波动变化特征，总体呈上升趋势，东部地区制造业产业结构整体升级指数高于中部地区和西部地区；我国制造业产业结构高级化指数呈波动变化特征，总体呈下降的趋势，东部地区制造业产业结构高级化指数呈波动变化趋势，持续维持在1以上水平，东部地区制造业产业结构高级化水平较高；中部地区制造业产业结构高级化指数呈现由大于1转变为小于1的变化特征；西部地区制造业产业结构高级化指数基本小于1，西部地区制造业产业结构高级化水平不高；我国制造业产业结构内部变革指数基本维持在1以上水平，均值为1.069，近年来我国制造业产业结构内部变革指数较高，东、中、西部地区制造业产业结构内部变革指数均值均在1以上。

第四，从生产性服务进口贸易与制造业升级的基本关系来看，无论是跨境交付下还是商业存在下，生产性服务进口贸易与制造业升级之间存在较为明显的正相关关系，但也出现了较为边缘的观测点，这意味着生产性服务进口贸易与制造业升级之间的正相关关系可能存在一定的差异，因此，需要设定合适的计量模型并结合经验证据验证生产性服务进口贸易与制造业升级之间的相关关系。

第5章　生产性服务进口贸易对制造业升级影响的实证分析：基于产业间升级视角

我国经济进入新常态背景下，在制造业产业调整与升级过程中，生产性服务进口贸易起到至关重要作用。鉴于此，本章依托2007—2021年间省际面板数据，基于制造业产业间升级视角构造制造业升级指数（包括制造业产业结构整体升级和制造业产业结构高级化两个指数），同时，通过设定计量模型来验证生产性服务进口贸易对制造业升级的影响，旨在揭示生产性服务进口贸易影响制造业升级的规律；验证生产性服务进口贸易对不同区域制造业升级的影响，旨在揭示区域间是否存在异质性。

5.1 模型、变量与数据

5.1.1 模型设定

重新审视和理解生产性服务进口贸易与制造业升级的关联关系，能够为中国"十四五"时期通过生产性服务业引进方式来引导和支持制造业向高级化、服务化方向发展的政策选择提供一定理论依据。为了能够较为全面地回答生产性服务进口贸易对中国制造业升级的影响及其空间差异，本书将构建如下基准模型进行验证：

$$upgrade_{it} = \alpha_0 + \alpha_1 import_{it} + \sum_{j=2}^{5} \alpha_j control_{it} + \mu_i + \varepsilon_{it} \quad (5.1)$$

$$upgrade_{it} = \beta_0 + \beta_1 ps\_fdi_{it} + \sum_{j=2}^{5}\beta_j control_{it} + \mu_i + \varepsilon_{it} \quad (5.2)$$

式中，i 和 t 分别代表省份和时间；import 代表生产性服务进口；ps_fdi 代表生产性服务业 FDI；upgrade 代表制造业升级指数；control 表示一系列控制变量；μ、ε 分别表示固定效应和随机误差项。

5.1.2 变量选取

生产性服务进口贸易为本章的核心解释变量。由前文的概念界定可知，生产性服务进口贸易是以跨境交付和商业存在两种方式进行生产性服务的国际交易，因此，本章从生产性服务进口和生产性服务外商直接投资两个方面来衡量生产性服务进口贸易。具体而言，生产性服务进口（import）以各省域生产性服务进口额占各自 GDP 的比重来度量；生产性服务外商直接投资（ps_fdi）以各省域生产性服务业 FDI 占各自 GDP 的比重来衡量。

制造业升级为本章的被解释变量。本章基于制造业产业间升级视角，并从制造业产业结构整体升级和制造业产业结构高级化两个维度出发，构建一套较为全面地衡量制造业升级的指标体系。具体而言，一是制造业产业结构整体升级（$upgrade_1$），基于产业结构升级的内涵，参考蓝庆新等（2013）的方法，依据本书第3章表3-1提供的制造业行业及按照要素密集度分类，并根据产业结构升级的内涵对三类制造业分别赋予一定权重，具体计算公式为：

$$upgrade = \sum_{m=1}^{3} q(m) \cdot m, \ 1 \leqslant upgrade \leqslant 3 \quad (5.3)$$

式中，$q(m)$ 表示制造业第 m 类行业产值占制造业总产值的比重。

二是制造业产业结构高级化（$upgrade_2$），借鉴傅元海等（2016）的思路，采用技术密集型制造业产值与资本密集型制造业产值的比重来度量，据此反映制造业结构是否朝着服务化、高级化方向发展。

对于控制变量而言，结合已有的研究成果，本书添加了如下4个控制变量：

(1）外商直接投资（*fdi*）。外商直接投资可以通过资本积累和技术溢出效应来促进一个国家或地区的制造业生产效率，为了分析FDI可能对制造业升级产生的影响，本书使用人均实际利用外商直接投资额来衡量。

（2）研发强度（*r&d*）。加大研发投入强度有助于企业技术水平提升及其产品的差异化定位，能够提高制造业产品技术含量，更能提高制造业生产效率，为分析研发投入能否促进制造业升级，采用研发投入占制造业工业总产值比重来衡量。

（3）研发人员（*staff*）。研发人员在一定程度上也有助于制造业生产效率提升，为分析研发人员可能对制造业升级产生的影响，采用科研活动人员数占行业从业人员比重来度量。

（4）城市蔓延度（*sprawl*）。作为城市化进程的衍生品，城市扩张已成为助推我国产业转型升级的重要动力，借鉴赵景峰等（2019）的做法，从就业密度和人口密度构造城市蔓延度指数（Sprawl Index），$sprawl_{it}=\eta\, emp_{it}/area_{it}+\varphi\, pop_{it}/area_{it}$。其中，*emp*表示非农产业从业人员、*pop*表示非农人口总数、*area*表示建成区面积、*emp/area*表示就业密度、*pop/area*表示人口密度。假定就业密度与人口密度同等重要，则η、φ取值为0.5。

5.1.3 数据来源与说明

本章所使用数据均来源于2008—2022年《中国统计年鉴》《中国工业统计年鉴》《中国经济普查年鉴》《中国能源统计年鉴》《中国科技统计年鉴》《中国城市统计年鉴》《中国人口和就业统计年鉴》和商务部、国家外汇管理局、各地商务厅统计数据及各省统计年鉴。对于部分年份缺失的数据采用平滑处理方法进行填充，由于西藏数据严重缺失，本书以30个省（区、市）为研究对象。需要说明的是，在跨境交付下，由于地方没有公布服务贸易分类数据和统计服务贸易部分数据缺失，生产性服务贸易细分行业统计尚不健全，为考虑研究样本的一致性问题，本章在分析过程中只考虑总量对制造业升级的影响作用，囿于数据的可获得性，本章将样本区间设定为2007—2021年。在商业存在下，按照前文关于生产性服务业范畴的界定，本章以生产性服务业6个行业的外商直接投资作为商业存在下的生产性服务进口贸易，为了考虑数据的可获得性和连续性，本章将样本区间设定为2007—2021年，剔除生产性服务业FDI数据严重缺失的省份，最终以24个省（区、市）作为研究对象：北京市、天津市、河北省、山西省、黑龙江省、辽宁省、江苏省、上海市、安徽省、浙江省、福建省、江西省、山东省、河南省、湖北省、湖南省、广东省、广西壮族自治区、海南省、重庆市、贵州省、云南省、陕西省、宁夏回族自治区。

表5-1报告了跨境交付下全国及三大区域生产性服务进口贸易、制造业升级以及控制变量的描述性统计结果。就全国层面而言，制造业产业结构高级化（$upgrade_2$）、外商直接投资（fdi）和城市蔓延度（$sprawl$）的标准差较大，依次为0.706 3、0.567 1和0.195 0，其数值波动幅度较为明显；生产性服务进口（$import$）、研发人员（$staff$）和研发强度（$r\&d$）的标准差较小，依次为0.057 8、0.017 5和0.005 9，其数值波动幅度也较小。

表5-1 跨境交付下全国及三大区域各变量的描述性统计

地区		$upgrade_1$	$upgrade_2$	$import$	fdi	$sprawl$	$r\&d$	$staff$
全国	均值	2.063 2	0.940 0	0.030 1	2.831 5	0.673 5	0.011 4	0.042 0
	标准差	0.183 7	0.706 3	0.057 8	0.567 1	0.195 0	0.005 9	0.017 5
	极小值	1.604 1	0.090 9	0.000 9	0.541 0	0.281 6	0.001 5	0.000 3
	极大值	2.586 4	3.862 0	0.359 6	4.074 4	1.153 0	0.043 5	0.139 6
东部地区	均值	2.133 5	1.229 6	0.068 2	3.241 8	0.660 4	0.012 7	0.045 3
	标准差	0.208 4	0.747 9	0.082 3	0.321 2	0.147 6	0.006 2	0.018 3
	极小值	1.604 2	0.158 0	0.006 6	2.517 9	0.359 4	0.001 5	0.010 6
	极大值	2.586 4	3.862 0	0.359 6	4.074 4	0.942 5	0.043 5	0.087 2

表5-1（续）

地区		$upgrade_1$	$upgrade_2$	import	fdi	sprawl	r&d	staff
中部地区	均值	2.005 6	0.886 1	0.008 5	2.901 0	0.769 1	0.011 5	0.043 1
	标准差	0.149 4	0.644 5	0.003 9	0.336 5	0.218 1	0.005 9	0.018 2
	极小值	1.606 9	0.183 2	0.003 0	1.069 7	0.341 2	0.003 1	0.000 3
	极大值	2.388 3	3.595 9	0.020 8	3.396 1	1.152 3	0.030 5	0.139 6
西部地区	均值	2.034 8	0.689 5	0.007 8	2.370 8	0.633 3	0.010 1	0.037 8
	标准差	0.156 9	0.596 3	0.007 7	0.555 6	0.196 5	0.005 3	0.015 4
	极小值	1.687 0	0.090 9	0.000 9	0.541 0	0.281 6	0.003 6	0.009 2
	极大值	2.465 9	3.184 0	0.075 8	3.369 5	1.153 6	0.038 6	0.075 8

表5-2报告了商业存在下全国及三大区域生产性服务业FDI、制造业升级以及控制变量的描述性统计结果。就全国层面而言，制造业产业结构高级化（$upgrade_2$）、外商直接投资（fdi）和城市蔓延度（sprawl）的标准差较大，依次为0.699 2、0.466 8、0.201 1，其数值波动幅度较为明显；生产性服务业FDI（ps_fdi）的标准差较小，为0.009 1，其系数波动幅度也明显较小。

表5-2　商业存在下全国及三大区域各变量的描述性统计

地区		$upgrade_1$	$upgrade_2$	ps_fdi	fdi	sprawl	r&d	staff
全国	均值	2.067 3	0.987 3	0.007 5	2.940 0	0.697 6	0.012 3	0.044 3
	标准差	0.196 6	0.699 2	0.009 1	0.466 8	0.201 1	0.006 1	0.017 8
	极小值	1.604 1	0.158 0	0.000 5	1.069 7	0.281 6	0.001 5	0.009 2
	极大值	2.586 4	3.862 0	0.042 7	4.074 4	1.153 6	0.043 5	0.139 6
东部地区	均值	2.133 5	1.229 6	.012 5	3.241 8	0.644 1	0.012 7	0.045 3
	标准差	0.208 4	0.747 9	0.011 0	0.321 2	0.147 6	0.006 3	0.018 3
	极小值	1.604 1	0.158 0	0.000 3	2.517 9	0.359 4	0.001 5	0.010 6
	极大值	2.586 4	3.862 0	0.042 7	4.074 4	0.942 5	0.043 5	0.087 2
中部地区	均值	1.981 0	0.698 5	0.003 8	2.860 9	0.819 9	0.012 4	0.045 4
	标准差	0.136 3	0.328 1	0.003 4	0.333 6	0.181 9	0.005 7	0.017 9

表5-2（续）

地区		$upgrade_1$	$upgrade_2$	ps_fdi	fdi	$sprawl$	$r\&d$	$staff$
	极小值	1.606 9	0.183 2	0.000 1	1.069 7	0.509 0	0.004 8	0.015 1
	极大值	2.252 0	1.574 7	0.020 1	3.352 9	1.152 3	0.030 5	0.139 6
西部地区	均值	2.046 7	0.879 8	0.002 5	2.479 1	0.653 0	0.011 3	0.041 5
	标准差	0.191 8	0.701 4	0.003 4	0.479 7	0.203 5	0.006 0	0.016 4
	极小值	1.687 0	0.199 7	0.000 5	1.506 7	0.281 6	0.003 6	0.009 2
	极大值	2.465 9	3.184 0	0.020 4	3.369 5	1.153 6	0.038 6	0.075 8

5.2 实证结果与分析

5.2.1 全国层面分析

表5-3报告了基于跨境交付下和商业存在下生产性服务进口贸易对制造业升级影响的基准回归估计结果。其中，模型（1）、模型（3）分别显示了生产性服务进口贸易对制造业产业间升级的直接影响，通过实证检验可发现，生产性服务进口贸易对我国制造业产业结构整体升级和制造业产业结构高级化具有明显的促进作用，其估计系数分别为1.020 1、5.248 9，且在统计上十分显著，与预期假设完全一致。考虑实证分析的严谨性和准确性，进一步将控制变量纳入计量回归模型，结果如模型（2）、模型（4）所示，其估计结果依然保持相对的稳健性，估计系数分别为1.057 6、5.082 7，且在统计上较为显著，数值上略有波动。值得注意的是，无论是否纳入控制变量，生产性服务进口贸易对制造业产业间升级均具有较为稳健的影响作用，生产性服务进口贸易影响制造业产业结构高级化的作用效果最为明显。我们认为出现该现象的原因在于，生产性服务"引进来"所诱发的技术跨国流动刺激了本国技术密集型制造业发展，进一步压缩了资本密集型、劳动密集型制造业的成长空间。模型（5）、模型（6）显示了在商业存在下生产性服务业FDI对制造业产业结构整体升级的影响效

果,就验证结果来看,在商业存在下生产性服务业 FDI 影响制造业产业结构整体升级的作用尚未通过显著性水平检验,这也意味着在纳入控制变量和未纳入控制变量下生产性服务业 FDI 与制造业产业结构整体升级尚未存在显著正相关关系。模型(7)、模型(8)显示了在商业存在下生产性服务业 FDI 对制造业产业结构高级化的影响效果,就验证结果来看,在商业存在下生产性服务业 FDI 影响制造业升级的作用通过显著性水平检验,这也意味着在纳入控制变量和未纳入控制变量下生产性服务业 FDI 对制造业产业结构高级化具有显著的促进作用。

表5-3 生产性服务进口贸易对制造业升级的影响(基准回归结果)

	跨境交付下				商业存在下			
	$upgrade_1$		$upgrade_2$		$upgrade_1$		$upgrade_2$	
	模型(1)	模型(2)	模型(3)	模型(4)	模型(5)	模型(6)	模型(7)	模型(8)
$import$	1.020 1*** (0.229 5)	1.057 6*** (0.278 2)	5.248 9*** (1.169 2)	5.082 7*** (1.155 2)				
ps_fdi					0.114 5 (1.429 3)	0.530 9 (1.317 8)	14.396 5** (6.035 4)	13.701 4* (6.667 3)
fdi		−0.015 2 (0.027 5)		0.130 5* (0.077 1)		−0.017 7 (0.035 9)		0.066 2 (0.090 0)
$sprawl$		−0.118 5 (0.121 5)		−0.117 8 (0.211 5)		−0.118 1 (0.136 2)		0.020 9 (0.347 8)
$r\&d$		−2.586 8 (4.221 2)		−12.077 3 (8.901 5)		−2.690 7 (4.635 2)		−9.074 2 (18.089 9)
$staff$		0.861 8 (0.842 7)		1.191 0 (1.599 0)		1.089 2 (0.944 2)		0.206 0 (2.921 4)
C	2.127 6*** (0.063 3)	2.272 7*** (0.152 5)	0.781 8*** (0.102 3)	0.584 5* (0.298 9)	2.390 5*** (0.051 7)	2.532 0*** (0.192 4)	1.220 0*** (0.221 2)	1.135 2** (0.546 8)
R	0.836 9	0.841 3	0.294 0	0.354 5	0.852 4	0.857 0	0.863 2	0.865 6
估计模型	FE	FE	RE	RE	FE	FE	FE	FE
观测值	450	450	450	450	360	360	360	360

注:***、**、* 分别表示在 1%、5%、10% 的水平上显著,括号内数值为回归系

数标准误差。下同。

在控制变量上,在跨境交付下外商直接投资(fdi)促进了制造业产业结构高级化。在经济新常态下,通过引进大量外商直接投资在一定程度上可弥补我国制造业发展资金不足的问题,更重要的是能够吸收国外先进的技术和管理经验以提升我国制造业的国际竞争力;外商直接投资有利于我国制造业向服务化方向发展,最终实现制造业升级,但却抑制了制造业产业结构整体升级,其原因在于大量注入外资引起行业间过度竞争,使得资源在行业间得不到合理配置,反而不利于制造业产业结构整体升级水平的提升。城市蔓延($sprawl$)并没有促进我国制造业升级,其原因在于我国城镇化存在粗放式发展、质量不高的问题,"亚健康"和"冒进式"现象严重,形成以人口膨胀、生态失衡、资源匮乏等为特征的"城市病",不能有效推动我国制造业转型与优化升级。

5.2.2 生产性服务进口贸易对制造业升级影响的地区差异分析

由于我国地域禀赋条件和省域发展情况千差万别,经济发展阶段与制造业转型升级存在明显的地区差异。这里将经济区域按地理位置划分为东部地区、中部地区和西部地区[①],旨在揭示生产性服务进口贸易的地区差异对制造业产业间升级的影响。表5-4报告了跨境交付下生产性服务进口的地区差异对制造业升级的影响,由估计结果可以发现,对于东部地区而言,生产性服务进口对制造业产业结构整体升级、制造业产业结构高级化具有明显的促进作用;对于中西部地区而言,生产性服务进口甚至阻碍了制造业升级。

表5-5显示了商业存在下生产性服务业FDI影响对不同区域制造业升级的验证结果,由估计结果可以发现,对于东部地区而言,生产性服务业FDI对制造业产业结构高级化具有显著促进作用;对于中西部地区而言,生产性服务

---

① 东部地区包括北京、天津、河北、辽宁、上海、江苏、浙江、福建、山东、广东和海南;中部地区包括山西、吉林、黑龙江、安徽、江西、河南、湖北和湖南;西部地区包括内蒙古、广西、重庆、四川、贵州、云南、陕西、甘肃、青海、宁夏和新疆。

业 FDI 甚至阻碍了制造业升级。

表5-4 跨境交付下生产性服务进口贸易的地区差异对制造业升级的影响

	东部地区		中部地区		西部地区	
	$upgrade_1$	$upgrade_2$	$upgrade_1$	$upgrade_2$	$upgrade_1$	$upgrade_2$
	模型（9）	模型（10）	模型（11）	模型（12）	模型（13）	模型（14）
$import$	1.323 6*** （0.240 8）	5.147 1*** （1.172 4）	-11.384 7* （5.218 0）	-66.354 2 （55.112 0）	0.305 5 （0.489 0）	4.562 7 （3.507 6）
fdi	0.037 9 （0.096 1）	0.475 5 （0.356 6）	-0.031 8 （0.061 5）	-0.296 3 （0.251 2）	-0.008 6 （0.016 9）	0.089 9 （0.068 1）
$sprawl$	-0.440 9*** （0.146 2）	-0.478 2 （0.650 7）	-0.095 3 （0.085 2）	-1.028 9 （0.872 6）	0.054 5 （0.126 3）	-0.072 5 （0.211 4）
$r\&d$	-4.835 5 （3.077 7）	-18.020 4 （15.702 0）	-0.601 0 （3.771 7）	23.220 2 （22.350 5）	0.466 0 （2.377 2）	-2.539 7 （3.762 2）
$staff$	0.488 1 （0.725 1）	1.272 0 （2.712 0）	0.192 1 （0.703 3）	0.143 9 （3.771 8）	-0.411 5 （0.645 9）	-1.856 1 （2.081 9）
C	2.243 6*** （0.312 8）	-0.183 5 （1.200 2）	2.485 4*** （0.239 6）	4.397 7** （1.455 2）	2.029 3*** （0.067 4）	0.582 3*** （0.160 2）
R	0.737 0	0.370 1	0.780 8	0.864 6	0.016 8	0.381 1
估计模型	RE	RE	FE	FE	RE	RE
观测值	165	165	120	120	165	165

表5-5 商业存在下生产性服务业 FDI 的地区差异对制造业升级的影响

	东部地区		中部地区		西部地区	
	$upgrade_1$	$upgrade_2$	$upgrade_1$	$upgrade_2$	$upgrade_1$	$upgrade_2$
	模型（15）	模型（16）	模型（17）	模型（18）	模型（19）	模型（20）
ps_fdi	1.655 1 （1.518 9）	17.447 6* （9.124 6）	-7.871 0** （2.480 2）	-1.505 9 （6.989 9）	0.039 4 （2.810 8）	-8.370 9 （9.962 1）
fdi	-0.036 5 （0.102 4）	0.235 5 （0.398 8）	0.008 0 （0.055 9）	0.056 1 （0.086 4）	-0.005 3 （0.033 5）	0.087 3 （0.141 7）
$sprawl$	-0.377 0* （0.175 3）	-0.050 7 （0.774 8）	-0.129 6 （0.081 3）	-0.663 4 （0.580 0）	0.172 8 （0.211 9）	0.536 3 （0.317 6）

表5-5（续）

	东部地区		中部地区		西部地区	
	$upgrade_1$	$upgrade_2$	$upgrade_1$	$upgrade_2$	$upgrade_1$	$upgrade_2$
	模型（15）	模型（16）	模型（17）	模型（18）	模型（19）	模型（20）
r&d	-4.0108 （6.0333）	-21.7930 （17.7756）	0.5191 （3.8514）	-5.6621 （20.6377）	-4.0443 （5.9754）	2.2594 （16.8716）
staff	2.7199 （1.6665）	4.6118 （3.7178）	-0.0874 （0.4695）	0.2375 （1.9270）	0.1072 （0.4387）	3.8728 （2.7933）
C	2.7246*** （0.3526）	0.3487 （1.1569）	2.1906*** （0.2249）	1.5042 （1.0429）	1.7670*** （0.1825）	-0.4904 （0.3828）
R	0.8458	0.2559	0.7827	0.8259	0.9124	0.9034
估计模型	FE	RE	FE	FE	FE	FE
观测值	165	165	105	105	90	90

出现上述现象的深层原因在于：东部地区是我国最发达的区域，也是开放程度最高的区域，借助国外先进的生产性中间服务要素作用于该地区资本和技术密集型制造业，最终实现东部地区制造业升级。而中西部地区由于长期从事低技术、低附加值的制造业产业，导致生产性服务进口贸易与中西部地区制造业生产、加工等环节融合度较低，不但难以发挥助推制造业优化升级的作用，还加大了生产性服务进口贸易的支出成本，最终阻碍了中西部地区的制造业升级。

5.3 内生性问题

通过上述基准回归证实了生产性服务进口贸易确实有助于制造业升级，但如果这二者存在内生性问题，势必会导致论证结果出现偏差现象，进而可能导致论证结果不可信问题。本章的核心解释变量生产性服务进口、生产性服务业FDI可能存在内生性问题，原因在于生产性服务进口、生产性服务业FDI与制造业升级可能存在双向因果关系，主要表现在生产性服务进口、生产性服务业FDI在一定程度上可以促进制造业升级，而制造业的转型升级则会对生产性服务中间投入要素提出更高要求，若本国生产性服务业不能满足制造业发展的投入要素需求，迫使制造商通过从外引进生产性服务要素来满足自身发展的需求，从而反向推动了生产性服务进口、生产性服务业FDI的扩大。因此，有必要检验是否存在内生性问题。

为了使验证结果具有稳健效果，需进一步解决变量间可能存在的内生性问题，工具变量（IV）法是常用的解决方法，通过运用该方法可以保证本章论证结果具有一致性。而核心解释变量生产性服务进口贸易的工具变量的选择是关键，因此，本部分借鉴黄玖立等（2006）的做法，将海外市场接近度（FMA）作为核心解释变量的工具变量。FMA变量由地理距离决定，据此反映对本土市场贸易的影响，充分说明具有较强的外生性，同时，本土市场的国际交易主要采用海上运输方式进行，本土市场离海岸线越近，越有利于贸易交易的开展。工具变量的具体测算公式为：

$$distance_{ii} = \frac{2}{3}\sqrt{S_i/\pi} \quad (5.4)$$

$$FMA_i = \begin{cases} 100 distance_{ii}^{-1}, i \in Q \\ 100(mindistance_{ij} + distance_{jj})^{-1}, i \notin Q, j \in Q \end{cases} \quad (5.5)$$

式（5.4）和式（5.5）中，i、j代表地区；π为圆周率；S为面积；Q为沿海地区集合；$distance$表示沿海地区到海岸线的距离，该距离的具体测算公式为：内部地区到海岸线距离=其到最近的沿海地区的距离+该沿海地区的内部距离。

同时，为了避免内生性问题，还考虑采用生产性服务进口和生产性服务业FDI的滞后项作为工具变量，使用两阶段最小二乘法（2SLS）重新估计。表5-6报告了采用工具变量法解决内生性问题的估计结果。根据检验结果可以看出，第一阶段F统计量分别为73.469 5、513.282、109.909（超过10），而且F统计

量的 p 值为0.000 0；Kleibergen-Paap rk LM 统计量的 p 值为0.000 0，这一估计结果充分说明不存在工具变量识别不足的问题；从 Cragg-Donald Wald F 对应的检验值和 Stock-Yogo 检验10%水平对应的检验值相对比可以充分说明不存在弱工具变量。由此可见，本章所选取的工具变量是合适的。同时，由检验结果发现，跨境交付下和商业存在下的估计系数为正，且在统计上较为显著，通过经验证据的内生性问题验证结果与基准估计结果较为一致，这也体现了本章通过经验证据论证生产性服务进口贸易影响制造业升级的验证结果具有稳健性是可靠的，可以排除内生性问题。

表5-6 采用工具变量法解决内生性问题的估计结果

	跨境交付下				商业存在下	
	$upgrade_1$	$upgrade_1$	$upgrade_2$	$upgrade_2$	$upgrade_1$	$upgrade_2$
	模型（27）	模型（29）	模型（29）	模型（30）	模型（31）	模型（32）
import	1.608 2*** （0.143 5）	0.995 9*** （0.188 0）	6.347 8*** （0.651 9）	4.166 0*** （0.587 8）		
ps_fdi					43.863 6*** （4.723 8）	30.791 8*** （5.241 9）
fdi		0.078 7*** （0.017 7）		0.512 8*** （0.061 5）		0.338 1*** （0.092 7）
sprawl		-0.162 5*** （0.033 4）		-0.500 7*** （0.150 4）		-0.521 4*** （0.165 6）
r&d		2.899 7 （2.404 4）		-1.833 2 （6.553 5）		1.632 2 （6.512 2）
staff		-0.506 8 （0.637 4）		-2.013 0 （2.269 3）		2.170 8 （2.436 2）
C	2.014 7*** （0.008 9）	1.907 9*** （0.047 5）	0.752 1*** （0.033 2）	-0.207 4 （0.132 4）	0.659 6*** （0.038 5）	0.001 2 （0.203 5）
观测值	450	450	390	390	312	312
第一阶段F值	119.698 [0.000 0]	73.469 5 [0.000 0]	581.821 [0.000 0]	513.282 [0.000 0]	213.374 [0.000 0]	109.909 [0.000 0]

表5-6（续）

	跨境交付下				商业存在下	
	$upgrade_1$	$upgrade_1$	$upgrade_2$	$upgrade_2$	$upgrade_1$	$upgrade_2$
	模型（27）	模型（29）	模型（29）	模型（30）	模型（31）	模型（32）
Kleibergen-Paap rk LM 统计量	25.878 [0.000 0]	22.991 [0.000 1]	26.623 [0.000 0]	30.757 [0.000 0]	46.373 [0.000 0]	50.770 [0.000 0]
Cragg-Donald Wald F 统计量	439.002	281.179	3 294.073	2 542.020	611.596	368.909
Stock-Yogo 检验10%水平的偏误值	16.38	16.38	19.93	19.93	19.93	19.93

注：[ ]内为检验统计量的 p 值；Kleibergen-Paap rk LM 检验的原假设是"工具变量识别不足"，若拒绝原假设则表明工具变量是合理的；Cragg-Donald Wald F 检验的原假设是"工具变量为弱识别"，若拒绝原假设则表明不存在弱工具变量问题。

5.4 本章小结

本章依托中国2007—2021年30个省域的省际面板数据和24个省域的省际面板数据，基于制造业产业间升级视角构造制造业升级指数（包括制造业产业结构整体升级和制造业产业结构高级化两个指数），验证生产性服务进口贸易、生产性服务业FDI对我国制造业产业间升级的影响。得出如下主要结论：

第一，在跨境交付下，生产性服务进口贸易对制造业产业间升级具有显著的促进作用，生产性服务进口贸易不仅可以促进制造业产业结构整体升级，而且还可以有效促进制造业产业结构高级化，生产性服务进口贸易影响制造业产业结构高级化的效果最为突出。在商业存在下，生产性服务业FDI影响制造业产业结构整体升级的作用效果尚不显著，但对制造业产业结构高级化却具有显著的促进作用。

第二，生产性服务进口贸易对制造业产业间升级的影响存在明显的空间差异。在跨境交付下，生产性服务进口贸易有效促进东部地区制造业产业间升级，而对于中西部地区而言,生产性服务进口贸易阻碍了制造业产业间升级;在商业存在下,生产性服务业 FDI 对东部地区制造业产业间升级存在明显的正向影响效果,但对中西部地区制造业产业间升级存在阻碍作用。

第6章 生产性服务进口贸易对制造业升级影响的实证分析：基于产业内升级视角

第5章基于制造业产业间升级视角，结合经验证据验证了生产性服务进口贸易对制造业升级的影响作用，并得出了有益的结论。为了更好地理解生产性服务进口贸易影响制造业升级的效果，本章基于制造业产业内升级视角，从行业层面和区域层面出发，分别考查在跨境交付下生产性服务进口贸易和商业存在下生产性服务业 FDI 对制造业升级的影响，以便增强实证结论的普适性，旨在揭示基于行业层面的生产性服务进口贸易影响制造业升级的作用规律，以及基于区域层面的生产性服务业进口贸易对制造业升级的影响规律。

6.1 行业层面的分析

本部分基于制造业产业内升级视角，从行业层面出发，结合计量模型和经验证据验证跨境交付下和商业存在下生产性服务进口贸易影响制造业升级的效果。

6.1.1 模型、变量与数据

6.1.1.1 模型设定

本书从行业层面出发，构建如下基准回归模型来考查生产性服务进口贸易对制造业升级的影响：

$$upgrade_{jt} = \beta_0 + \beta_1 import_{it} + \sum_{k=2}^{6}\beta_k control_{it} + \mu_i + \varepsilon_{it} \quad (6.1)$$

$$upgrade_{jt} = \gamma_0 + \gamma_1 ps\_fdi_{it} + \sum_{k=2}^{6} \gamma_k control_{it} + \mu_i + \varepsilon_{it} \qquad (6.2)$$

式中，i 表示各生产性服务业；j 表示各制造业；t 表示年份；import 表示生产性服务进口；ps_fdi 表示生产性服务业 FDI；upgrade 表示制造业产业结构内部变革指数；control 表示一系列控制变量；μ、ε 分别表示固定效应和随机误差项。

6.1.1.2　变量选取

核心解释变量生产性服务进口（import），采用生产性服务进口总额与 GDP 的比重来衡量；生产性服务业 FDI（ps_fdi），采用生产性服务业 FDI 总额与 GDP 的比重来衡量。

被解释变量为产业结构内部变革指数（upgrade），本章采用制造业全要素生产率（TFP）来度量制造业产业结构内部变革，并采用 Fare 等（1994）构建的基于 DEA 的曼奎斯特指数法（Malmquist Index）来测算制造业各产业的全要素生产率，运用该方法测算时需要确定投入和产出变量，具体说明如下：

（1）产出变量。利用制造业工业总产值来表示产出，并采用工业品出厂价格指数折算为基期不变价格水平的实际产值。

（2）资本投入。以制造业固定资产合计和流动资产合计之和近似替代资本投入，分别用固定资产投资价格指数和居民消费价格指数折算为基期不变价格水平的固定资产合计和流动资产合计。

（3）劳动力投入。鉴于数据的一致性，以制造业全部从业人员平均人数来表征劳动力投入。

对于控制变量，结合目前研究成果，本书添加了以下控制变量。

（1）外商直接投资（fdi）。现有的研究表明，外商直接投资可以通过增加资本积累和技术溢出效应促进制造业技术进步，为了分析 fdi 能否促进我国制造业升级，借鉴陈明等（2018）的做法，利用中国港澳台投资与外商资本之和占工业总产值的比例来衡量。

（2）研发投入（r&d）。研发投入行为可以提高企业的技术水平以及产品的技术含量和差异性，更能促进生产率提升，借鉴吴延兵（2012）的思路，采用研发投入与主营业务收入之比进行衡量。

（3）科研人员（staff）。除了研发资金投入外，人力资本同样能够促进制造业生产率提升，为了分析科研人员能否促进制造业升级，我们采用科研活动人员数占行业从业人员比重来表征。

（4）企业管理成本（manage）。企业内部管理成本越高，生产效率就越低，越不利于制造业转型与优化升级，借鉴陈明等（2018）的思路，采用管理费用占主营业务成本之比来表征。

（5）规模因素（scale）。制造业企业的规模决定了企业在国际贸易中的谈判能力，据此通过引进国外先进的生产性服务要素满足自身需求，从而达到提升生产技术水平提升的效果，为了分析规模因素对制造业升级可能带来的影响，借鉴徐毅等（2008）的做法，采用制造业分行业每家企业的平均人数来衡量。

6.1.1.3 数据来源与说明

本章所使用数据来源均与前文相同，囿于数据的可获得性，行业层面的样本区间设定为2001—2021年，而区域层面的样本区间与前文相同设定为2007—2021年。对于部分年份缺失的数据采用平滑处理方法进行填充。行业层面和区域层面各变量的描述性统计见表6-1和表6-2。

表6-1 行业层面下各变量的描述性统计

变量	均值	标准差	极小值	极大值	观测值
upgrade	1.134 0	0.537 9	0.242 0	3.320 0	588
import	0.021 3	0.003 9	0.016 4	0.028 0	588
ps_fdi	0.413 2	0.078 5	0.319 8	0.573 7	588
fdi	0.056 9	0.037 9	0.000 6	0.176 6	588
r&d	0.009 3	0.006 4	0.000 8	0.035 9	588

表6-1（续）

变量	均值	标准差	极小值	极大值	观测值
staff	0.035 5	0.033 1	0.001 6	0.548 6	588
manage	0.062 3	0.038 2	0.019 2	0.301 1	588
scale	0.028 5	0.022 9	0.005 7	0.169 0	588

表6-2 区域层面下全国及三大区域各变量的描述性统计

			upgrade	import	fdi	sprawl	r&d	staff
跨境交付	全国	均值	1.018 2	0.030 1	2.831 5	0.673 5	0.011 4	0.042 0
		标准差	0.151 8	0.057 8	0.567 1	0.195 0	0.005 9	0.017 5
		极小值	0.411 0	0.000 9	0.541 0	0.281 6	0.001 5	0.000 3
		极大值	1.827 0	0.359 6	4.074 4	1.153 6	0.043 5	0.139 6
	东部地区	均值	1.014 0	0.068 2	3.241 8	0.660 4	0.012 7	0.045 3
		标准差	0.157 4	0.082 3	0.321 2	0.147 6	0.006 2	0.018 3
		极小值	0.453 0	0.006 6	2.517 9	0.359 4	0.001 5	0.010 6
		极大值	1.703 0	0.359 6	4.074 4	0.942 5	0.043 5	0.087 2
	中部地区	均值	0.997 7	0.008 5	2.901 0	0.769 1	0.011 5	0.043 1
		标准差	0.136 9	0.003 9	0.336 5	0.218 1	0.005 9	0.018 2
		极小值	0.411 0	0.003 0	1.069 7	0.341 2	0.003 1	0.000 3
		极大值	1.261 0	0.020 8	3.396 1	1.152 3	0.030 5	0.139 6
	西部地区	均值	1.037 2	0.007 8	2.370 8	0.633 3	0.010 1	0.037 8
		标准差	0.154 9	0.007 7	0.555 6	0.196 5	0.005 3	0.015 4
		极小值	0.529 0	0.000 9	0.541 0	0.281 6	0.003 6	0.009 2
		极大值	1.827 0	0.075 8	3.369 5	1.153 6	0.038 6	0.075 8
			upgrade	ps_fdi	fdi	sprawl	r&d	staff
商业存在	全国	均值	1.014 5	0.007 5	2.940 0	0.697 6	0.012 3	0.044 3
		标准差	0.147 4	0.009 1	0.483 1	0.189 7	0.006 1	0.017 8
		极小值	0.453 0	0.000 5	1.069 7	0.281 6	0.001 5	0.009 2
		极大值	1.827 0	0.042 7	4.074 4	1.153 6	0.043 5	0.139 6

表6-2（续）

			upgrade	import	fdi	sprawl	r&d	staff
商业存在	东部地区	均值	1.014 0	0.012 5	3.241 8	0.644 1	0.012 7	0.045 3
		标准差	0.157 4	0.011 0	0.321 2	0.147 6	0.006 3	0.018 3
		极小值	0.453 0	0.000 3	2.517 9	0.359 4	0.001 5	0.010 6
		极大值	1.703 0	0.042 7	4.074 4	0.942 5	0.043 5	0.087 2
	中部地区	均值	1.000 5	0.003 8	2.860 9	0.819 9	0.012 4	0.045 4
		标准差	0.124 4	0.003 4	0.333 6	0.181 9	0.005 7	0.017 9
		极小值	0.508 0	0.000 1	1.069 7	0.509 0	0.004 8	0.015 1
		极大值	1.220 0	0.020 1	3.352 9	1.152 3	0.030 5	0.139 6
	西部地区	均值	1.031 7	0.002 5	2.479 1	0.653 0	0.011 3	0.041 5
		标准差	0.152 8	0.003 4	0.479 7	0.203 5	0.006 0	0.016 4
		极小值	0.550 0	0.000 5	1.506 7	0.281 6	0.003 6	0.009 2
		极大值	1.827 0	0.020 4	3.369 5	1.153 6	0.038 6	0.075 8

6.1.2 实证结果分析

6.1.2.1 跨境交付下生产性服务进口总量对制造业升级的影响分析

表6-3报告了从整体样本层面考查在跨境交付下生产性服务进口对我国制造业产业结构内部变革指数影响的验证结果。模型（1）、模型（2）、模型（3）验证结果分别显示了采用静态面板验证生产性服务进口贸易对我国制造业产业结构内部变革影响的初步估计结果。模型（1）显示了采用混合回归验证生产性服务进口对我国制造业产业结构内部变革影响的验证结果，模型（2）显示了采用随机效应验证生产性服务进口对我国制造业产业结构内部变革影响的验证结果，模型（3）显示了采用固定效应验证生产性服务进口对我国制造业产业结构内部变革影响的验证结果。根据豪斯曼检验的 p 值为0.465 9，因此，采用随机效应检验是合理的。

事实上，本章的核心解释变量生产性服务进口可能存在内生性问题，究其原因在于生产性服务进口与制造业升级可能存在双向因果关系，主要表现在：生产性服务进口在一定程度上可以促进制造业升级，而制造业的转型升级则会对生产性服务中间投入要素提出更高要求，若本国生产性服务业不能满足制造业发展的投入要素需求，迫使制造商通过引进国外要素来满足生产需求，则致使我国不断加大对生产性服务进口贸易的力度。同时，研发投入、研发人员、企业管理成本和规模因素这些自变量与因变量之间也可能存在内生性问题。鉴于此，有必要采用动态面板 GMM 估计方法验证生产性服务进口贸易对制造业产业结构内部变革的影响作用，以提高论证结果的准确率。由于采用系统 GMM 估计方法在检验过程中所得结果准确率要高于差分 GMM 估计方法估计的结果，因此，本章最终采用 GMM 估计方法来验证生产性服务进口对制造业产业结构内部变革的影响作用。模型（5）显示了采用系统 GMM 估计方法的验证结果，从 AR（2）对应的 p 值为 0.817 3 来看，充分说明本章设定的模型中误差项不存在二阶序列自相关，Sargan 检验的 p 值为 1.000 0，表明不能拒绝所有工具变量有效性假设。由此可见，本章所设定的计量模型是合理的，而且所有工具变量也是合理的和有效的。模型（5）显示了在跨境交付下生产性服务进口贸易显著促进了我国制造业产业结构内部变革，究其可能的原因在于，在制造业生产过程中，通过进口国外先进的生产性服务要素作为中间投入要素，带来技术外溢效应从而提升我国制造业生产技术水平，有益于我国制造业升级。赵景峰等（2019）通过研究表明加大生产性服务进口贸易有助于改善我国制造业升级水平，并且论证了技术溢出是生产性服务进口提升制造业升级的一个重要手段。此外，邱斌等（2012）和刘庆林等（2010）也证实了该研究结论。

考虑到检验结果的稳健性与一致性，借鉴蔡海亚等（2017）的做法，采用历年生产性服务进口增加值与 GDP 增加值比值作为本章的工具变量，进而验证基准回归估计结果的可靠性和稳健性。模型（6）中显示，采用 IV-GMM 来解决内生性问题是合理的，而且通过 Sargan 检验的 p 值可进一步说明本书所使用的工具变量的有效性。对比模型（5）与模型（6）可发现，无论是生产性服务进口与 GDP 的比值还是生产性服务进口增加值与 GDP 增加值的比值，都能显著有效促进我国制造业升级，充分说明模型（5）采用系统 GMM 估计的结果具有稳健性。

对于控制变量而言，模型（5）显示外商直接投资、研发投入、研发人员、规模因素对我国制造业产业结构内部变革的影响作用并不显著，表明外商直接投资、研发投入、研发人员和规模因素对制造业升级的作用尚未达到预期效果。而企业管理成本对制造业产业结构内部变革的影响系数显著为正。随着市场经济体制的不断优化与完善，企业的发展规模不断扩大、业务不断增多，企业摆脱不了成本管理工作。近年来通过对成本控制管理工作的不断优化，企业在经营效益方面有了明显的提升，比如通过合理进行成本控制，最大限度地提高了企业人力资源的利用率，优化了工作流程，提高了工作效率。

表6-3 生产性服务进口对制造业升级影响的实证结果

	广义最小二乘法			GMM 两步法		
	混合回归	随机效应	固定效应	差分 GMM	系统 GMM	IV-GMM
	模型（1）	模型（2）	模型（3）	模型（4）	模型（5）	模型（6）
$L1.upgrade$				-0.737 3*** （0.106 4）	-0.643 0*** （0.070 7）	-0.684 5*** （0.031 7）
$L2.upgrade$				-0.619 5*** （0.069 2）	-0.536 1*** （0.065 7）	-0.587 4*** （0.033 5）
$import$	2.254 9 （2.107 8）	2.254 9 （2.107 8）	2.257 7 （2.621 0）	-6.248 5 （5.012 7）	21.749 3** （10.090 9）	15.511 2*** （3.896 5）
fdi	-0.728 4* （0.359 8）	-0.728 4** （0.359 8）	-0.655 5 （0.561 3）	4.262 0 （4.154 9）	-1.137 9 （2.185 6）	-1.675 2 （1.178 6）
$r\&d$	9.204 9** （3.410 2）	9.204 9*** （3.410 2）	8.872 0 （5.326 8）	-0.932 4 （14.184 9）	3.591 7 （8.546 1）	12.686 9* （6.930 0）
$staff$	-1.148 9*** （0.376 6）	-1.148 9*** （0.376 6）	-1.609 2*** （0.315 1）	-1.314 0 （1.776 7）	-0.680 8 （1.668 5）	0.071 0 （1.061 8）

表6-3（续）

	广义最小二乘法			GMM 两步法		
	混合回归	随机效应	固定效应	差分 GMM	系统 GMM	IV-GMM
	模型（1）	模型（2）	模型（3）	模型（4）	模型（5）	模型（6）
manage	0.398 7 (0.476 2)	0.398 7 (0.476 2)	2.167 1 (1.348 8)	12.648 3*** (3.405 0)	10.615 2*** (2.260 0)	1.089 7 (1.104 7)
scale	0.085 0 (0.900 5)	0.085 0 (0.900 5)	1.328 4 (2.041 4)	15.013 9 (12.173 1)	13.734 0 (9.958 6)	-1.008 1 (3.498 1)
C	1.055 1*** (0.055 9)	1.055 1*** (0.055 9)	0.794 9*** (0.113 7)	1.449 4** (0.606 6)	1.044 6* (0.549 8)	2.183 8*** (0.165 5)
F/Wald 值	3.43 [0.012 0]	20.57 [0.002 2]		136.62 [0.000 0]	242.63 [0.000 0]	2 040.68 [0.000 0]
R^2	0.008 2	0.124 2	0.029 4			
豪斯曼检验		4.61 [0.465 9]				
AB（1）				-2.495 7 [0.012 6]	-3.372 3 [0.000 7]	-4.130 0 [0.000 0]
AB（2）				0.874 8 [0.381 7]	-0.231 0 [0.817 3]	0.910 0 [0.361 0]
Sargan 检验				27.732 6 [0.996 8]	27.639 2 [1.000 0]	
Hansen test						27.75 [1.000 0]
观测值	588	588	588	504	532	532

注：小括号内数值为回归系数标准误差，中括号内数值为相应检验统计量的伴随概率值，AB（1）是 Arellano-Bond AR（1）检验，AB（2）是 Arellano-Bond AR（2）检验，Sargan 为 Sargan 过度识别检验。*、**、*** 分别表示显著性水平为 10%、5%、1%。

6.1.2.2 商业存在下生产性服务业 FDI 总量对制造业升级的影响分析

表6-4报告了从整体样本层面考查在商业存在下生产性服务业 FDI 对我国制造业产业结构内部变革影响的估计结果。模型（7）、模型（8）、模型（9）是使用面板数据普通最小二乘法初步估计生产性服务业 FDI 影响我国制造业

产业结构内部变革的验证结果。模型（7）显示了采用混合回归验证生产性服务业 FDI 对我国制造业产业结构内部变革影响的结果，模型（8）显示了采用随机效应验证生产性服务业 FDI 对我国制造业产业结构内部变革影响的结果，模型（9）显示了固定效应验证生产性服务业 FDI 对我国制造业产业结构内部变革影响的结果。根据豪斯曼检验的 p 值为0.469 2，据此可以判定应采用随机效应检验是合理的。模型（8）显示生产性服务业 FDI 对制造业产业结构内部变革的回归系数显著为正，表明生产性服务业 FDI 促进了我国制造业升级。对于控制变量而言，外商直接投资、企业管理成本和规模因素对制造业产业结构内部变革的影响在统计上并不显著，说明外商直接投资、企业管理成本和规模因素对制造业升级水平的作用尚未达到预期效果。而研发投入对制造业产业结构内部变革指数的影响作用在统计上显著为正，表明研发资金投入有利于制造业升级水平提升。研发人员对制造业产业结构内部变革的影响为负且在统计上较为显著。事实上，我国企业 $r\&d$ 人员从数量上占据绝对优势，远远高于研发机构和高校 $r\&d$ 人员总量，但研发人员整体专业水平要低于高校和研发机构，制约了我国企业自主创新能力提升，不利于制造业升级。

为了克服内生性问题，本部分采用动态面板 GMM 估计方法验证生产性服务业 FDI 对制造业产业结构内部变革指数的影响效果。模型（11）显示了采用系统 GMM 估计的结果，由 AR（2）对应的 p 值为0.539 9可以看出设定的模型中误差项不存在二阶序列自相关，而且 Sargan 检验的 p 值为1.000 0，表明不能拒绝所有工具变量有效性假设。由此可见，本章所设定的计量模型是合理的，而且所有工具变量也是合理的和有效的。从模型（11）中可以得出如下结论：生产性服务业 FDI 对我国制造业产业级的影响作用为负但并不显著。考虑到检验结果的稳健性与一致性，采用历年生产性服务业 FDI 增加值与 GDP 增加值比值作为生产性服务业 FDI 的工具变量进行稳健性检验。模型（12）中显示，采用 IV-GMM 来解决内生性问题是合理的，而且通过 Sargan 检

第6章 生产性服务进口贸易对制造业升级影响的实证分析：基于产业内升级视角

验的 p 值可进一步说明本书所使用的工具变量的有效性。对比模型（11）与模型（12）可发现，生产性服务业 FDI 的影响系数较为接近方向相一致。

表6-4 生产性服务业 FDI 对制造业升级影响的实证结果

	广义最小二乘法			GMM 两步法		
	混合回归	随机效应	固定效应	差分 GMM	系统 GMM	IV-GMM
	模型（7）	模型（8）	模型（9）	模型（10）	模型（11）	模型（12）
$L1.upgrade$				-0.7424*** (0.1139)	-0.6377*** (0.0911)	-0.6776*** (0.0318)
$L2.upgrade$				-0.6280*** (0.0727)	-0.5174*** (0.0546)	-0.5733*** (0.0345)
ps_fdi	0.3241** (0.1429)	0.3241** (0.1429)	0.3351* (0.1714)	0.2025 (0.2720)	-0.3606 (0.4050)	-0.2667* (0.1461)
fdi	-0.5011 (0.3385)	-0.5011 (0.3385)	-0.2145 (0.5114)	3.6199 (3.0937)	1.0204 (2.4002)	-1.0893 (1.4709)
$r\&d$	9.4100** (3.4090)	9.4100*** (3.4090)	8.4912 (5.0962)	-1.6015 (9.4562)	9.0800 (13.6219)	14.1768* (7.9657)
$staff$	-1.3522*** (0.3925)	-1.3522*** (0.3925)	-1.8168*** (0.4379)	-1.3388 (1.6483)	-1.6339 (2.7688)	-0.5858 (1.0897)
$manage$	0.2641 (0.4967)	0.2641 (0.4967)	1.7091 (1.4162)	12.7534*** (2.9392)	10.0467*** (2.6040)	1.1023 (1.0585)
$scale$	0.3311 (0.9264)	0.3311 (0.9264)	1.0890 (2.1081)	15.2611* (9.1832)	13.5645** (5.9463)	-0.5815 (2.7830)
C	0.9628*** (0.0739)	0.9628*** (0.0739)	0.7451*** (0.1182)	1.2783** (0.5129)	1.5329*** (0.3180)	2.5674*** (0.1579)
F/Wald 值	4.23 [0.0040]	25.36 [0.0003]		240.67 [0.0000]	236.35 [0.0000]	1818.26 [0.0000]
R^2	0.0100	0.0883	0.0312			
豪斯曼检验		4.58 [0.4692]				
AB（1）				-2.3115 [0.0208]	-2.8242 [0.0047]	-4.1000 [0.0000]
AB（2）				1.0049 [0.3149]	-0.6130 [0.5399]	0.6600 [0.5120]

表6-4（续）

	广义最小二乘法			GMM 两步法		
	混合回归	随机效应	固定效应	差分 GMM	系统 GMM	IV-GMM
	模型（7）	模型（8）	模型（9）	模型（10）	模型（11）	模型（12）
Sargan 检验				27.571 9 [0.997 0]	27.450 7 [1.000 0]	
Hansen test						27.780 0 [1.000 0]
观测值	588	588	588	504	532	532

注：小括号内数值为回归系数标准误差，中括号内数值为相应检验统计量的伴随概率值，AB（1）是 Arellano-Bond AR（1）检验，AB（2）是 Arellano-Bond AR（2）检验，Sargan 为 Sargan 过度识别检验。*、**、*** 分别表示显著性水平为 10%、5%、1%。

6.1.3 细分生产性服务进口贸易的扩展研究

6.1.3.1 跨境交付下不同类型生产性服务进口对制造业升级的影响分析

为了考查不同类型的生产性服务进口对制造业升级的作用，本小节沿着前文相同的计量模型，结合系统 GMM 两步法，并将不同类型生产性服务进口的增加值与 GDP 增加值的比值作为工具变量进行稳健性检验。需要说明的是，由于跨境交付（BOP 统计）和商业存在（FAT 统计）两种形式对服务贸易的统计口径存在差异，鉴于前文对跨境交付下生产性服务进口和商业存在下生产性服务业 FDI 研究范畴的界定，本部分在借鉴崔日明等（2013）对两种不同分类统一处理做法的基础上，将运输服务与交通运输、仓储和邮政业相对应，称为运输服务；将保险和养老金服务、金融服务合并与金融业相对应，称为金融服务；将电信、计算机和信息服务与信息传输、计算机服务和软件业相对应，称为信息服务；将加工服务、维护和维修服务、建设服务、知识产权使用费合并与科学研究、技术服务和地质勘查业相对应，称为技术服务；将其他商业服务与租赁、商务服务业以及批发和零售业相对应，称为商务服务。检验结果如表6-5所示。

表6-5 不同类型生产性服务进口对制造业升级影响的实证结果

	技术服务		金融服务		运输服务	
	系统 GMM	IV-GMM	系统 GMM	IV-GMM	系统 GMM	IV-GMM
	模型（13）	模型（14）	模型（15）	模型（16）	模型（17）	模型（18）
$L1.upgrade$	-0.634 7*** (0.052 6)	-0.672 6*** (0.033 4)	-0.638 4*** (0.061 1)	-0.683 5*** (0.033 3)	-0.655 2*** (0.009 9)	-0.688 1*** (0.033 4)
$L2.upgrade$	-0.521 3*** (0.047 8)	-0.571 3*** (0.034 1)	-0.527 3*** (0.044 2)	-0.584 2*** (0.033 7)	-0.543 6*** (0.007 5)	-0.587 7*** (0.033 5)
$import$	-111.992 8 (123.819 2)	-16.165 3 (67.048 5)	70.577 5** (34.132 2)	57.189 0*** (15.343 5)	38.566 8*** (4.135 6)	27.384 0*** (7.439 7)
fdi	2.072 1 (2.333 6)	-0.931 4 (1.299 5)	-0.120 1 (1.950 1)	-1.491 9 (1.503 0)	-0.666 4 (0.679 3)	-1.572 0 (1.348 9)
$r\&d$	12.305 8 (12.967 8)	13.810 1* (7.856 9)	9.852 9 (13.037 5)	13.066 5* (6.852 1)	8.015 6 (5.333 5)	12.691 7* (6.758 8)
$staff$	-1.576 4 (1.493 4)	-0.594 2 (0.848 7)	-1.192 6 (1.936 6)	-0.209 2 (0.957 8)	-1.233 9 (1.022 3)	-0.175 6 (0.957 3)
$manage$	10.152 8*** (2.462 3)	1.086 2 (1.245 2)	10.306 9*** (2.147 2)	1.303 8 (1.228 7)	10.827 5*** (0.937 4)	1.283 4 (1.187 7)
$scale$	11.171 8 (8.945 6)	-0.564 5 (4.393 5)	11.741 6** (5.510 8)	-0.936 5 (2.871 9)	12.652 0*** (1.289 5)	-0.916 4 (3.165 9)
C	1.696 4*** (0.610 0)	2.495 0*** (0.342 2)	1.310 0*** (0.315 1)	2.364 8*** (0.149 7)	1.123 8*** (0.088 7)	2.245 0*** (0.158 0)
Wald 值	225.12 [0.000 0]	1 916.27 [0.000 0]	227.66 [0.000 0]	1 974.20 [0.000 0]	9 679.34 [0.000 0]	1 894.12 [0.000 0]
AB（1）	-3.771 9 [0.000 2]	-4.110 0 [0.000 0]	-3.486 4 [0.000 5]	-4.160 0 [0.000 0]	-4.319 6 [0.000 0]	-4.060 0 [0.000 0]
AB（2）	-0.497 6 [0.618 8]	0.680 0 [0.499 0]	-0.079 6 [0.936 5]	1.070 0 [0.285 0]	-0.107 7 [0.914 2]	0.920 0 [0.357 0]
Sargan 检验	27.175 4 [1.000 0]		27.576 3 [1.000 0]		27.339 6 [1.000 0]	
Hansen test		27.630 0 [1.000 0]		27.650 0 [1.000 0]		27.630 0 [1.000 0]
观测值	532	532	532	532	532	532

表6-5（续）

	信息服务		商务服务	
	系统GMM	IV-GMM	系统GMM	IV-GMM
	模型（19）	模型（20）	模型（21）	模型（22）
L1.upgrade	-0.630 0*** （0.062 0）	-0.669 5*** （0.032 6）	-0.630 4*** （0.050 9）	-0.682 1*** （0.032 7）
L2.upgrade	-0.513 7*** （0.061 8）	-0.567 9*** （0.034 1）	-0.527 5*** （0.055 8）	-0.585 7*** （0.033 7）
import	-58.276 6 （133.152 9）	24.063 5 （41.021 2）	49.886 0*** （17.078 7）	30.356 8*** （11.433 2）
fdi	1.377 9 （1.664 6）	-0.750 1 （1.650 5）	-1.149 9 （1.617 3）	-1.567 1 （1.354 9）
r&d	10.507 1 （13.367 7）	13.036 5* （7.576 1）	2.354 4 （7.622 1）	12.076 6* （7.128 6）
staff	-1.480 2 （1.922 6）	-0.681 2 （0.899 6）	-0.543 9 （1.654 0）	-0.040 4 （1.013 7）
manage	10.265 6*** （2.745 5）	0.981 5 （1.182 3）	11.146 7*** （2.312 2）	1.342 0 （1.191 9）
scale	13.327 8** （6.768 0）	-0.199 6 （3.477 4）	13.631 2* （7.397 5）	-0.869 7 （3.658 4）
C	1.384 4*** （0.280 6）	2.406 6*** （0.130 9）	1.190 1*** （0.386 8）	2.333 3*** （0.161 8）
Wald值	133.19 [0.000 0]	1 824.56 [0.000 0]	213.09 [0.000 0]	2 030.24 [0.000 0]
AB（1）	-3.709 0 [0.000 2]	-4.120 0 [0.000 0]	-3.750 1 [0.000 2]	-4.070 0 [0.000 0]
AB（2）	-0.495 6 [0.620 1]	0.630 0 [0.532 0]	-0.588 4 [0.556 3]	0.730 0 [0.467 0]
Sargan检验	27.298 7 [1.000 0]		27.694 1 [1.000 0]	
Hansen test		27.610 0 [1.000 0]		27.640 0 [1.000 0]
观测值	532	532	532	532

注：小括号内数值为回归系数标准误差，中括号内数值为相应检验统计量的伴随概率值，AB（1）是Arellano-Bond AR（1）检验，AB（2）是Arellano-Bond AR（2）检验，Sargan为Sargan过度识别检验。*、**、***分别表示显著性水平为10%、5%、1%。

表6-5报告了跨境交付下不同类型的生产性服务进口贸易影响制造业升级的检验结果。模型（13）、模型（15）、模型（17）、模型（19）与模型（21）分别代表技术服务进口、金融服务进口、运输服务进口、信息服务进口与商务服务进口对制造业产业结构内部变革的作用，而模型（14）、模型（16）、模型（18）、模型（20）与模型（22）分别代表技术服务进口增加值、金融服务进口增加值、运输服务进口增加值、信息服务进口增加值、商务服务进口增加值与GDP增加值的比值作为工具变量的稳健性检验结果。二阶序列相关AR(2)的验证结果支持估计模型的误差项不存在二阶序列相关的假设。同时，通过过度识别检验的 p 值表明不能拒绝工具变量有效性假设，这表明模型设定的合理性与工具变量的有效性，且模型均通过了Wald检验。通过检验结果对比发现，模型结构相同，而且各项系数相似，这表明检验结果是稳健的。

检验结果显示，金融服务进口、运输服务进口与商务服务进口显著促进了我国制造业产业结构内部变革，而技术服务进口和信息服务进口对我国制造业产业结构内部变革的作用为负但并不显著，说明技术服务进口和信息服务进口并未有效促进我国制造业升级。其中，金融服务进口的促进作用最为明显。由于融资特性决定了其难以为中小企业提供有效的金融支持，但中小企业是我国经济增长的主力军（张一林 等，2019；林毅夫 等，2008）。金融服务进口为我国制造业的转型升级提供资金支持，不仅可以提高制造业出口绩效，增加市场份额，而且还可通过兼并海外企业和机构，强化自身在全球价值链中的地位，助推我国制造业转型升级。运输服务进口是我国制造业企业摆脱"低端锁定"的关键要素，能够提高制造业企业技术水平，助推制造业转型升级。此外，想要消除我国制造业产品在海外"廉价劣质"的不良评价，我国需要建立高端制造业产品的品牌形象。通过商务服务进口，利用海外消费者接受的媒介机构大力宣传我国制造业产品品牌形象，这将有助于我国制造业产品在海外开拓新市场，提高"中国制造"在国际上的知名度，提升我国制造业在国际上的竞争力，从而助力实现我国制造业转型升级，因此，商务服务进口也是实现我国制造业升级的重要手段。

6.1.3.2 商业存在下细分生产性服务业 FDI 对制造业升级的影响分析

为了更好地理解和认识商业存在下生产性服务进口贸易对制造业升级的影响，本小节重点考查细分生产性服务业 FDI 对制造业产业结构内部变革指数的影响，沿着前文相同的计量模型，结合系统 GMM 两步法，并将不同类型生产性服务业 FDI 的增加值与 GDP 增加值的比值作为核心解释变量的工具变量进行稳健性检验，检验结果见表6-6。模型（23）、模型（25）、模型（27）、模型（29）、模型（31）与模型（33）分别代表"交通运输、仓储和邮政业 FDI""信息传输、计算机服务和软件业 FDI""批发和零售业 FDI""金融业 FDI""租赁和商务服务业 FDI"和"科学研究、技术服务和地质勘查业 FDI"对制造业产业结构内部变革影响的估计结果，而模型（24）、模型（26）、模型（28）、模型（30）、模型（32）与模型（34）分别代表"交通运输、仓储和邮政业 FDI 增加值""信息传输、计算机服务和软件业 FDI 增加值""批发和零售业 FDI 增加值""金融业 FDI 增加值""租赁和商务服务业 FDI 增加值"和"科学研究、技术服务和地质勘查业 FDI 增加值"与 GDP 增加值的比重作为工具变量的稳健性检验结果。二阶序列相关 AR(2) 的验证结果支持估计模型的误差项不存在二阶序列相关的假设。同时，通过过度识别检验的 p 值表明不能拒绝工具变量有效性假设，表明模型设定的合理性与工具变量的有效性，且模型均通过了 Wald 检验。通过检验结果对比发现，除了模型（33）和模型（34）外，其他模型结构相同，而且各项系数相似，这也意味着通过经验证据的论证结果是可靠的和稳健的。

表6-6 细分生产性服务业 FDI 对制造业升级影响的实证结果

	交通运输、仓储和邮政业		信息传输、计算机服务和软件业		批发和零售业	
	系统 GMM	IV-GMM	系统 GMM	IV-GMM	系统 GMM	IV-GMM
	模型（23）	模型（24）	模型（25）	模型（26）	模型（27）	模型（28）
$L1.upgrade$	-0.625 0*** （0.054 7）	-0.674 9*** （0.032 8）	-0.637 0*** （0.054 6）	-0.675 9*** （0.035 7）	-0.631 4*** （0.078 6）	-0.692 0*** （0.031 0）
$L2.upgrade$	-0.530 5*** （0.051 0）	-0.580 8*** （0.033 6）	-0.517 5*** （0.049 2）	-0.573 0*** （0.034 3）	-0.509 7*** （0.056 1）	-0.578 0*** （0.028 8）
ps_fdi	6.442 7** （3.021 6）	3.061 3*** （0.964 2）	-0.929 2 （0.843 3）	-0.334 5 （0.388 4）	-3.256 9*** （1.220 7）	-3.299 5*** （0.657 9）
fdi	-1.377 3 （2.300 2）	-1.312 6 （1.076 1）	1.430 9 （1.797 3）	-0.758 2 （1.205 5）	-0.240 5 （2.589 5）	-1.608 7 （1.474 4）
$r\&d$	-2.380 1 （6.781 9）	12.192 4* （7.132 2）	10.850 1 （12.284 2）	13.984 0* （8.120 9）	-7.061 8 （9.949 6）	10.373 9* （5.864 6）
$staff$	-0.500 4 （1.538 0）	-0.178 4 （1.109 3）	-1.680 4 （1.608 0）	-0.616 6 （1.294 3）	-0.430 7 （2.101 9）	-0.153 1 （0.890 0）
$manage$	12.852 4*** （3.669 0）	1.273 0 （1.251 7）	10.393 4*** （2.660 6）	1.212 8 （1.418 4）	9.270 7*** （2.727 8）	1.064 9 （1.500 1）
$scale$	14.655 7** （6.305 0）	-0.790 3 （2.557 5）	13.108 8** （6.349 8）	-0.717 9 （3.258 1）	15.570 9** （7.735 6）	-0.346 6 （2.280 5）
C	1.091 0** （0.422 4）	2.329 8*** （0.135 6）	1.393 4*** （0.354 0）	2.459 1*** （0.143 0）	1.819 7*** （0.296 4）	2.815 8*** （0.146 9）
Wald 值	222.51 [0.000 0]	2 098.87 [0.000 0]	180.52 [0.000 0]	2 305.71 [0.000 0]	156.90 [0.000 0]	1 910.90 [0.000 0]
AB（1）	-3.688 2 [0.000 2]	-4.090 0 [0.000 0]	-3.781 2 [0.000 2]	-4.070 0 [0.000 0]	-3.268 6 [0.001 1]	-4.060 0 [0.000 0]
AB（2）	0.061 1 [0.951 3]	1.060 0 [0.288 0]	-0.505 1 [0.613 5]	0.700 0 [0.483 0]	-0.479 4 [0.631 6]	0.860 0 [0.388 0]
Sargan 检验	26.557 6 [1.000 0]		27.143 5 [1.000 0]		27.483 8 [1.000 0]	
Hansen test		27.810 0 [1.000 0]		27.760 0 [1.000 0]		27.450 0 [1.000 0]
观测值	532	532	532	532	532	532

表6-6（续）

	金融业		租赁和商务服务业		科学研究、技术服务和地质勘查业	
	系统 GMM	IV-GMM	系统 GMM	IV-GMM	系统 GMM	IV-GMM
	模型（29）	模型（30）	模型（31）	模型（32）	模型（33）	模型（34）
$L1.upgrade$	-0.627 4*** （0.065 2）	-0.680 3*** （0.032 8）	-0.598 1*** （0.053 6）	-0.660 5*** （0.031 1）	-0.639 8*** （0.064 0）	-0.672 0*** （0.032 0）
$L2.upgrade$	-0.522 5*** （0.048 8）	-0.589 1*** （0.036 3）	-0.506 1*** （0.040 0）	-0.580 9*** （0.029 7）	-0.518 3*** （0.064 8）	-0.570 8*** （0.032 9）
ps_fdi	-1.827 2*** （0.517 6）	-2.798 9*** （0.407 5）	3.520 9*** （0.493 3）	4.320 0*** （0.748 1）	-2.297 2 （2.216 5）	0.090 6 （0.925 1）
fdi	0.253 6 （1.999 5）	-1.902 3 （1.347 8）	0.539 0 （2.590 9）	-1.308 2 （0.989 8）	0.137 6 （2.252 1）	-0.665 2 （1.590 6）
$r\&d$	9.594 9 （11.088 2）	14.773 8** （6.622 0）	0.890 8 （11.448 1）	14.324 1** （6.308 5）	7.531 8 （10.769 0）	13.721 9* （7.780 8）
$staff$	-1.244 2 （1.576 3）	-0.302 3 （0.910 3）	-1.178 7 （1.616 9）	-1.294 7 （1.063 6）	-0.947 0 （1.677 5）	-0.649 9 （1.010 8）
$manage$	8.771 8*** （2.813 9）	0.613 4 （1.114 8）	5.969 5*** （1.800 4）	-0.361 5 （1.355 7）	12.144 1*** （4.123 2）	1.103 1 （1.503 2）
$scale$	15.317 9** （6.641 8）	-0.430 8 （2.335 7）	19.117 5** （7.904 8）	0.742 2 （2.560 4）	9.573 3 （6.176 7）	-0.229 1 （3.490 5）
C	1.489 8*** （0.370 3）	2.631 1*** （0.133 9）	1.022 3*** （0.315 3）	1.946 7*** （0.180 5）	1.503 3*** （0.247 0）	2.418 3*** （0.161 4）
Wald 值	591.27 [0.000 0]	1 968.29 [0.000 0]	261.98 [0.000 0]	1 987.95 [0.000 0]	124.53 [0.000 0]	1 888.12 [0.000 0]
AB（1）	-3.429 6 [0.000 6]	-4.200 0 [0.000 0]	-3.728 8 [0.000 2]	-4.210 0 [0.000 0]	-3.592 5 [0.000 3]	-4.100 0 [0.000 0]
AB（2）	-0.453 0 [0.650 6]	0.750 0 [0.451 0]	-0.654 8 [0.512 6]	0.970 0 [0.331 0]	-0.417 2 [0.676 5]	0.660 0 [0.507 0]
Sargan 检验	27.550 0 [1.000 0]		27.103 5 [1.000 0]		27.401 7 [1.000 0]	
Hansen test		27.690 0 [1.000 0]		27.770 0 [1.000 0]		27.700 0 [1.000 0]
观测值	532	532	532	532	532	532

注：小括号内数值为回归系数标准误差，中括号内数值为相应检验统计量的伴随概率值，AB（1）是 Arellano-Bond AR（1）检验，AB（2）是 Arellano-Bond AR（2）检验，Sargan 为 Sargan 过度识别检验。*、**、*** 分别表示显著性水平为10%、5%、1%。

检验结果显示，行业间存在明显差异，具体而言："信息传输、计算机服务和软件业 FDI""科学研究、技术服务和地质勘查业 FDI"的估计系数并不显著，并未有效促进我国制造业升级。"批发和零售业 FDI""金融业 FDI"的估计系数显著为负，扩大这二者进口规模反而抑制了我国制造业升级。而"交通运输、仓储和邮政业 FDI"和"租赁和商务服务业 FDI"显著促进了我国制造业产业结构内部变革，并且"交通运输、仓储和邮政业 FDI"对我国制造业产业结构内部变革指数的促进作用最为明显。由此可见，"交通运输、仓储和邮政业 FDI"和"租赁和商务服务业 FDI"是我国制造业企业摆脱价值链低端锁定的重要突破口，有助于我国制造业企业提升产品品牌形象，从而提高我国制造业产品的国际竞争力。因此，可以通过商务服务形式在国外消费者接受的媒介机构大力宣传我国制造业产品的形象和品牌，拓展国外市场，助力我国制造业转型发展。

6.2 区域层面的分析

前文基于行业层面，从制造业产业内升级角度出发，通过经验证据论证了生产性服务进口贸易对制造业升级的影响效果。为了进一步审视和理解生产性服务进口贸易对制造业升级的影响作用，接下来将从区域层面考查生产性服务进口贸易对制造业升级的影响规律。

6.2.1 模型、变量与数据

6.2.1.1 模型设定

本节从区域层面出发，构建如下基准回归模型来考查生产性服务进口贸易对制造业升级的影响：

$$upgrade_{it} = \varphi_0 + \varphi_1 import_{it} + \sum_{j=2}^{5} \varphi_j control_{it} + \varphi_i + v_{it} \quad (6.3)$$

$$upgrade_{it} = \theta_0 + \theta_1 ps\_fdi_{it} + \sum_{j=2}^{5}\theta_j control_{it} + \varphi_i + v_{it} \quad (6.4)$$

式中，i 和 t 分别代表省份和时间；import 代表生产性服务进口；ps_fdi 代表生产性服务业 FDI；upgrade 代表制造业升级指数；control 表示控制变量；φ 表示不可观测的固定效应；v 表示随机误差项。

6.2.1.2 变量选取与数据说明

被解释变量为制造业产业结构内部变革指数（upgrade）。运用 Malmquist 指数来测算地区制造业全要素生产率，据此来衡量制造业产业结构内部变革指数。运用该方法测算时需要确定投入和产出变量，具体说明如下：

（1）产出变量。利用地区制造业工业总产值来表示产出，并采用地区工业品出厂价格指数折算为2007年不变价格水平的实际产值。

（2）资本投入。以地区制造业固定资产合计和流动资产合计之和近似替代资本投入，分别用地区固定资产投资价格指数和居民消费价格指数折算为2007年不变价格水平的固定资产合计和流动资产合计。

（3）劳动力投入。鉴于数据的一致性，我们以地区制造业全部从业人员平均人数来表征劳动力投入。核心解释变量和控制变量沿用第5章的做法，仍然采用地区生产性服务进口与地区 GDP 的比重来衡量生产性服务进口（import）；采用地区生产性服务业 FDI 与地区 GDP 比重来衡量生产性服务业 FDI（ps_fdi）。本章所使用的数据来源、研究区间和研究样本与第5章相同，这里不再赘述。

6.2.2 实证结果及分析

6.2.2.1 全样本分析

表6-7报告了基于跨境交付下和商业存在下生产性服务进口对制造业产业结构内部变革指数影响的基准回归估计结果。其中，在未加入控制变量的情形

下,模型(35)、模型(37)分别显示了生产性服务进口、生产性服务业 FDI 对制造业产业结构内部变革指数的直接影响。通过实证检验可发现,生产性服务进口对我国制造业产业结构内部变革的影响系数为0.028 0,但在统计上并不显著;生产性服务业 FDI 对我国制造业产业结构内部变革具有明显的促进作用,其估计系数为0.957 4,在统计上较为显著,与预期假设完全一致。考虑到估计结果的准确性和严谨性,将控制变量引入估计模型进行验证,估计结果如模型(36)、模型(38)所示,依然保持相对的稳健性,估计系数分别为0.260 0、2.062 5,且在统计上较为显著,数值上略有波动。值得注意的是,无论是否纳入控制变量,生产性服务进口和生产性服务业 FDI 对制造业升级均具有稳健影响效果。究其原因在于通过生产性服务"引进来"形式可引发技术、信息、资金等要素跨国流动,有利于我国制造业技术水平提升,从而有助于我国制造业升级。

表6-7 生产性服务进口对制造业升级的影响(基准回归结果)

	跨境交付		商业存在	
	模型(35)	模型(36)	模型(37)	模型(38)
$import$	0.028 0 (0.056 2)	0.260 0*** (0.079 1)		
ps_fdi			0.957 4* (0.524 7)	2.062 5* (1.196 9)
fdi		-0.038 0*** (0.010 8)		-0.013 6 (0.035 2)
$sprawl$		0.020 5 (0.024 9)		0.111 8 (0.097 1)
$r\&d$		-4.810 3*** (1.501 6)		-9.026 2*** (3.097 3)
$staff$		0.455 5 (0.600 8)		2.631 0** (1.264 5)
C	1.017 3*** (0.005 8)	1.139 9*** (0.033 9)	1.007 3*** (0.007 4)	0.922 6*** (0.164 3)

表6-7（续）

	跨境交付		商业存在	
	模型（35）	模型（36）	模型（37）	模型（38）
R	0.001 1	0.323 4	0.014 9	0.411 2
估计模型	RE	RE	RE	FE
观测值	450	450	360	360

注：***、**、*分别表示在1%、5%、10%水平上显著，括号内数值为回归系数标准误差。

6.2.2.2 生产性服务进口对制造业升级影响的地区差异分析

由于地缘优势、经济结构和发展阶段的不同，本小节将我国经济区域按地理位置划分为东、中、西部，旨在揭示生产性服务进口贸易的地区差异对制造业升级的影响。由表6-8报告了跨境交付下生产性服务进口贸易对制造业产业结构内部变革指数影响地区差异估计结果，以及商业存在下生产性服务业FDI对制造业产业结构内部变革指数影响的地区差异估计结果。估计结果显示，跨境交付下生产性服务进口贸易对东部地区制造业产业结构内部变革的影响系数并不显著，商业存在下生产性服务业FDI对东部地区制造业产业结构内部变革的影响系数在统计上较为显著；而对于中西部地区而言，生产性服务进口贸易甚至阻碍了制造业产业结构内部变革。究其原因在于：东部地区是改革开放和经济发展的先行试验区，其配套设施较为完善，使得制造商投入国外服务要素促使了本国制造业技术水平提升，以至于提升了东部地区制造业升级水平；而中西部地区基础配套设施相对较为薄弱，加之长期从事低附加值制造业产业，使得生产性服务进口贸易很难与制造业融合，进而削弱了生产性服务进口贸易对制造业升级的作用，反而不利于中西部地区制造业产业升级。

表6-8 生产性服务进口的地区差异对制造业升级的影响

	跨境交付			商业存在		
	东部地区	中部地区	西部地区	东部地区	中部地区	西部地区
	模型（39）	模型（40）	模型（41）	模型（42）	模型（43）	模型（44）
$import$	0.097 3 （0.126 0）	-11.836 9 （10.799 5）	0.264 5 （0.745 5）			
ps_fdi				1.635 9* （0.842 3）	3.590 5 （3.684 6）	8.890 9 （5.623 9）
fdi	0.038 1 （0.032 5）	-0.065 1 （0.055 0）	-0.037 3*** （0.009 1）	0.013 5 （0.034 6）	-0.064 2 （0.084 1）	-0.052 0 （0.042 2）
$sprawl$	0.063 6* （0.032 9）	-0.047 6 （0.160 2）	0.010 5 （0.018 0）	0.050 0 （0.039 5）	-0.158 1 （0.112 0）	0.029 2 （0.079 9）
$r\&d$	-3.714 3* （1.964 3）	-11.162 7 （7.113 1）	-5.118 7* （3.030 7）	-3.903 4* （2.109 4）	-12.780 6* （6.560 9）	-7.093 7* （3.941 1）
$staff$	-0.413 5 （0.748 4）	1.565 1 （2.245 5）	1.293 4 （1.477 3）	-0.256 3 （0.801 2）	0.936 2 （1.601 3）	2.755 0* （1.497 4）
C	0.908 7*** （0.106 4）	1.404 2*** （0.200 7）	1.119 6*** （0.046 0）	0.978 6*** （0.114 7）	1.462 2*** （0.331 0）	1.084 8*** （0.109 8）
R	0.221 2	0.579 2	0.381 4	0.278 0	0.627 3	0.175 0
估计模型	RE	FE	RE	RE	FE	RE
观测值	165	120	165	165	105	90

注：***、**、* 分别表示在1%、5%、10%水平上显著，括号内数值为回归系数标准误差。

6.2.2.3 内生性问题

事实上，本章的核心解释变量生产性服务进口可能存在内生性问题，原因在于生产性服务进口贸易与制造业升级可能存在双向因果关系，主要表现在生产性服务进口贸易在一定程度上可以促进制造业升级，而制造业产业升级则会对技术提出更高层次的要求，若本国生产性服务业不能满足制造业发展的投入要素需求，反而迫使制造商通过引进生产性服务要素来满足自身发展的需求，从而反向推动了生产性服务进口、生产性服务业FDI的扩大。因此，有必要检验是否存在内生性问题。

依然选择生产性服务进口和生产性服务业 FDI 的滞后项作为工具变量。表6-9报告了工具变量（instrumental variable，IV）估计结果，其中，模型（45）、模型（47）依次为未纳入其余控制变量的估计结果，模型（46）、模型（48）依次为纳入其余控制变量的估计结果。模型（46）、模型（48）显示，第一阶段 F 统计量分别为411.904、65.475 3（超过10），而且 F 统计量的 p 值为0.000 0；Kleibergen-Paap rk LM 统计量的 p 值为0.000 0，这一估计结果充分说明不存在工具变量识别不足的问题；从 Cragg-Donald Wald F 对应的检验值和 Stock-Yogo 检验10%水平对应的检验值相对比可以充分说明不存在弱工具变量。由此可见，本章所选取的工具变量是合适的。同时，根据检验结果发现，跨境交付下 import 和商业存在下 ps_fdi 的估计系数为正，且在统计上较为显著，这一估计结果与上述基准估计结果较为一致，充分说明本章论证结果具有较强的稳健性，可以排除内生性问题。

表6-9 IV 估计结果

	跨境交付		商业存在	
	模型（45）	模型（46）	模型（47）	模型（48）
import	0.020 0 （0.144 7）	0.279 7* （0.167 9）		
ps_fdi			0.667 4 （1.104 4）	2.570 9* （1.534 0）
fdi		-0.043 3** （0.019 3）		-0.045 0* （0.026 3）
sprawl		0.029 4 （0.045 5）		-0.008 7 （0.046 2）
r&d		-5.254 1* （2.920 2）		-5.868 8* （3.048 3）
staff		0.535 8 （0.756 1）		0.454 7 （0.790 4）

表6-9（续）

	跨境交付		商业存在	
	模型（45）	模型（46）	模型（47）	模型（48）
C	1.015 6*** (0.010 0)	1.148 5*** (0.063 0)	1.008 0*** (0.013 3)	1.184 1*** (0.087 9)
观测值	360	360	288	288
第一阶段 F 值	458.353 [0.000 0]	411.904 [0.000 0]	125.015 [0.000 0]	65.4753 [0.000 0]
Kleibergen-Paap rk LM 统计量	24.890 [0.000 0]	28.840 [0.000 0]	43.814 [0.000 0]	47.940 [0.000 0]
Cragg-Donald Wald F 统计量	2 055.095	1 605.061	361.966	219.137
Stock-Yogo 检验 10% 水平的偏误值	9.08	9.08	9.08	9.08

注：***、**、* 分别表示在 1%、5%、10% 的水平上显著；括号内数值为回归系数标准误差；[ ] 内为检验统计量的 p 值。

6.3 本章小结

本章基于产业内升级视角，从行业层面和区域层面出发，构建制造业产业结构内部变革指数，并基于2001—2021年28个制造业行业面板数据、中国2007—2021年30个省份的省际面板数据和24个省份的省际面板数据，使用广义最小二乘法、面板 GMM 估计等方法分别验证了跨境交付下生产性服务进口对我国制造业升级的影响和商业存在下生产性服务业 FDI 对我国制造业升级的影响。得出如下主要结论：

首先，从行业层面来看，跨境交付下生产性服务进口显著促进了我国制造业升级，这种促进作用存在明显的行业异质性，金融服务进口、运输服务进口与商务服务进口显著促进了我国制造业升级，而技术服务进口和信息服务进口对我国制造业升级的作用并不显著；商业存在下，生产性服务业 FDI 显著促进了我国制造业升级，这种促进效应存在明显的行业异质性，"信息传输、计算机服务和软件业 FDI""科学研究、技术服务和地质勘查业 FDI"的估计系数并不显著；"批发和零售业 FDI""金融业 FDI"的估计系数显著为负；"交通运输、仓储和邮政业 FDI"和"租赁和商务服务业 FDI"显著促进了我国制造业升级。

其次，从区域层面来看，无论是跨境交付下还是商业存在下，生产性服务进口贸易显著促进了我国制造业升级。生产性服务进口贸易对制造业升级的影响存在明显的区域差异，在跨境交付下生产性服务进口贸易对东部地区制造业产业结构内部变革的影响系数并不显著，而商业存在下生产性服务业 FDI 对东部地区制造业产业结构内部变革的影响系数在统计上较为显著。对于中西部地区而言，生产性服务进口贸易甚至阻碍了制造业升级。

第7章 生产性服务进口贸易对制造业升级影响的实证分析：基于价值链升级视角

制造业价值链升级是衡量制造业升级的关键要素，也是提升制造业全球价值链地位、增强国际竞争力的重要途径。现阶段，我国制造业正处在转型升级的攻关时期，但我国制造业仍面临材料类和中间产品价值链低端锁定的困境，迫切需要生产性服务支撑和引领制造业朝着全球价值链中高端方向发展。为此，2017年，国家发改委印发《服务业创新发展大纲（2017—2025年）》，提出"推进服务业与制造业双向融合"，这不仅为我国服务业的发展尤其是生产性服务业的发展提供契机，也为中国制造业朝着全球价值链中高端位置发展指明了方向。本章从价值链升级视角出发，在前文影响机理分析的基础上，结合2016年WIOD发布的数据，首先重点考查2001—2014年生产性服务进口对制造业价值链地位提升的影响效应；其次考查2001—2014年生产性服务进口对制造业价值链地位提升影响的行业异质性。

7.1 模型、变量与数据

7.1.1 模型设定

依据前文理论机理分析，从价值链升级视角出发，考查生产性服务进口对制造业升级的影响，本章将构建如下基准模型进行检验：

$$esi_{it} = \beta_0 + \beta_1 pse\_im_{it} + \sum_{j=1}^{n}\eta_j control_{it} + \mu_i + \varepsilon_{it} \qquad (7.1)$$

式中，i、t 表示地区和年份；esi 表示制造业各行业的价值链地位，采用制造业各行业的出口复杂度来衡量；pse_im 代表生产性服务进口；$control$ 表示一系列控制变量；μ、ε 分别表示固定效应和随机误差项。为了进一步考虑劳动生产率变动对生产性服务进口与制造业价值链地位的影响，在式（7.1）中加入劳动生产率，将模型拓展为：

$$esi_{it} = \beta_0 + \beta_1 pse\_im_{it} + \beta_2 labor_{it} + \sum_{j=1}^{n} \gamma_j control_{it} + \mu_i + \varepsilon_{it} \quad (7.2)$$

进一步地，为了考查生产性服务进口对制造业价值链地位提升的作用机制，在式（7.2）的基础上加入生产性服务进口与劳动生产率的交互项，构建拓展形式的模型如下：

$$esi_{it} = \beta_0 + \beta_1 pse\_im_{it} + \beta_2 labor_{it} + \theta pse\_im_{it} \cdot labor_{it} + \sum \gamma_j control_{it} + \mu_i + \varepsilon_{it}$$

$$(7.3)$$

7.1.2 变量选取

（1）被解释变量：制造业价值链地位（esi）。根据前文关于制造业升级的概念及内涵界定，制造业的升级既是制造业产业间升级，又是制造业产业内升级，更是制造业价值链的升级。在参与国际分工过程中，一国或地区制造业出口产品技术含量或出口产品技术复杂度在本质上能够反映制造业参与全球价值链的地位，衡量了一国或地区制造业的国际竞争力情况和价值链升级状况。而一国或地区制造业出口产品所蕴含的技术含量本质上也反映了该国或地区制造业参与全球价值链分工的升级状况，这就意味着一国或地区制造业出口产品技术复杂度越高，充分说明该国或地区制造业出口产品蕴含的技术含量也越高，这决定了该国或地区制造业价值链升级水平也越高。鉴于此，本章采用制造业出口技术复杂度来衡量制造业参与价值链分工的地位状况，从本质上反映制造业价值链升级水平情况。关于制造业行业出口技术复杂度的测算方法，本章借鉴 Hausmann 等（2007）、李强等（2013）的做法，具体测算公式如下：

$$PRODY_k = \sum_j \frac{(x_{jk}/X_j)}{\sum_j (x_{jk}/X_j)} Y_j \qquad (7.4)$$

式中，PRODY 表示产品出口技术复杂度，k 表示某一产品，j 代表某一出口国家或地区，x_{jk} 代表 j 国 k 产品的出口额，X_j 代表 j 国所有产品的总出口额，x_{jk}/X_j 表示 j 国 k 产品的出口额占总出口的份额，Y_j 表示 j 国人均 GDP。那么，制造业行业出口技术复杂度具体测算公式如下：

$$esi_{ji} = \sum_k \frac{x_{jk}}{X_{ji}} PRODY_k \qquad (7.5)$$

x_{jk}/X_{ji} 表示 j 国 i 行业 k 产品的出口占 j 国 i 行业总出口的比重。

（2）核心解释变量：①生产性服务进口。本书采用制造业对进口生产性服务要素的依赖度（pse_im）来反映生产性服务进口水平，参照杨玲（2015）的做法，具体测算公式为：

$$pse\_im_{ij} = b_{ij} \Big/ \sum_i b_m \qquad (7.6)$$

式中，pse_im_{ij} 表示制造业 i 行业对生产性服务 j 的依赖度，b_{ij} 表示在制造业 i 行业的生产过程中投入生产性服务要素 j，$\sum_i b_m$ 表示生产 i 产品直接消耗全部中间投入的数量。②劳动生产率（labor）。作为单要素生产率的一种，文献中常见用劳均产出（总产值或增加值）衡量劳动生产率，但从严格的理论意义上讲，劳均产出与劳动生产率之间存在一定的区别，其原因在于影响劳均产出的除了劳动生产率还有资本劳动比例。在相关文献中，通常采用劳均产出度量劳动生产率，极少采用残差式的生产率来度量劳动生产率（唐东波，2014）。其原因在于：一方面，采用残差式的劳动生产率测算是一个非常复杂的过程，且在计算过程中较为依赖模型的设定，而设定一般化的模型得到的全要素生产率与劳动生产率大相径庭。事实上，从现实数据中测算劳动生产率很难满足严格理论要求的劳动生产率。另一方面，已有研究充分肯定劳均产出与劳动生产率具有较强的相关关系（Hall et al., 1999）。因此，本书所涉及的劳动生产率不再区分劳均产出与劳动生产率，采用将劳均总产值视为劳动生产率的等价变量，并采用工业品出厂价格指数折算为2001年不变价格水平的实际总产值。

（3）控制变量：①外商直接投资（fdi）。外商直接投资在一定程度上可以带来技术溢出效应，有益于生产技术水平提升，可能会对制造业升级水平产生积极的提升效应，采用港澳台投资和外商资本之和与制造业总产值的比值来表征。②研发投入（$r\&d$）。为了考查研发投入可能会对制造业升级产生积极的提升效应，参考吴延兵（2012）的思路，采用研发投入占主营业务收入的比重来表征。③科研人员（$staff$）。除了研发资金投入外，人力资本同样能够促进制造业生产率提升，为了分析科研人员能否促进制造业升级，我们采用科研活动人员数量占行业从业人员数量比重来表征。④企业管理成本（$manage$）。企业内部管理成本越高，生产效率就越低，越不利于制造业转型与优化升级，本书采用管理费用占主营业务成本之比来表征。⑤资本强度（$capital$）。资本投入为制造业产业升级提供资金支持，有利于制造业朝着服务化方向发展，本书以制造业分行业固定资产合计占制造业总产值比重来表征。

7.1.3 数据来源与说明

本书所使用数据来源于2016年WIOD数据库以及世界贸易组织的WSDB数据库。其他所需数据来源与前文相同，对于部分年份缺失的数据采用平滑处理方法进行填充。需要说明的是，我国制造业的分类是依据2003年中国国家统计局公布的《国民经济行业分类》中关于制造业行业的划分标准，将制造业按两位数代码分为31个行业。鉴于此，为了便于分析，将《国民经济行业分类》对制造业划分标准与WIOD国家投入产出表进行对照，选取部分行业并归为14个部门，整合后的具体制造业行业见表7-1。

表7-1　经过整合后的制造业行业分类

类别	行业
劳动密集型	食品、饮料制造及烟草业（C10~C12）；纺织品、服装、皮革制造业（C13~C15）；木材加工及木、竹、藤、棕、草制品业（C16）；造纸及纸制品业（C17）；印刷业和记录媒介的复制业（C18）；橡胶及塑料制品业（C22）；家具制造业（C31~C32）
资本密集型	石油加工、炼焦及核燃料加工业（C19）；非金属矿物制品业（C23）；金属制品业（C24）
技术密集型	化学原料及化学制品制造业（C20）；计算机及电子设备制造业（C26）；电气机械制造业（C27~C28）；交通运输设备制造业（C29~C30）

此外，由于《中国国际收支平衡表》与WIOD数据库关于服务要素统计标准和口径存在差异，本章根据WIOD数据库关于服务要素统计标准，结合生产性服务贸易的概念、内涵以及范畴，选取运输、建筑、保险服务、金融服务、通信、计算机和信息服务、科学技术、其他商业服务共八项作为生产性服务的全部内容。

表7-2　变量定义及数据来源说明

	变量名称	变量定义	测度方法	数据来源
因变量	esi	行业出口技术复杂度	$esi_{ji}=\sum_{k}\frac{x_{jk}}{X_{ji}}PRODY_{k}$	《中国工业统计年鉴》
自变量	pse_im	生产性服务进口	$pse\_im_{ij}=b_{ij}\Big/\sum_{i}b_{m}$	WIOD数据库
	labor	劳动生产率	制造业劳均总产值视为劳动生产率的等价变量	《中国工业统计年鉴》
控制变量	fdi	外商直接投资	采用港澳台投资和外商资本之和与制造业总产值的比值来表征	《中国工业统计年鉴》
	r&d	研发投入	采用研发投入与主营业务收入之比进行衡量	《中国科技统计年鉴》
	staff	研发人员	采用科研活动人员数量占行业从业人员数量比重来表征	《中国科技统计年鉴》

表7-2（续）

变量名称	变量定义	测度方法	数据来源
manage	企业管理成本	采用管理费用占主营业务成本之比来表征	《中国工业统计年鉴》
capital	资本强度	采用制造业分行业固定资产合计占制造业总产值比重来表征。	《中国工业统计年鉴》

7.2 实证结果及分析

7.2.1 全样本分析

表7-3报告了生产性服务进口对制造业价值链地位提升影响的估计结果。由于本章选取了14个行业作为研究样本，这也导致了在估计过程中模型可能会出现异方差，因此，有必要使用 White 异方差对估计结果的标准误差进行修正。从模型（1）、模型（2）、模型（3）的 F 检验表明方程具有显著的个体效应，因此，采用固定效应进行估计明显优于采用混合回归估计。通过采用 Hausman 检验的结果可以看出本章实证检验采用固定效应进行估计是合理的。模型（1）显示了生产性服务进口贸易影响制造业价值链地位提升的基准回归估计结果，模型（2）是在模型（1）的基础上引入劳动生产率，模型（3）是在模型（2）的基础上引入生产性服务进口与劳动生产率的交互项，即考虑生产性服务进口的外溢效应是否受到劳动生产率的限制。

从实证估计结果来看，模型（1）中，在不考虑劳动生产率的影响下，生产性服务进口对制造业价值链地位提升的影响系数为17.960 3，表明生产性服务进口对制造业价值链地位攀升具有正向促进作用，且在统计上较为显著。模型（2）的估计结果显示，在引入劳动生产率之后，生产性服务进口对制造业价值链地位攀升的影响系数为16.940 1，表明生产性服务进口对制造业价值链地位攀升具有显著的正向促进作用。另外，劳动生产率对制造业价值链地位提升具有正向效应，这主要是由于劳动生产率通过促进制造业技术进步、产品附加值提升和产品技术含量等作用实现的。无论是否引入劳动生产率变量，生产性服务进口显著促进了制造业价值链地位提升。模型（3）的估计结果显示，在引入生产性服务进口与劳动生产率的交互项之后，生产性服务进口及其与劳动生产率的交互项系数分别为 26.307 1 和 -4.998 4。此时，生产性服务进口对制造业价值链地位攀升的影响为"26.307 1-4.998 4 $labor$"，这说明当劳动生产率处于较低水平时，生产性服务进口有助于我国制造业价值地位的提升，这可能是由于在劳动生产率处于较低水平时，通过嵌入国外先进的生产性服务要素，使得进口的生产性服务要素的溢出效应明显。随着劳动生产率水平不断上升，生产性服务进口削弱了对制造业价值链地位提升的正向作用，究其可能的原因在于：随着劳动生产率水平提升过程中，本土生产性服务业发展较为成熟，能够满足本国产业发展的要素需求，此时再投入国外生产性服务要素反而增加了交易和生产制造成本，从而削弱了对制造业价值链地位提升的正向作用。

表7-3 生产性服务进口与劳动生产率对制造业价值链升级影响的估计结果

解释变量	被解释变量		
	模型（1）	模型（2）	模型（3）
pse_im	17.960 3[*] （8.769 5）	16.940 1[**] （8.070 5）	26.307 1[**] （10.716 8）
$labor$		0.037 7 （0.079 3）	0.049 4 （0.078 4）
fdi	-0.081 3 （0.226 0）	0.129 2 （0.232 8）	0.145 2 （0.229 9）
$r\&d$	-0.416 2 （0.775 2）	0.202 4 （1.753 5）	0.210 8 （1.737 4）
$staff$	-0.645 7 （0.626 2）	-0.685 9 （0.734 3）	-0.718 1 （0.737 5）
$manage$	-0.904 2[**] （0.396 5）	-0.712 0 （0.489 6）	-0.734 2 （0.484 7）

表7-3（续）

解释变量	被解释变量		
	模型（1）	模型（2）	模型（3）
capital	0.114 2 （0.068 7）	0.125 5* （0.072 2）	0.122 4* （0.073 7）
_cons	0.107 2*** （0.023 8）	-0.029 4 （0.164 3）	-0.048 9 （0.164 4）
pse_im labor			-4.998 4 （7.425 5）
White 检验	76.97 [0.000 0]	149.67 [0.000 0]	162.36 [0.000 0]
R^2	0.971 2	0.210 1	0.211 6
F 检验	222.01 [0.000 0]	223.28 [0.000 0]	219.55 [0.000 0]
Hausman 检验	15.11 [0.034 6]	13.02 [0.111 3]	10.96 [0.203 9]
估计模型	FE	RE	RE
N	196	196	196

从其他控制变量来看，外商直接投资、研发投入和研发人员对制造业价值链地位提升的作用不显著。而企业管理成本对制造业价值链地位提升具有显著的抑制作用，与预期一致。这是因为在我国制造业转型升级的攻关时期，过度投入管理费用必然引起制造商成本增加，也反映了制造商内部信息传递系统的"拥塞"（陈启斐等，2014），这不仅削弱了制造业转型升级的资金支持，而且不利于企业生产、加工、配送、销售和售后等各个环节的建设以及实现生产、加工、销售的无缝衔接，从而不利于制造业价值链地位提升。资本强度对制造业价值链地位提升具有显著的促进作用，与预期一致。这是因为在制造业转型升级的关键时期，必然需要购买更多先进仪器设备、投入大量人力资源以及企业扩张等，这需要投入大量资本作为产品技术含量提高的资金支持，才能有助

于制造业价值链地位的攀升，有益于制造业价值链升级。

7.2.2 不同密集型行业的分析

由于本章以14个行业作为研究样本，可能引发生产性服务进口影响我国制造业价值链地位提升存在行业异质性。表7-4报告了生产性服务进口影响不同类型制造业价值链地位的验证结果。模型（4）显示了未纳入劳动生产率的情形下，生产性服务进口对制造业价值链地位提升的影响系数为正，但在统计上并不显著。模型（5）显示了纳入劳动生产率的情形下，生产性服务进口对制造业价值链地位提升的影响系数为正，但在统计上并不显著。模型（6）显示了在引入生产性服务进口与劳动生产率交互项后，生产性服务进口对制造业价值链提升的影响系数为正，但并未通过显著性检验。无论是否纳入劳动生产率变量，生产性服务进口对制造业价值链地位提升的促进作用都未通过显著性检验，究其可能的原因在于：劳动密集型制造业属于低附加值、低技术含量的行业，劳动生产率水平较低，嵌入国外先进的生产性服务要素未能与劳动密集型制造业有效融合，致使生产性服务进口并未有效促进劳动密集型制造业价值链地位提升。模型（7）显示了未纳入劳动生产率情形下，生产性服务进口对制造业价值链地位攀升的影响系数为负，且通过了显著性检验。模型（8）显示了引入劳动生产率情形下，生产性服务进口对制造业价值链地位攀升的影响系数为负，且在统计上较为显著。模型（9）显示了引入生产性服务进口与劳动生产率交互项后，生产性服务进口、劳动生产率对制造业价值链地位提升的影响具有正向效应，究其可能的原因在于：随着劳动生产率水平的不断提升并超过某一阈值后，生产性服务进口将促进制造业价值链地位提升。模型（10）显示了为纳入劳动生产率的情形下，生产性服务进口对制造业价值链地位提升具有显著的促进作用。模型（11）显示了引入劳动生产率后，生产性服务进口对制造业价值链提升的影响系数为正，且通过了1%的显著性检验。模型（12）

表7-4 生产性服务进口对不同密集型制造业价值链升级影响的估计结果

解释变量	劳动密集型行业				资本密集型行业				技术密集型行业			
	模型（4）	模型（5）	模型（6）	模型（7）	模型（8）	模型（9）	模型（10）	模型（11）	模型（12）
pse_im	29.243 6 (27.895 2)	16.573 2 (15.538 5)	55.180 6 (71.179 9)	-1.840 8** (0.260 1)	-1.943 0** (0.439 3)	8.162 5 (2.957 3)	24.915 2** (6.019 2)	17.119 0*** (1.392 2)	-88.581 1** (20.077 2)
labor		-0.168 1 (0.139 8)	-0.125 6 (0.120 1)		-0.002 3 (0.003 8)	0.020 6 (0.008 4)		0.158 8 (0.070 6)	0.044 4 (0.047 5)
fdi	0.094 9 (0.173 9)	-0.435 0 (0.519 0)	-0.375 3 (0.514 8)	0.242 5* (0.057 0)	0.227 1* (0.053 2)	0.285 5** (0.041 2)	-1.112 4 (0.777 0)	-0.124 3 (0.217 9)	-0.118 0 (0.337 3)
r.&d	0.108 1 (0.514 1)	-2.936 3 (3.161 0)	-2.931 7 (3.266 6)	-0.470 1 (0.730 3)	-0.505 2 (0.667 0)	-0.588 8 (0.830 4)	1.340 2 (1.735 1)	2.898 0 (1.947 8)	3.006 9 (1.961 5)
staff	-0.282 3 (0.321 0)	1.556 3 (1.689 2)	1.742 5 (1.861 9)	0.286 4** (0.057 7)	0.295 5** (0.056 8)	0.240 6 (0.116 9)	-1.394 2 (0.939 4)	-1.661 9 (0.782 0)	-1.671 9* (0.708 6)
manage	-0.622 9 (0.758 1)	-0.008 1 (0.339 3)	-0.095 4 (0.315 2)	-0.174 6 (0.071 9)	-0.166 5 (0.063 8)	-0.146 8 (0.076 2)	-0.088 9 (0.474 4)	0.980 0** (0.250 6)	0.564 5* (0.187 3)
capital	0.057 5 (0.096 1)	-0.159 6 (0.137 7)	-0.175 8 (0.160 1)	0.002 2 (0.014 0)	-0.000 2 (0.014 2)	-0.005 1 (0.016 3)	-0.003 2 (0.086 4)	0.096 3 (0.085 8)	0.211 2 (0.115 2)
_cons	-0.035 1 (0.041 2)	0.327 5 (0.277 9)	0.273 8 (0.250 1)	0.016 3** (0.002 2)	0.022 2 (0.012 0)	-0.019 8 (0.020 4)	0.141 9* (0.047 9)	-0.299 7 (0.152 1)	-0.093 2 (0.092 4)
pse_im×labor			-26.542 0 (41.560 8)			-5.088 9* (1.285 5)			56.608 6*** (9.235 3)

表7-4（续）

解释变量	被解释变量								
	劳动密集型行业			资本密集型行业			技术密集型行业		
	模型（4）	模型（5）	模型（6）	模型（7）	模型（8）	模型（9）	模型（10）	模型（11）	模型（12）
White 检验	39.18 [0.061 1]	91.58 [0.000 0]	90.71 [0.000 0]	31.94 [0.234 2]	39.68 [0.269 2]	42.00 [0.427 4]	47.86 [0.008 0]	47.51 [0.077 2]	51.14 [0.184 5]
R^2	0.905 6	0.923 1	0.924 1	0.983 4	0.983 4	0.986 1	0.986 8	0.989 5	0.990 7
F 检验	112.86 [0.000 0]	83.12 [0.000 0]	81.18 [0.000 0]	19.37 [0.000 0]	17.83 [0.000 0]	20.16 [0.000 0]	184.49 [0.000 0]	140.91 [0.000 0]	155.46 [0.000 0]
Hausman 检验	80.85 [0.000 0]	77.03 [0.000 0]	76.04 [0.000 0]	18.90 [0.0001]	17.92 [0.0001]	18.66 [0.0001]	45.24 [0.000 0]	43.38 [0.000 0]	42.95 [0.000 0]
估计模型	FE	FE	FE	FE	FE	FE	FE	FE	FE
N	98	98	98	42	42	42	56	56	56

显示了引入生产性服务进口与劳动生产率的交互项后,生产性服务进口对制造业价值链提升的影响系数显著为负,此时,生产性服务进口对制造业价值链地位攀升的影响为"-88.581 1+56.608 6 $labor$",这说明当劳动生产率处于较低水平时,生产性服务进口抑制了我国技术密集型制造业价值链地位提升,这可能是由于在劳动生产率处于较低水平时,通过嵌入国外先进的生产性服务要素,使得进口的生产性服务要素的溢出效应不明显。随着劳动生产率水平不断上升,生产性服务进口对技术密集型制造业价值链地位提升的影响趋于正向作用逐渐显现,但总体上抑制了技术密集型制造业价值链地位提升,究其可能的原因在于:随着我国生产性服务业发展逐渐成熟,依靠进口生产性服务要素增加了成本,反而不利于我国技术密集型制造业价值链提升。

7.3 本章小结

本章基于2001—2014年14个制造业行业的面板数据,结合计量模型验证了生产性服务进口影响制造业价值链地位的作用关系。研究结论表明:①无论是否引入劳动生产率或生产性服务进口与劳动生产率的交互项,生产性服务进口都显著促进了我国制造业价值链地位提升。②生产性服务进口对影响我国制造业价值链地位的效果存在明显的行业异质性:生产性服务进口影响劳动密集型制造业的作用效果不显著;生产性服务进口显著抑制了资本密集型制造业价值链地位提升;生产性服务进口对技术密集型制造业价值链地位提升具有显著的促进作用。此外,企业管理成本越高越不利于我国制造业价值链地位提升,资本规模的扩大有利于我国制造业价值链地位提升,但外商直接投资、研发投入、研发人员对我国制造业价值链地位提升的作用并不显著。

第8章 生产性服务进口贸易对制造业升级影响的机制检验：基于中介效应分析

通过第3章探讨了生产性服务进口贸易对制造业升级的影响机理，发现生产性服务进口贸易主要通过技术溢出效应、竞争效应、消费需求效应、物质资本积累效应、制度创新效应和环境负担效应等诸多方式间接对制造业升级产生影响。同时，依托省际面板数据，从产业间升级视角和产业内升级视角出发，运用计量模型验证了生产性服务进口贸易对制造业升级的影响作用，发现生产性服务进口贸易在我国制造业转型升级过程中起到至关重要作用。鉴于此，生产性服务进口贸易是否通过技术溢出效应、竞争效应、消费需求效应、物质资本积累效应、制度创新效应和环境负担效应等诸多方式间接影响我国制造业升级仍值得深入探讨。本章基于2007—2021年省级面板数据，从产业间升级视角和产业内升级视角出发，采用中介效应检验方法验证本书的理论机理，即验证跨境交付下生产性服务进口贸易如何影响制造业升级，以及商业存在下生产性服务业 FDI 如何影响制造业升级，据此能够较为准确判断生产性服务进口贸易依靠何种渠道间接影响制造业升级。

8.1 研究方法

本章借鉴温忠麟等（2004，2014）提出的综合性中介效应检验方法分析变量之间的影响过程和内在机制，相对于其他计量回归分析方法，该方法融合了 Judd 等（1981）、Sobel（1982）、Baron 等（1986）等提出的多种检验方法，确保在检验过程中具有较高统计功效的前提下，控制检验的第一类错误率（弃真错误率）和第二类错误率（存伪错误率）。具体检验过程如图8-1所示。

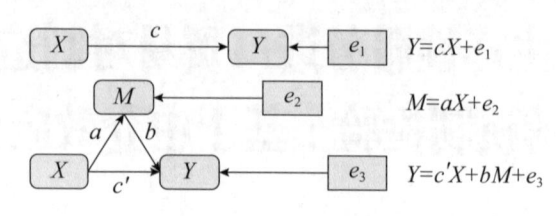

$$X \xrightarrow{c} Y \leftarrow e_1 \quad Y = cX + e_1$$
$$M \leftarrow e_2 \quad M = aX + e_2$$
$$X \xrightarrow[c']{a \ \ b} Y \leftarrow e_3 \quad Y = c'X + bM + e_3$$

图8-1 中介模型示意图

图8-1中，X 为自变量，Y 为因变量，e_1、e_2、e_3 表示误差项，M 为中介变量，则有 X 通过 M 来影响 Y。在中介效应方程中，c 表示 X 对 Y 的总效应，c' 表示 X 对 Y 的直接效应，ab 表示 X 经过 M 对 Y 产生的影响效应，对于简单的中介效应模型，中介效应等于间接效应 ab，它与总效应和直接效应存在 $c = c' + ab$ 的关系，那么，中介效应为 $ab = c - c'$，ab/c 表示中介效应占总效应的比重。参考陈东等（2013）中介效应检验程序的处理做法，在检验程序中考虑中介检验和完全中介检验，同时纳入 Sobel 检验，此做法有助于降低错误率。具体检验步骤如图8-2所示。①检验方程 $Y = cX + e_1$，若 c 显著，则检验第二步，若 c 不显著，则停止中介效应检验；②检验方程 $M = aX + e_2$ 和 $Y = c'X + bM + e_3$，若 a 和 b 同时显著，则存在中介效应，检验第三步，若 a 和 b 至少有一个不显著，则检验第四步；③检验系数 c'，若 c' 显著，则存在中介效应，若 c' 不显著，则存在完全中介效应；④做 Sobel 检验，其检验统计量为 $z = ab \Big/ \sqrt{a^2 \times s_b^2 + b^2 \times s_a^2}$，其中，$s_a$ 和 s_b 分别为 a 和 b 的标准误差，若 z 通过检验，说明存在中介效应，反之则不存在中介效应。

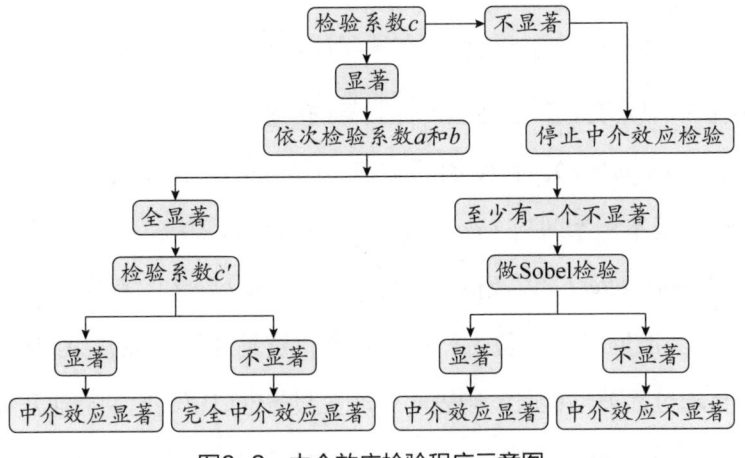

图8-2 中介效应检验程序示意图

8.2 模型、变量与数据

8.2.1 模型设定

基于理论分析，生产性服务"引进来"可以通过生产性服务技术溢出、竞争、制度创新、消费需求、物质资本积累及环境负担等效应影响制造业升级。本书参照 Hayes 中介效应检验法，构建如下检验递归模型，逐一识别上述效应是否成立：

$$upgrade_{it} = \beta_0 + \beta_1 import_{it} + \sum_{j=2}^{5} \beta_j control_{it} + \mu_i + \varepsilon_{it} \qquad (8.1)$$

$$upgrade_{it} = \beta_0 + \beta_1 ps\_fdi_{it} + \sum_{j=2}^{5} \beta_j control_{it} + \mu_i + \varepsilon_{it} \qquad (8.2)$$

$$M_{it} = \varphi_0 + \varphi_1 import_{it} + \sum_{j=2}^{5} \varphi_j control_{it} + \varphi_i + v_{it} \qquad (8.3)$$

$$M_{it} = \varphi_0 + \varphi_1 ps\_fdi_{it} + \sum_{j=2}^{5} \varphi_j control_{it} + \varphi_i + v_{it} \qquad (8.4)$$

$$upgrade_{it} = \lambda_0 + \lambda_1 import_{it} + \xi M_{it} + \sum_{j=2}^{5} \lambda_j control_{it} + \theta_i + \psi_{it} \qquad (8.5)$$

$$upgrade_{it} = \lambda_0 + \lambda_1 ps\_fdi_{it} + \xi M_{it} + \sum_{j=2}^{5}\lambda_j control_{it} + \theta_i + \psi_{it} \quad (8.6)$$

式中，M 表示中介变量，包括生产性服务进口贸易技术溢出效应（sp_effect）、竞争效应（com_effect）、制度创新效应（gov_effect）、消费需求效应（con_effect）、物质资本积累效应（cap_effect）、环境负担效应（$envir\_effect$）、规模经济效应（$scale\_effect$）以及低端锁定效应（$lock\_effect$）。首先，对式（8.1）、式（8.2）做基准回归，检验生产性服务进口贸易对制造业升级的相互关系，若 $\beta_1 > 0$ 且通过显著性检验，则表明生产性服务进口贸易对制造业升级产生积极的作用。其次，对式（8.3）、式（84）做回归估计，进一步检验生产性服务进口贸易与中介变量的相互关系，具体可分为两种情形：情形一，sp_effect、com_effect、gov_effect、con_effect、cap_effect、$envir\_effect$、$scale\_effect$、$lock\_effect$ 作为中介变量 M 时，假定生产性服务进口回归系数 $\varphi_1 > 0$；情形二，$envir\_effect$ 作为中介变量 M 时，假定生产性服务进口回归系数 $\varphi_1 < 0$。最后，对式（8.5）、式（8.6）做回归估计，当 $\beta_1, \varphi_1 > 0$ 且 $0 < \lambda_1 < \beta_1$ 同时满足时，表明存在上述正向中介效应；当 $\varphi_1 < 0$、$\beta_1, \lambda_1 > 0$ 且 $\lambda_1 > \beta_1$ 同时满足时，表明存在上述负向中介效应。

8.2.2 变量选取

本章的被解释变量为制造业产业整体升级（$upgrade_1$）、制造业产业结构高级化（$upgrade_2$）、制造业产业结构内部变革（$upgrade_3$），具体测度与前文相同。

核心解释变量为生产性服务进口（$import$）、生产性服务业外商直接投资（ps_fdi），具体度量与前文相同。

控制变量为外商直接投资（fdi）、研发投入（$r\&d$）、科研人员（$staff$）和城市蔓延度（$sprawl$），具体度量方法与前文相同。

中介变量分别为：①技术溢出效应（sp_effect）。本书借鉴 Bitzer 等（2008）

提出的测算方法，将生产性服务进口贸易技术溢出效应的测算公式设定为：$sp\_effect_{it} = \frac{import_{it}}{K_{it}} \sum S_t^d$、$sp\_effect_{it} = \frac{ps\_fdi_{it}}{K_{it}} \sum S_t^d$。其中，$import_{it}$表示本国$i$地区在$t$时期的生产性服务进口额，$ps\_fdi$表示本国$i$地区在$t$时期的生产性服务业外商直接投资额，$K_{it}$表示本国$i$地区在$t$时期固定资产存量，采用Goldsmith在1951年提出的永续盘存法计算K_{it}，计算公式为：$K_{it} = I_{it} + (1-\delta)K_{i,t-1}$，其中，将固定资产投资按固定资产投资价格指数调整为2007年不变价格水平的实际投资I，δ为资本折旧率，参照李燕等（2013）的做法，将其值设定为9.6%，2007年的固定资本存量用公式$K_{it} = I_{2007}/(g+\delta)$，$I_{2007}$为基期2007年固定资本形成总额，$g$表示2007—2016年每年固定资本形成总额的算术平均增长率。由于我国各省区没有公布与各国进行生产性服务贸易往来的官方数据，为简化测算，用$\sum S_t^d$表示本国以外的其他所有国家的研发资本存量总和，依然采用永续盘存法进行测算，其计算公式为：$\sum S_t^d = \sum RD_t + (1-\eta)\sum S_{t-1}^d$，$\sum RD_t^d$表示本国以外的其他所有国家的研发支出总和，用消费价格指数折算为以2007年为基期的不变价格水平的实际研发支出，2007年研发资本存量借鉴Griliches等（1984）的方法来测算，计算公式为：$\sum S_{2007}^d = \sum RD_{2007}/(g+\eta)$，表示2007—2016年研发资本支出的算术平均增长率，η表示研发资本折旧率，借鉴肖文等（2011）的做法将其值设定为9.6%。②竞争效应（com_effect）。采用资本密集型和技术密集型制造业规模反映市场竞争程度，用资本密集型和技术密集型规模占制造业行业总产值的比重来衡量。③制度创新效应（gov_effect）。从政府对经济发展的干预程度视角，借助各地区财政支出与中央财政支出之比近似表征。④消费需求效应（con_effect）。借助各地区人均社会零售消费总额表征。⑤物质资本积累效应（cap_effect）。由于很难获取资本流量的数据，借助各地区人均资本存量来衡量。⑥环境负担效应（envir_effect）。借鉴占华（2018）的思路，以碳排放作为衡量各地环境污染程度的指标，由此作为环境负担效应的替代变量,并参照杨骞等(2012)对二氧化碳排放量估算的方法,具体估算方法为:$CO_2 = \sum_{i=1}^{7} CO_{2,i} = \sum_{i=1}^{7} e_i \times ncv_i \times cef_i$,其中,$CO_2$ 表示估算的二氧化碳排放量,i 表示各种化石燃料,分别代表煤炭、焦炭、汽油、煤油、柴油、燃料油及天然气,e 表示初级化石燃料的消耗量,ncv 表示煤炭、焦炭、汽油、煤油、柴油、燃料油及天然气的平均低位发热量,cef 表示联合国政府间气候变化专门委员会(IPCC)于2006年发布的煤炭、焦炭、汽油、煤油、柴油、燃料油及天然气的碳排放系数。具体数值如表7-1所示。⑦规模经济效应(scale_effect)。生产性服务贸易衡量一个国家或地区嵌入全球价值链并且在全球范围内参与国际分工的结果(邱爱莲 等,2014),生产性服务进口贸易在一定程度上有助于我国生产性服务业朝着专业化、规模化方向发展,凭借自身服务能力的提升推进制造业生产效率不断提升,从而有助于我国制造业产业升级,采用各地区生产性服务业从业人员与地区总就业人员占比来衡量;⑧低端锁定效应(lock_effect)。一个国家或地区的制造业在参与国际分工的过程中虽然可以借助国外先进技术快速推进自身技术水平提升,但随着生产性服务进口贸易的不断发展,致使制造业发展陷入低端锁定的僵局,反而不利于制造业产业升级,本书采用国际分工参与程度衡量制造业在全球价值链中所处的地位,据此反映我国制造业是否陷入低端锁定的僵局,借鉴唐海燕等(2009)的思路,并考虑数据的可获得性和连续性,采用地区制造业出口额占地区 GDP 的比重来衡量。

表8-1 IPCC 发布的碳排放系数

燃料类型	煤炭	焦炭	汽油	煤油	柴油	燃料油	天然气
平均低位发热量(ncv)(kJ/kg)	20 908	28 435	43 070	43 070	42 652	41 816	38 931
碳排放系数(cef)(kg/万亿 J)	95 333	107 000	70 000	71 500	74 100	77 400	56 100

资料来源:数据参考杨骞等(2012)的研究成果;数据来源于IPCC(2006)。

8.2.3 数据来源与说明

本章基于经验证据角度验证本书的理论机理及研究假设，从跨境交付和商业存在角度出发验证生产性服务进口贸易对制造业升级的提升效应依靠何种渠道来实现。本章检验过程建立在前文的基础上，所使用数据来源与前文相同，且对于部分年份缺失的数据采用平滑处理方法进行填充。需要说明的是，在跨境交付下，由于西藏数据严重缺失，则以30个省（区、市）为研究对象；在商业存在下，剔除数据严重缺失的省份，最终以24个省（区、市）作为研究对象。

8.3 实证结果及分析

8.3.1 基于跨境交付下的分析

表8-2、表8-3、表8-4和表8-5报告了生产性服务进口对制造业升级的中介效应检验结果，为了稳健起见，还进行了Sobel检验，以检验生产性服务贸易技术溢出效应、竞争效应、制度创新效应、消费需求效应、物质资本积累效应及环境负担效应起到了中介变量的作用。

如表8-2所示，模型（1）结果显示生产性服务进口对贸易技术溢出效应的影响系数显著为正，但中介效应 sp_effect 的回归系数并不显著，进一步地通过Sobel检验显示 p 值分别为0.000 3、0.000 0，表明贸易技术溢出效应在生产性服务进口对制造业整体升级和制造业高级化的影响中存在中介效应，说明贸易技术溢出效应确实是生产性服务进口促进制造业升级的一个重要手段。相关研究指出，在生产过程中，本地区企业通过研究、模仿、学习可以提高自身的技术水平，节省自主开发的成本，带来直接的技术溢出，推动区域内技术进步（郑永杰 等，2012），在经济全球化背景下，我国可通过生产性服务"引进来"，吸收先进的生产性服务技术、贸易中间产品应用于制造业的加工、生产环节，以推动我国制造业向高级化方向发展，这一结论也验证了研究假设1。由模型（5）估计结果可见，生产性服务进口对竞争效应在统计上较为显著。同时，模型（6）中 import、中介效应 com_effect 与 upgrade₁ 呈高度正相关，且回归系数要小于第5章基准回归模型（2）中的回归系数，而且 Sobel 检验的 p 值为 0.000 0，表明竞争效应在生产性服务进口对制造业整体升级的影响中存在中介效应，是提升本国制造业整体升级的关键要素。进一步地通过对模型（6）测算出中介效应占总效应的比重为41.5%，说明生产性服务进口确实能够通过竞争效应来实现制造业产业结构整体升级水平提升。竞争效应主要通过两方面促进制造业升级：一方面是降低制造企业的生产成本；另一方面是提高产品与服务的质量与专业化程度（张琴 等，2015）。另外，本国引进国外先进生产服务，通过市场竞争效应刺激国内企业不断学习和更新原有技术而产生技术溢出效应，促使国内企业将原本用于低效率的制造业生产资源集中到本企业更具优势的环节，降低生产成本，提升生产技术水平，最终实现制造业升级。

表8-2 生产性服务进口对制造业升级的中介效应检验 I

	贸易技术溢出效应（sp_effect）				竞争效应（com_effect）			
	M	$upgrade_1$	$upgrade_2$	$upgrade_3$	M	$upgrade_1$	$upgrade_2$	$upgrade_3$
	模型（1）	模型（2）	模型（3）	模型（4）	模型（5）	模型（6）	模型（7）	模型（8）
$import$	1.980 9*** (0.644 3)	0.953 0*** (0.253 8)	4.243 5*** (1.222 1)	0.524 8 (0.331 5)	0.370 5** (0.159 1)	0.618 7*** (0.188 1)	5.172 6*** (1.105 8)	0.424 7 (0.281 9)
fdi	0.026 9 (0.039 2)	-0.016 6 (0.027 0)	0.059 0 (0.095 4)	-0.044 3 (0.028 7)	-0.008 0 (0.016 2)	-0.005 7 (0.022 5)	0.111 4 (0.090 2)	-0.045 7 (0.030 8)
$r\&d$	0.563 3 (2.671 9)	-2.616 5 (4.200 8)	-6.801 7 (16.718 5)	-9.402 2*** (2.836 0)	-3.160 8* (1.634 6)	1.158 4 (2.769 1)	-11.586 3 (9.873 0)	-9.432 2*** (2.944 3)
$staff$	-0.224 1 (0.956 7)	0.873 7 (0.825 5)	1.046 2 (3.019 6)	2.815 4** (1.151 6)	0.979 4** (0.458 7)	-0.298 7 (0.702 7)	1.294 1 (1.607 4)	2.827 2** (1.227 4)
$sprawl$	0.049 1 (0.173 2)	-0.121 1 (0.126 7)	-0.189 1 (0.367 3)	0.047 3 (0.076 9)	-0.080 0 (0.070 6)	-0.023 6 (0.076 6)	-0.182 4 (0.190 8)	0.044 8 (0.083 3)
M		0.052 8 (0.062 3)	0.089 1 (0.219 5)	-0.050 6 (0.052 1)		1.184 9*** (0.202 7)	-0.635 4 (0.905 4)	-0.000 5 (0.238 6)
C	3.552 9*** (0.202 8)	2.081 0*** (0.252 8)	0.286 6 (1.337 1)	1.225 1*** (0.270 9)	0.853 2*** (0.082 2)	1.237 1*** (0.267 6)	1.147 3 (0.823 9)	1.041 8*** (0.325 9)

表8-2(续)

	贸易技术溢出效应(sp_effect)				竞争效应(com_effect)			
	M	$upgrade_1$	$upgrade_2$	$upgrade_3$	M	$upgrade_1$	$upgrade_2$	$upgrade_3$
	模型(1)	模型(2)	模型(3)	模型(4)	模型(5)	模型(6)	模型(7)	模型(8)
R	0.964 6	0.842 2	0.862 1	0.398 5	0.833 5	0.913 3	0.349 4	0.397 3
Sobel(p-value)		0.000 3	0.000 0	0.164 4		0.000 0	0.146 3	0.403 7
估计模型	FE	FE	FE	FE	FE	FE	RE	FE
观测值	450	450	450	450	450	450	450	450

如表8-3所示,模型(9)显示生产性服务进口的估计系数为正,且在统计上较为显著。模型(10)中显示中介效应 gov_effect 的回归系数尚不显著,进一步地通过Sobel检验生产性服务进口能否通过制度创新效应促进制造业产业结构整体升级,但Sobel检验的 p 值为0.448 7,表明制度创新效应在生产性服务进口对制造业产业结构整体升级的影响中不存在中介效应。模型(11)显示中介效应的回归系数尚不显著,但Sobel检验的 p 值为0.001 1,说明制度创新效应在生产性服务进口对制造业产业结构高级化的影响中存在完全中介效应。模型(12)显示中介效应 gov_effect 的回归系数在统计上较为显著,而生产性服务进口的回归系数在统计上并不显著,说明制度创新效应在生产性服务进口对制造业产业结构内部变革的影响中存在完全中介效应。上述分析表明制度创新效应是推动我国制造业朝着高级化方向转变和制造业内部变革的关键要素。因此,我国可通过制度创新突破国际生产组织安排,并借助创新激励措施破解我国制造业升级陷阱(洪联英 等,2013)。由模型(13)估计结果可见,生产性服务进口的估计系数为正,且在统计上较为显著。模型(10)显示中介效应 gov_effect 的回归系数尚不显著,因此,进一步地通过Sobel检验生产性服务进口能否通过消费需求效应促进制造业升级,Sobel检验 p 值分别为0.033 7、0.000 0、0.012 9,表明消费需求效应在生产性服务进口对制造业升级的影响中

存在中介效应，是提升本国制造业整体升级、制造业向高级化发展和制造业产业结构内部变革的关键要素。消费需求的不断更新是引导产业升级的主要力量（潘冬青 等，2013）。一方面，在本国制造业产品质量很难满足居民需求的情况下，引进生产性服务以提升制造业生产率，最终实现制造业升级；另一方面，由于本国制造业产品质量很难满足国外消费需求而倒逼本国引进生产性服务产品以促进本国制造业升级。

表8-3　生产性服务进口对制造业升级的中介效应检验 II

	制度创新效应（gov_effect）				消费需求效应（con_effect）			
	M	$upgrade_1$	$upgrade_2$	$upgrade_3$	M	$upgrade_1$	$upgrade_2$	$upgrade_3$
	模型（9）	模型（10）	模型（11）	模型（12）	模型（13）	模型（14）	模型（15）	模型（16）
$import$	0.197 8** (0.089 1)	0.970 4*** (0.201 5)	5.012 8*** (1.161 3)	0.425 2 (0.309 6)	3.167 2*** (1.185 2)	1.049 1*** (0.285 6)	5.152 6*** (1.236 2)	0.366 8 (0.276 1)
fdi	0.037 1*** (0.009 8)	-0.015 7 (0.023 7)	0.112 6 (0.076 3)	-0.059 8* (0.029 6)	0.620 4*** (0.208 0)	-0.014 9 (0.027 4)	0.123 7* (0.072 7)	-0.043 9 (0.031 6)
$r\&d$	0.038 9 (1.023 9)	-1.876 4 (2.537 0)	-12.165 1 (9.191 5)	-10.658 6*** (2.521 3)	24.009 3* (12.776 6)	-2.586 7 (4.229 8)	-12.327 1 (8.813 1)	-9.430 2*** (2.863 9)
$staff$	0.452 4** (0.186 5)	0.308 7 (0.500 9)	0.982 6 (1.645 6)	2.647 4** (1.139 4)	21.047 7*** (5.656 2)	0.884 2 (0.868 2)	0.750 6 (1.811 2)	2.979 0** (1.296 5)
$sprawl$	-0.151 7*** (0.037 5)	-0.080 6 (0.108 2)	-0.059 2 (0.250 8)	0.070 9 (0.076 3)	-2.173 0*** (0.480 4)	-0.118 2 (0.122 5)	-0.054 7 (0.268 1)	0.046 5 (0.075 3)
M		-0.260 3 (0.207 4)	0.473 4 (0.530 0)	0.791 3** (0.305 6)		-0.001 3 (0.016 9)	0.018 4 (0.040 3)	-0.009 1 (0.019 2)
C	0.134 9*** (0.053 6)	2.308 8*** (0.134 2)	0.524 3 (0.344 7)	0.969 5*** (0.147 4)	0.365 6 (0.859 1)	2.276 7*** (0.150 9)	0.545 3 (0.341 5)	1.068 6*** (0.137 8)
R	0.894 2	0.832 7	0.378 3	0.405 5	0.628 3	0.841 3	0.356 8	0.397 8
Sobel (p-value)		0.448 7	0.001 1	0.149 1		0.033 7	0.000 0	0.012 9
估计模型	FE	FE	RE	FE	RE	FE	RE	FE
观测值	450	450	450	450	450	450	450	450

如表8-4所示,由模型(17)估计结果可见,生产性服务进口的估计系数为负,但在统计上并不显著,从模型(20)中Sobel检验的 p 值为0.045 3可以看出,物质资本积累在生产性服务进口对制造业内部变革的影响中存在中介效应,说明生产性服务进口通过物质资本积累抑制了本国制造业产业结构内部变革。长期以来,在要素市场扭曲情况下,资本过量投入导致了产能过剩和创新惰性,不利于制造业转型升级(余东华 等,2018)。由模型(21)估计结果可知,生产性服务进口的估计系数为负,但在统计上并不显著。因此,通过Sobel进一步检验生产性服务进口能否通过环境负担效应抑制制造业升级,模型(23)中Sobel检验的 p 值为0.057 6,可见环境负担效应在生产性服务进口对制造业产业结构高级化的影响中存在负向中介效应,其结果验证了研究假设6。尽管贸易开放有利于产业集聚,但随着制造业集聚程度的提高,环境污染也在逐渐加深(周明生 等,2018)。随着居民人均收入水平的提高,居民环保意识逐渐增强,由此政府将通过强制性的环境规制要求制造业企业完善排污系统,致使制造业企业需要为自己的排放行为付出高昂的代价;而制造业企业在污染排放方面的资金投入过多,在生产经营方面就会减少,导致企业生产管理方面成本提高,成为制造业发展的障碍。

表8-4 生产性服务进口对制造业升级的中介效应检验 III

	物质资本积累效应(cap_effect)				环境负担效应(envir_effect)			
	M	$upgrade_1$	$upgrade_2$	$upgrade_3$	M	$upgrade_1$	$upgrade_2$	$upgrade_3$
	模型(17)	模型(18)	模型(19)	模型(20)	模型(21)	模型(22)	模型(23)	模型(24)
import	-14.919 0 (26.221 9)	1.067 9*** (0.289 5)	5.012 6*** (1.198 2)	0.435 2 (0.323 1)	-0.342 3 (1.642 2)	1.016 1*** (0.263 7)	4.345 0*** (1.400 6)	0.418 4 (0.307 1)
fdi	0.243 5 (2.284 6)	-0.018 1 (0.024 6)	0.134 1* (0.074 0)	-0.048 8 (0.031 2)	0.033 7 (0.407 4)	-0.013 6 (0.026 5)	0.064 3 (0.095 6)	-0.045 4 (0.030 0)
r&d	246.238 5** (116.252 9)	-3.097 6 (4.376 9)	-10.858 7 (8.801 8)	-9.957 7*** (2.674 5)	44.793 4* (25.114 8)	-3.013 6 (3.996 6)	-7.522 6 (16.203 5)	-9.494 3*** (2.958 3)

表8-4（续）

	物质资本积累效应（cap_effect）				环境负担效应（envir_effect）			
	M	$upgrade_1$	$upgrade_2$	$upgrade_3$	M	$upgrade_1$	$upgrade_2$	$upgrade_3$
	模型(17)	模型(18)	模型(19)	模型(20)	模型(21)	模型(22)	模型(23)	模型(24)
$staff$	141.838 5***	1.107 3	1.849 4	3.080 0**	−5.705 4	1.101 6	1.459 4	2.862 5**
	(47.445 0)	(0.857 7)	(2.175 9)	(1.187 4)	(7.318 8)	(0.838 0)	(3.140 6)	(1.215 5)
$sprawl$	−51.834 6***	−0.169 2	−0.340 7	−0.007 4	−1.928 2**	−0.156 5	−0.253 3	0.039 2
	(7.142 5)	(0.135 1)	(0.340 2)	(0.072 7)	(0.933 3)	(0.123 9)	(0.420 5)	(0.084 6)
M		−0.005 2	−0.004 7	−0.005 3*		0.019 6***	0.035 3	0.002 9
		(0.003 2)	(0.006 7)	(0.002 7)		(0.006 4)	(0.027 5)	(0.008 9)
C	48.004 3***	2.350 2***	0.753 1	1.121 3***	4.655 7***	2.285 7***	0.633 7	1.043 3***
	(14.831 5)	(0.161 1)	(0.466 0)	(0.168 7)	(1.311 3)	(0.137 8)	(0.709 2)	(0.156 1)
R	0.604 6	0.845 8	0.366 5	0.404 4	0.056 7	0.849 9	0.863 8	0.397 6
Sobel (p-value)		0.208 7	0.667 4	0.045 3		0.229 5	0.057 6	0.141 2
估计模型	FE	FE	RE	FE	RE	FE	FE	FE
观测值	450	450	450	450	450	450	450	450

如表8-5所示，模型（25）估计结果显示，生产性服务进口的估计系数为正，但在统计上并不显著，模型（26）显示Sobel检验的p值为0.001 2，说明规模经济效应在生产性服务进口促进制造业产业结构整体升级过程中存在中介效应，表明生产性服务进口确实有助于制造业产业结构整体水平的提升，而这种提升是通过规模经济效应来实现的。事实上，商务部等印发关于《服务贸易发展"十三五"规划》指出：我国不断推进服务贸易对外开放和提升服务贸易便利化水平，据此扩大我国服务贸易规模和优化服务贸易结构，为生产性服务进口提供了保障支撑，而生产性服务进口规模的不断扩大和结构的不断优化，不仅推动了我国生产性服务贸易的快速发展，而且也带动了我国生产性服务业的规模化发展，凭借规模化的发展不仅提升了自身服务能力，能够满足制造商生产制造环节的中介服务要素的需求，从而有助于我国制造业升级。另外，在

制造业转型升级过程中企业将制造业某个环节进行服务外包，加速了对国外生产性服务更高层次的需求，推动了我国生产性服务贸易的快速发展，不仅能够为我国制造业发展提供高质量服务，而且也带动了我国生产性服务业的快速发展，两者相互作用、融合发展，致使生产性服务业规模不断扩大，实现生产性服务业规模经济效应，制造业可以间接获得规模经济效应，有利于制造业发展。因此，制造业企业可以通过与生产性服务业企业长期合作，有效降低交易费用，从而获得规模经济效应（刘明宇 等，2010），有助于实现我国制造业升级。模型（29）估计显示，生产性服务进口的估计系数为正但在统计上并不显著，模型（31）中 Sobel 检验的 p 值为 0.059 1，表明低端锁定效应在生产性服务进口促进制造业升级过程中存在中介效应，生产性服务进口确实有助于制造业产业结构整体升级水平的提升，这种提升是通过低端锁定效应来实现的，这与前文假设正好相反，而且模型（31）中的中介效应占总效应的比重为25%，低端锁定效应渠道力度较为明显。究其可能的原因在于：我国制造业嵌入由欧美等发达国家主导的全球价值链的过程中，制造业组装、加工环节往往被俘获、锁定于全球价值链低端环节（刘志彪 等，2009），然而我国实施服务业对外开放可以借助技术溢出效应和资源配置效应突破价值链低端锁定困局（陈明 等，2018），从而强化我国制造业国际分工参与程度，倒逼我国制造业转型升级。事实上，在我国推进制造业产业调整和转型升级的进程中，也常常受到国外如贸易摩擦等不确定因素冲击，其根本目的是牵制我国制造业在全球价值链中的地位和锁定我国制造业处于全球价值链低端的局面。为此，党的十九大明确要求我国要发展更高层次的开放型经济，坚持走出去和引进来并重的格局，通过扩大高端生产性服务引进来，引导和支持国内生产性服务业向专业化和价值链高端延伸，助推我国制造业朝着高级化和服务化方向发展，拓展制造业产品国际潜在市场空间。同时，着力推进制造业融入"一带一路"倡议，助推制造业参与价值链分工地位不断提升，以使制造业产业参与价值链分工的角色由

"参与者"向"引领者"转变，从而实现我国制造业升级。另外，将8种中介变量全部纳入3类制造业升级模型中进行验证，得到生产性服务进口的回归系数依次为0.793 2、5.011 7、0.383 9（不显著），与基准回归模型中的系数1.057 6、5.082 7相比，在幅度上有所下降，从侧面印证了在总体上生产性服务进口可以借助技术溢出效应、竞争效应等方式间接作用于制造业升级。

表8-5 生产性服务进口对制造业升级的中介效应检验 IV

	规模经济效应（scale_effect）				低端锁定效应（lock_effect）			
	M	$upgrade_1$	$upgrade_2$	$upgrade_3$	M	$upgrade_1$	$upgrade_2$	$upgrade_3$
	模型(25)	模型(26)	模型(27)	模型(28)	模型(29)	模型(30)	模型(31)	模型(32)
$import$	0.073 4 (0.147 4)	1.084 1** (0.289 6)	5.175 5*** (1.037 5)	0.449 5 (0.288 9)	5.590 1 (3.667 0)	1.061 3*** (0.285 6)	5.144 8*** (1.112 3)	0.397 2 (0.317 0)
fdi	0.000 9 (0.005 4)	-0.014 8 (0.028 0)	0.131 0* (0.075 4)	-0.045 5 (0.028 8)	0.133 1 (0.251 6)	-0.015 1 (0.027 6)	0.134 3* (0.075 4)	-0.046 3 (0.029 9)
$r\&d$	0.112 8 (0.371 4)	-2.546 0 (4.180 7)	-11.142 6 (8.892 5)	-9.392 4*** (2.871 8)	6.301 9 (15.518 7)	-2.582 7 (4.224 9)	-11.451 0 (9.050 0)	-9.461 5*** (2.855 8)
$staff$	0.092 5 (0.142 7)	0.895 3 (0.828 1)	1.302 0 (1.678 4)	2.858 1** (1.169 5)	6.414 6 (6.419 1)	0.866 0 (0.851 6)	1.110 1 (1.600 1)	2.795 4** (1.151 5)
$sprawl$	0.051 7 (0.034 5)	-0.099 8 (0.127 4)	-0.154 7 (0.218 7)	0.062 4 (0.076 5)	-1.864 7 (1.150 6)	-0.119 7 (0.123 9)	-0.155 1 (0.213 9)	0.054 0 (0.079 5)
M		-0.361 4 (0.399 8)	-0.522 3 (1.500 1)	-0.339 0 (0.374 7)		-0.000 7 (0.003 8)	-0.020 2** (0.009 3)	0.004 9 (0.005 2)
C	0.321 1*** (0.036 1)	2.380 5*** (0.165 5)	0.695 0 (0.523 0)	1.142 6*** (0.192 9)	-0.518 8 (1.132 7)	2.272 4*** (0.152 8)	0.598 0** (0.295 8)	1.043 6*** (0.157 2)
R	0.954 6	0.842 2	0.359 3	0.398 5	0.265 3	0.841 3	0.348 8	0.397 9
Sobel (p-value)		0.001 2	0.456 7	0.738 6		0.386 8	0.059 1	0.478 2
估计模型	FE	FE	RE	FE	FE	FE	RE	FE
观测值	450	450	450	450	450	450	450	450

8.3.2 基于商业存在下的分析

为了进一步深入理解生产性服务进口贸易对制造业升级的影响机制，本小节从商业存在角度出发，验证生产性服务业 FDI 对制造业升级的作用机制。如表8-6所示，模型（33）显示生产性服务业 FDI 的估计系数为正但在统计上并不显著，由模型（34）中 Sobel 检验的 p 值为0.000 0可以看出，生产性服务业 FDI 通过外资技术溢出效应促进制造业升级。本国制造业可以通过引进国外先进技术和管理经验，通过不断模仿和自主创新，提升企业生产技术水平，从而有利于制造业升级。模型（36）估计结果显示，生产性服务业 FDI 的估计系数为正但并不显著，模型（37）中 Sobel 检验的 p 值为0.008 4，说明生产性服务业 FDI 通过竞争效应抑制了制造业升级。本国制造商为满足制造业发展的中间投入要素需求，不断加大对国外生产性服务要素的引进力度，从而给本土市场带来了冲击；国内生产性服务业企业为了获取更多市场份额，不得不不断推进服务创新、提升服务质量和降低服务价格（顾乃华 等，2019），但企业过度竞争势必会造成要素扭曲，反而不利于制造业升级。

表8-6 生产性服务业 FDI 对制造业升级的中介效应检验 I

	外资技术溢出效应（sp_effect）			竞争效应（com_effect）		
	M	$upgrade_2$	$upgrade_3$	M	$upgrade_2$	$upgrade_3$
	模型（33）	模型（34）	模型（35）	模型（36）	模型（37）	模型（38）
ps_fdi	1.422 5 (3.111 1)	13.653 8** (6.915 4)	4.242 7*** (1.460 5)	-1.297 8 (1.130 3)	14.752 0* (7.948 7)	2.320 6* (1.327 9)
fdi	0.042 3 (0.050 6)	0.144 1* (0.084 4)	-0.064 1* (0.032 7)	-0.019 5 (0.021 4)	0.179 4* (0.096 7)	-0.009 7 (0.039 9)
$sprawl$	0.252 1 (0.187 6)	-0.171 2 (0.288 3)	0.120 0 (0.071 5)	-0.097 6 (0.079 6)	-0.010 5 (0.234 7)	0.131 2 (0.113 7)
$r\&d$	-1.675 1 (2.371 1)	-12.774 3 (9.939 9)	-6.158 6*** (1.875 7)	-3.145 7* (1.555 5)	-13.567 9 (10.057 8)	-8.400 6** (3.248 7)
$staff$	-0.000 4 (1.027 8)	1.725 7 (1.625 7)	0.356 0 (0.774 2)	1.267 0** (0.485 0)	1.606 6 (1.705 3)	2.379 1* (1.296 3)

表8-6（续）

	外资技术溢出效应（sp_effect）			竞争效应（com_effect）		
	M	$upgrade_2$	$upgrade_3$	M	$upgrade_2$	$upgrade_3$
	模型（33）	模型（34）	模型（35）	模型（36）	模型（37）	模型（38）
M		0.513 0*** （0.149 0）	−0.019 5 （0.044 5）		0.326 4 （0.774 2）	0.198 9 （0.282 0）
C	2.442 0*** （0.240 4）	−0.740 6 （0.480 4）	1.166 0*** （0.259 2）	1.036 8*** （0.098 5）	0.209 8 （0.579 7）	0.711 9* （0.409 4）
R^2	0.038 2	0.465 6	0.088 5	0.842 4		0.414 2
Sobel （p-value）		0.000 0	0.440 7		0.008 4	0.717 0
估计模型	RE	RE	FE	FE	RE	FE
观测值	360	360	360	360	360	360

如表8-7所示，模型（39）验证结果显示，生产性服务业FDI的估计系数显著为正，模型（40）显示了制度创新效应的估计系数为正但在统计上不显著，Sobel检验的p值为0.002 9，说明制度创新效应在生产性服务业FDI促进制造业升级过程中存在中介效应，表明生产性服务业FDI提升了制造业产业结构高级化水平，而且这种提升效应是通过制度创新效应来实现的。模型（41）估计显示中介变量制度创新效应的估计系数为正且在统计上较为显著，生产性服务业FDI的系数为正但在统计上并不显著，说明制度创新效应在生产性服务业FDI促进制造业升级过程中存在完全中介效应，表明生产性服务业FDI提升了制造业产业结构内部变革，而且这种提升效应是通过制度创新效应来实现的。制度创新效应与制造业产业升级存潜移默化的关系，随着服务贸易的快速发展，通过生产性服务业引进来渠道吸纳更多国外先进的管理经验，刺激本国经济制度变革和创新，从而间接促进我国制造业产业发展。

表8-7 生产性服务业 FDI 对制造业升级的中介效应检验 II

	制度创新效应（gov_effect）			消费需求效应（con_effect）		
	M	upgrade$_2$	upgrade$_3$	M	upgrade$_2$	upgrade$_3$
	模型（39）	模型（40）	模型（41）	模型（42）	模型（43）	模型（44）
ps_fdi	0.864 3**（0.361 2）	14.501 3*（7.748 8）	1.462 9（1.187 8）	1.779 5（8.910 6）	14.803 1*（7.770 9）	2.095 2（1.251 0）
fdi	0.014 6（0.011 3）	0.165 4*（0.093 4）	-0.023 7（0.035 3）	0.185 2（0.240 3）	0.176 7*（0.101 8）	-0.010 2（0.037 4）
sprawl	-0.019 9（0.033 2）	-0.038 8（0.298 9）	0.125 6（0.094 6）	0.342 8（0.731 6）	-0.087 9（0.287 4）	0.118 1（0.096 1）
r&d	1.646 8*（0.864 6）	-13.574 0（10.342 0）	-10.168 8***（2.894 8）	-8.198 3（18.688 2）	-13.283 9（10.133 6）	-9.176 8***（3.137 0）
staff	0.240 0（0.164 1）	1.653 9（1.916 6）	2.464 5*（1.247 4）	14.112 3**（5.539 1）	1.998 1（2.066 3）	2.890 3*（1.480 3）
M		0.107 84（0.443 0）	0.693 8**（0.330 6）		-0.011 2（0.038 5）	-0.018 4（0.019 4）
C	0.122 5**（0.058 3）	0.493 0（0.455 0）	0.880 6***（0.151 2）	2.597 7**（1.134 5）	0.515 6（0.431 3）	0.948 9***（0.164 4）
R^2	0.961 0	0.369 5	0.418 3	0.908 3	0.351 8	0.413 5
Sobel（p-value）		0.002 9	0.233 2		0.000 0	0.007 2
估计模型	FE	RE	FE	FE	RE	FE
观测值	360	360	360	360	360	360

模型（42）验证结果显示，生产性服务业 FDI 的影响系数为正但不显著，模型（43）、模型（44）Sobel 检验的 p 值分别为0.000 0、0.007 2，说明消费需求效应在生产性服务 FDI 促进制造业升级过程中存在中介效应，表明生产性服务业 FDI 有助于提升制造业产业结构高级化和制造业产业结构内部变革，而且这种提升是通过消费需求效应来实现的。国内生产性服务不能满足国内需求时，可通过生产性服务业引进来形式刺激国内生产性服务业的发展；本国生产性服务业发展水平的提升使得在引进国外生产性服务要素过程中对其质量提

出了更高层次的要求，新的生产性服务将应运而生，实现国内生产性服务量和质并重，进而为制造业提供更高质量的中间服务，有助于制造业升级。

如表8-8所示，模型（45）验证结果显示，生产性服务业FDI的估计系数为负但并不显著，模型（47）中Sobel检验的p值为0.017 7，说明物质资本积累效应在生产性服务业FDI促进制造业升级过程中存在中介效应，表明生产性服务业FDI通过物质资本积累效应抑制了我国制造业产业结构内部变革。大量的外资注入对我国产业升级作用十分有限，甚至在长期内不利于我国产业升级（杨军 等，2015）。模型（48）估计结果显示生产性服务业FDI的估计系数为负但在统计上并不显著，模型（49）中的Sobel检验p值为0.062 3，说明环境负担效应在生产性服务业FDI促进我国制造业升级过程中存在中介效应，生产性服务业FDI可通过环境负担效应抑制我国制造业产业结构高级化，这与前文假设完全一致。虽然对外开放在一定程度上有助于产业集聚，有利于企业集中生产、集中治污以及集约经营，相关研究也表明外商投资在一定程度上有利于环境改善（杨仁发，2015；景守武 等，2018）。但随着制造业集聚程度的提高，环境污染也在逐渐加深（周明生 等，2018）。随着居民人均收入水平的提高，居民环保意识逐渐增强，由此政府将通过强制性的环境规制要求制造业企业完善排污系统，制造业企业需要为自己的排放行为付出高昂的代价，而制造业企业在污染排放方面的资金投入过多，在生产经营方面就会减少，导致企业生产管理方面成本提高，成为制造业发展的障碍。

表8-8 生产性服务业FDI对制造业升级的中介效应检验 III

	物质资本积累效应（cap_effect）			环境负担效应（$envir\_effect$）		
	M	$upgrade_2$	$upgrade_3$	M	$upgrade_2$	$upgrade_3$
	模型（45）	模型（46）	模型（47）	模型（48）	模型（49）	模型（50）
ps_fdi	-0.373 0 (59.405 3)	14.689 5* (7.856 4)	2.060 7 (1.358 1)	-10.471 8 (6.861 1)	14.530 2* (7.703 6)	2.187 8* (1.249 1)
fdi	-0.308 1 (1.428 3)	0.174 9* (0.100 4)	-0.015 1 (0.035 8)	0.434 7 (0.265 8)	0.174 4* (0.100 0)	-0.018 8 (0.032 5)

表8-8（续）

	物质资本积累效应（cap_effect）			环境负担效应（envir_effect）		
	M	$upgrade_2$	$upgrade_3$	M	$upgrade_2$	$upgrade_3$
	模型（45）	模型（46）	模型（47）	模型（48）	模型（49）	模型（50）
$sprawl$	-14.096 1*** (4.075 9)	-0.118 1 (0.298 7)	0.045 3 (0.083 2)	-1.124 3 (1.578 5)	-0.066 4 (0.271 3)	0.113 3 (0.092 1)
$r\&d$	-103.696 4 (127.229 6)	-13.126 2 (10.381 4)	-9.515 6*** (3.031 1)	19.129 8 (22.673 8)	-13.284 0 (10.504 3)	-9.255 1*** (3.263 8)
$staff$	60.528 2* (30.187 7)	1.974 3 (1.841 8)	2.916 7** (1.344 9)	-0.576 3 (5.989 8)	1.728 9 (1.882 0)	2.637 9* (1.296 4)
M		-0.001 5 (0.003 6)	-0.004 7* (0.002 6)		-0.009 1 (0.020 2)	0.012 0 (0.020 6)
C	26.374 0*** (7.747 6)	0.541 6 (0.424 3)	1.006 6*** (0.146 4)	0.622 5 (1.298 1)	0.532 8 (0.430 4)	0.924 9*** (0.162 1)
R^2	0.928 8	0.379 8	0.417 0	0.951 2	0.365 7	0.413 4
Sobel（p-value）		0.800 4	0.017 7		0.062 3	0.194 3
估计模型	FE	RE	FE	FE	RE	FE
观测值	360	360	360	360	360	360

如表8-9所示，由模型（51）估计结果显示，生产性服务业FDI的估计系数显著为正，模型（52）估计结果显示中介变量规模经济效应估计系数为正但并不显著，Sobel检验的p值为0.000 1，说明规模经济效应在生产性服务业FDI促进制造业升级过程中存在中介效应，表明生产性服务业FDI确实有助于我国制造业产业结构高级化水平提升，而这种提升是依靠规模经济效应来实现的。生产性服务嵌入可以通过商业模式创新而引发更有效率的价值创造方式，从而有助于发挥潜在的规模经济优势，生产性服务业厂商与制造业厂商长期合作，形成超越一般市场交换的社会关系，通过信息交换和知识分享促进价值链整体效率水平提升（刘明宇 等，2010）。另外，将8种中介变量全部纳入3类制造业升级模型中进行验证，得到生产性服务进口的回归系数依次为12.111 6、

1.634 0（不显著），与基准回归模型中的系数13.701 4、2.062 5相比，在幅度上有所下降，从侧面印证了在总体上生产性服务 FDI 可以借助外资技术溢出效应、制度创新效应等方式间接作用于制造业升级。

表8-9 生产性服务业 FDI 对制造业升级的中介效应检验 IV

	规模经济效应（scale_effect）			低端锁定效应（lock_effect）		
	M	$upgrade_2$	$upgrade_3$	M	$upgrade_2$	$upgrade_3$
	模型（51）	模型（52）	模型（53）	模型（54）	模型（55）	模型（56）
ps_fdi	0.446 5 (0.303 7)	14.223 4* (7.447 8)	2.208 3* (1.121 4)	20.369 2 (18.829 9)	15.726 1** (7.914 5)	1.934 2 (1.192 4)
fdi	-0.011 1 (0.007 9)	0.169 0* (0.098 2)	-0.017 2 (0.033 1)	-0.060 0 (0.374 0)	0.174 4* (0.094 9)	-0.013 2 (0.035 0)
$sprawl$	0.057 4 (0.044 1)	-0.024 5 (0.278 5)	0.130 6 (0.097 8)	-2.260 4 (1.373 2)	-0.115 7 (0.271 4)	0.126 1 (0.102 5)
$r\&d$	-0.033 5 (0.388 3)	-14.144 0 (10.424 1)	-9.037 2*** (3.101 1)	3.579 7 (15.755 5)	-12.695 5 (10.308 3)	-9.048 8*** (3.070 7)
$staff$	0.067 5 (0.175 7)	1.594 1 (1.854 8)	2.653 1* (1.287 6)	6.971 1 (7.194 6)	1.651 3 (1.868 6)	2.587 1* (1.269 4)
M		0.341 0 (1.305 6)	-0.326 5 (0.297 0)		-0.021 0** (0.009 6)	0.006 3 (0.005 9)
C	0.367 1*** (0.054 3)	0.433 8 (0.521 8)	1.034 2*** (0.177 1)	1.232 6 (1.280 1)	0.526 3 (0.408 6)	0.914 4*** (0.161 2)
R^2	0.958 1	0.361 8	0.412 5	0.270 3	0.356 1	0.412 4
Sobel (p-value)		0.000 1	0.513 8		0.183 3	0.290 2
估计模型	FE	RE	FE	FE	RE	FE
观测值	360	360	360	360	360	360

8.4 本章小结

第3章深入探讨了生产性服务进口贸易对制造业升级的影响机制，发现生产性服务进口贸易可以通过规模经济效应、技术溢出效应、竞争效应、制度创新效应、消费需求效应、环境负担效应和低端锁定效应等诸多路径间接影响制造业升级，因此，本章从产业间升级视角和产业内升级视角出发，利用中国2007—2021年30个省域的省际面板数据和24个省域的省际面板数据，使用中介效应检验方法分别验证了在跨境交付下生产性服务进口对我国制造业升级的影响机制和在商业存在下生产性服务业FDI对我国制造业升级的影响机制。得出如下主要结论：

第一，跨境交付下，生产性服务进口确实促进了我国制造业升级水平的提升，而这种提升是通过生产性服务进口贸易技术溢出效应、竞争效应、制度创新效应、消费需求效应、规模经济效应、低端锁定效应来实现的，但生产性服务进口通过物质资本积累效应和环境负担效应抑制了我国制造业升级。

第二，商业存在下，生产性服务业FDI确实促进了我国制造业升级水平的提升，这种提升是依靠外资技术溢出效应、制度创新效应、消费需求效应和规模经济效应来实现的，但生产性服务业FDI通过竞争效应、物质资本积累效应和环境负担效应抑制了我国制造升级。

第9章 生产性服务进口贸易促进制造业升级的国际实践——以美、日、韩为例

9.1 美国生产性服务贸易促进制造业升级的实践

9.1.1 美国生产性贸易服务贸易现状

1995年WTO正式成立及服务贸易总协定（GATS）的正式运行，意味着各国的服务业市场有序开放，国际服务贸易更加规范和透明化，这为美国的生产性服务贸易高速发展提供了良好的基础。美国的生产性服务贸易总额由1999年的1 790.04亿美元上升到2018年的6 123.01亿美元，增幅达242.06%，年均增速达到13.45%；生产性服务贸易差额由1999年的457.04亿美元上升到2018年的1 894.42亿美元，增幅达到314.50%。具体来看，美国的专利使用费和特许费的出口额由1999年的477.31亿美元上升到2018年的1 287.48亿美元，可以发现，美国在生产性服务出口方面具有竞争优势并且美国在全球分工给所处位置较高。另外，金融、保险的进出口规模由1999年的401.54亿美元上升到2018年的2 032.64亿美元，增幅达到406.21%。计算机、通信和信息技术服务、建筑服务尽管贸易额持续上升，而贸易逆差却持续提高。

9.1.2 美国制造业发展历史

从1776年《独立宣言》发布，历经100多年的发展，美国已经发展成为世界制造业强国。纵观美国制造业发展历程，总结其经历了以下阶段。

随着第一次工业革命在欧洲的兴起，机器生产逐步取代工场手工业，生产力得到大幅提高。美国开始以高额奖金吸引欧洲的高技术人才以获得新技术。1790年，美国国会通过专利法案，随后美国发明专利申请速度加快。19世纪30年代，美国制造业中已经开始产生产品标准化以及零部件标准化和生产分工思想，但美国熟练工人与非熟练工人工资比例较欧洲低，这体现出美国非熟练工人通过使用机器在一定程度上弥补了生产技能不足。在机器大范围使用同时，标准化零件开始在武器、钟表以及农具的生产中广泛使用。19世纪50年代，美国农具公司已经开始使用传送带进行装配，形成了连续生产流程并实现流水线作业，制造体系不断完善。同时，美国通过征收国产税、关税以及发行国债、国外借款等方式进行资本原始积累，为早期制造业发展提供了资本支持。技术自主创新、机械化和流水线生产为美国制造业的蓬勃发展打下了坚实的基础，美国制造业在这一时期实现了初步发展。

随着南北战争的结束，美国进入以工业化为中心的发展阶段并逐渐掀起了西部开发的热潮，制造业进入快速发展阶段。美国人口和工业开始向西部流动，丰富的自然资源得到开发。俄亥俄州、印第安纳州、伊利诺伊州等地发现了大量煤炭，宾夕法尼亚州、西弗吉尼亚州、加利福尼亚州、俄克拉何马州等地陆续发现了石油，苏必利尔湖周围、亚拉巴马州等地采出大量铁矿石。

随着上述自然资源的开采利用，美国的城市化进程开始加速。在北部出现了底特律、芝加哥等城市；在内陆沿河地区出现了匹兹堡、哥伦布、辛辛那提等城市；南部的伯明翰、新奥尔良、休斯敦等城市开始兴起。这一时期，美国制造业资本也实现了快速积累。一些在南北战争中获利的资本家和公司进行了再投资，外国资本也扩大了在美国的投资规模，同时一些企业也通过公开发行股票进行筹资。在制造业实现资本积累的同时，这一时期资本主义世界正在进行第二次工业革命。19世纪后期，美国专利交易机构不断涌现，这使得技术创新更加专业化。与此同时，内燃机、发电机等发明得到推广并规模应用，这为美国制造业的快速发展奠定了技术基础。在这一时期，美国确立了制造业强国的地位并实现了对欧洲的追赶。

1914年8月，第一次世界大战全面爆发。1917年7月，美国成立了战时工业局，负责战时协调工业生产和分配，此后又陆续成立了粮食管理局和联邦铁路管理局等，对战时经济进行直接管理和干预。美国向交战方出售大量军火，并以此为契机向国际市场进军，对推动美国制造业的发展产生了重大影响。第一次世界大战结束，美国在经历了短暂的经济危机后进入了柯立芝繁荣时期。这一时期的经济繁荣，主要表现为制造业蓬勃发展。战后，美国需要满足居民因战争而受到抑制的日用品需求，而资本家们也开始大规模更新固定资产并进行技术创新。在生产组织方面，很多大企业开始推行"产业合理化运动"，在生产过程中实施"泰勒制""福特制"等新的生产组织方式，极大地提高了劳动生产率。但1929年，美国经济进入了大萧条时期，股市崩盘，制造业也受到了巨大冲击。1939年9月，第二次世界大战全面爆发。与之前类似，美国依靠对外军售获得了大量的资金，这对美国制造业的发展起到了极大的拉动作用。

20世纪70年代初，美国进入了经济滞胀期。1973年底，石油输出国组织（OPEC）提高原油价格引发了经济危机，美国制造业受到了严重的影响和冲击，失业率达到战后新高，制造业增速放缓。与此同时，受到日本、德国、中国等国制造业的影响与冲击，美国制造业发展停滞不前，直到20世纪末有所恢复。进入21世纪后，美国在信息技术上的投资和应用在不同产业部门间进行溢出和扩散，有力地促进了制造业的发展。

9.1.3 美国制造业产业结构

2008年，美国房地产泡沫破灭后引发金融危机，导致全球主要金融市场出现流动性不足的危机。此次金融危机的爆发对美国制造业也造成了严重冲击。分产业部门看，金融危机对耐用品冲击较大，耐用品产值降幅达22.3%，其中：初级金属制品产值大幅下降34.8%，机动车辆、车身和拖车及零部件产值下降33.2%，电脑及电子制品产值下降21.2%，电气设备、电器和部件产值下降18.7%。非耐用品产值下降10.4%，其中：纺织厂和纺织品厂产值降幅最大，达28.1%，石油和煤炭制品产值下降20.5%，塑料和橡胶制品产值下降也达到了18.6%。政府出台了一系列产业政策，在这样的刺激下，美国制造业产值出现了大幅增长。2015年，美国制造业产值达5.71万亿美元，较2010年的5.02万亿美元大幅增长了13.7%；耐用品产值从2.38万亿美元增长到2.90万亿美元，增长了21.8%；非耐用品产值从2.64万亿美元增长到2.80万亿美元，增长了13.7%。通过对比可以发现，耐用品产值增幅远高于非耐用品产值增幅。耐用品中，增幅较大的产业部门分别是木制品，机动车辆、车身和拖车及零部件，其他运输设备，非金属制品以及其他制品，上述制造业产业部门产值增幅均超过28.0%。非耐用品中，增幅较大的产业部门分别是塑料和橡胶制品、食品饮料和烟草制品，上述两个制造业产业部门产值增幅均超过18.0%，但服装、皮革及相关产品，石油和煤炭制品的制造业产业部门产值却出现大幅下降。这也在一定程度上表明美国正在放弃自身不具备比较优势的产业部门，其制造业产业结构在发生调整和变化。进入新世纪以来，美国制造业产业部门结构也发生了重要变化。从耐用品与非耐用品占制造业产值比重看，耐用品比重从2000年的0.57下降到2010年的0.47后开始回升，并维持在0.51左右，2000—2018年下降了6个百分点。而非耐用品比重从2000年的0.43上升到2010年的0.53后开始回调，并维持在0.49左右，2000—2018年增加了6个百分点。可以看出美国制造业产值构成中耐用品与非耐用品所占比重已经比较接近。从具体产业部门看，耐用品比重下降主要是因为电脑及电子制品所占比重下降所致。

9.1.4　美国利用生产性服务贸易促进制造业升级的主要措施

（1）出台和完善相关法规。美国政府出台了铁路法案、航空规制缓和条款等一系列法律法规,把竞争引入运输行业,促进国内运输行业的发展,为客户提供更好的服务,降低运输成本等。在资本市场,出台了《银行公平竞争法》《金融服务现代化法》等,对银行金融业务的监管稍有放松,使得美国金融服务业获得了长足发展。20世纪60年代开始,美国出台了《信息公开法》《联邦政府信息资源管理条例》和《域名保护法案》等法规,为信息服务业的发展提供了良好的政策和法律环境,从而借助信息服务业更好地推动制造业的转型升级。

(2)大力扶持生产性服务业。美国官方出台了一系列促进生产性服务业发展的政策,如"国家信息基础设施行动计划""全球信息基础设施行动计划""新一代互联网计划""21世纪的信息技术计划"等,大力扶持信息服务业的发展;出台了各种法规,放松对金融的管制,使得金融业获得较好的发展。美国还通过制定相应财政税收政策鼓励生产性服务业的发展,如设立财政资助和补贴、提供低息贷款等方式。另外,美国还建立了包含研究生、本科生和职业教育等多层次的人才培养体系,并在行业协会的组织下开展在职教育,推行非学位培训教育,颁发相应的资质证书,支持生产性服务业专业人才在国内和国际的交流与沟通,为生产性服务业的发展提供相应的人才支撑。

(3)推动生产性服务贸易的发展。美国为了促进生产性服务贸易的发展,不但出台了《外贸法》《贸易与关税法》等一系列法律法规,而且还借助WTO积极推进国际多边贸易谈判,实现全球范围内服务贸易的逐步自由化。同时,美国积极与以色列、加拿大和墨西哥等国签订区域性的自由贸易协定,推动小范围的服务贸易自由化。

9.1.5 美国生产性服务贸易促进制造业升级对我国的启示

(1)要推动生产性服务业与制造业融合发展。一方面要大力发展先进制造业,尤其是在人工智能、大数据等新技术的推动下,实现制造业的智能升级,发展智能制造,从而提高国内对生产性服务业的有效需求。另一方面可通过进口高质量生产性服务业产品，推动制造业向高端迈进，制造业服务化也将有助于我国生产性服务业融入全球价值链，加入国际服务贸易分工体系，进而增强出口竞争力，扩大出口规模。除此之外，也需要出台和完善相关法律法规，制定施行一系列可行的税收优惠政策。

（2）要改善生产性服务贸易产业结构。一方面可以加大对金融、保险等知识技术密集型生产性服务行业的资金和人力资本投入，与高校及第三方协会建立合作，建立起研究生、本科生和职业教育等多层次的人才培养体系，开展在职教育，解决生产性服务企业研发资金短缺和高端复合人才稀缺的困难。另一方面可通过不断提升我国生产性服务行业创新能力，满足多样化的需求市场，改善我国生产性服务贸易产业结构。

（3）要进一步推动生产性服务业对外开放。一方面，可以选择金融、保险等知识技术密集型生产性服务行业，积极稳妥地扩大市场准入，提高外资利用效率和质量。另一方面，可以通过区域贸易合作推动服务业扩大开放，以"一带一路"倡议为契机，把生产性服务业作为与"一带一路"共建国家开展多边自由贸易的战略重点。

9.2 日本生产性服务贸易促进制造业升级的实践

日本政府通过政府部门和行业协会在促进生产性服务业与制造业互动发展上扮演了更为重要的角色。如日本政府借助信息行业协会促进信息服务业的发展，带动了信息通信设备、器材等相关制造业的发展；日本善于将军用技术民用化，充分利用军用技术的优势帮助制造业迅速地占领市场，提高其市场竞争力。随着制造业的发展，日本制造业对生产性服务的需求由以传统生产性服务为主逐渐转变为以知识密集型生产性服务为主，但日本对信息化趋势的认识不足，致使日本信息服务业发展相对滞后，未能与制造业实现更好地融合，导致其在与美国制造业竞争中失利。在促进生产性服务业与制造业互动发展方面，美日都出现了生产性服务业和制造业的聚集，如旧金山海湾经济区、硅谷，东京周边的马歇尔新产业区等，不仅为制造业的发展带来了技术、人才、资金，实现信息共享、降低成本等，还可以更好地实现生产性服务业和制造业两个产业的共同发展。

9.2.1 日本生产性服务贸易现状

20世纪中后期，服务业开始在发达国家得到大力发展，日本经济也开始转向服务业。20世纪80年代后，日本加大了服务业对外直接投资，使之成为主要的对外投资形式。日本生产性服务业增加值在1970—1997年持续上升，在1998—2009年呈现小幅上下波动的趋势，之后基本处于相对稳定的态势。日本生产性服务业增加值占服务业增加值比重整体呈下降趋势。生产性服务行业中，房地产、租赁和其他商业服务增加值的比重呈现波动上升的趋势，上升幅度最大；金融保险业增加值整体保持稳定，经过1978—2009年这四十多年发展，没有出现明显变化；而运输仓储和通信业增加值比重及批发零售业增加值比重均呈下降趋势。

20世纪90年代后，伴随着日本服务业的快速发展，日本服务贸易也呈现快速发展的态势，其出口总量一直位于世界前五位。服务贸易总额由2000年的1 843.51亿美元增长至2015年的3 378.13亿美元，其中生产性服务贸易总额由2000年的1 455.82亿美元增长至2015年的2 793.68亿美元，很明显生产性服务贸易增长速度高于服务贸易的增长速度。结合日本生产性服务贸易影响制造业升级的现实，重点分析日本生产性服务进口贸易的现状。根据ITC数据库统计数据显示，日本生产性服务进口贸易额自2000年的807.63亿美元波动上升至2014年的1 579.81亿美元，2015年又下降至1 485.14亿美元，其占服务贸易进口额的比重由2000年的70.16%波动下降至2005年的69.99%，2015年这一比重高达84.57%，说明生产性服务业在服务进口贸易中占据非常重要的地位。自2000年以来，日本生产性服务业分行业进口贸易额都出现了不同程度的增长。金融服务进口贸易额增长速度最快，通信、计算机和信息服务及其他商业服务进口贸易额的增速较大，而保险服务、建筑服务、专利及运输服务的进口贸易额增速较为缓慢。

经过多年发展，日本生产性服务行业进口贸易结构产生了一定的变化。其他商业服务进口贸易比重由2000年的30.08%波动上升至2015年的40.98%，在生产性服务进口贸易中占比最高；运输服务进口贸易比重由2000年的41.27%波动下降至2015年的27.57%；专利进口贸易比重由2000年的13.63%上升至2005年的15.57%，到2015年该比重为11.13%。由此可见，日本进口贸易以其他商业服务、运输服务和专利服务为主。

9.2.2　日本制造业发展历史及产业结构

9.2.2.1　日本制造业发展历史

二战以后，日本制造业开始兴起之路。主要分为以下三个时期。

（1）1946—1991年，日本首先依靠大力发展煤炭、钢铁、电子等基础原料工业来带动制造业的恢复和发展。引进欧美先进技术和设备，使得日本在这一时期恢复了造船、重型电机等传统制造业，新建了电子、石化和合成纤维等新型工业。1956—1973年这近二十年，是日本制造业快速发展时期，制造业产业年均增速在20%以上，这一阶段制造业主要以重化工业为主。1974—1991年是日本制造业相对稳定的繁荣时期，其占GDP的比重一直在40%以上，而且实时地调整产业结构，半导体工业、集成电路等新领域得到快速发展，其技术水平领先全球，达到了日本制造业的巅峰。

（2）1992—2002年，这一时期由于现代物流业对制造业发展的支撑不足、政府经济政策失误、国际环境恶化等原因，使得日本制造业转型升级乏力，日本制造业生产指数甚至出现负增长，制造业利润减少，大量制造业企业倒闭破产，致使日本自90年代开始，面临着长达10年之久的经济调整期，也被称为日本"失去的十年"。但日本制造业在国际上仍然占据重要的地位，其制造业增加值占GDP的比重仅次于德国。

（3）2003年开始，日本制造业开始逐步复苏崛起，其产值开始快速增长，制造业出口也呈现较大幅度的增长，而且实现了2003年至2007年第一季度连续16个季度的销售额持续增长。日本制造业劳动生产率远高于该国平均劳动生产率，而且高于英国、德国等发达国家的制造业劳动生产率。但是，2008年金融危机的爆发阻断了日本制造业的重新崛起，使得日本制造业又陷入了新一轮的衰退。

9.2.2.2 日本制造业产业结构

按照日本的产业分类标准，日本制造业在战后主要经历了四个阶段：轻工业—重工业—组装工业—制造业信息化、服务化。劳动密集型、资本密集型和技术密集型等三类制造业增加值在1980—1992年整体呈上升态势；1992年之后，劳动密集型制造业增加值基本上呈现持续下降的趋势，资本密集型和技术密集型呈上下波动趋势；而2008年之后，三类制造业增加值明显下降。自1980年开始，日本制造业逐渐由劳动密集型和资本密集型制造业向技术密集型制造业转移，这在一定程度上反映出日本制造业的产业升级。

9.2.3 日本利用生产性服务贸易促进制造业升级主要措施

（1）健全相应的法律法规。为了更好地推动生产性服务业的发展，完善的法律法规是其发展的重要保障。日本为了促进信息产业的发展，颁布了《电子信息振兴临时措施法》《信息处理振兴事业协会法》《特定电子工业及特定机械工业临时措施法》《IT基本法》和《推动形成高度信息化社会基本法》等。日本1995年颁布了《科学技术基本法》，而且将其提高到介于宪法和专门法之间的位置,由此可见,其要大力发展科技服务业的态度;颁布了《银行法》《保险业法》和《证券交易法》等规范金融保险业,并适当放松对其管制;出台了《建筑业法》《建筑基准法》和《测量法》等,规范建筑业的市场准入和行业管理;还专门制定了《职业训练法》,要求企业对职工进行专业知识、工作技能和管理知识等方面的培训,为经济发展提供高素质的人才奠定坚实的基础。

(2)政府大力扶持生产性服务业发展。日本政府为推动生产性服务业的发展,根据不同的经济发展时期,制定出相应的整体战略规划。如为了推动信息服务业的发展,日本在1994—1996年期间推出了5个战略规划,包含了产业的初级发展到结构升级等详细的规划;设立"IT战略会议",制定"U-Japan"构想等推动日本IT业的发展。自1996年开始,日本政府连续制定了为期5年的科学技术基本计划,改变以前的科研思路,增加了对基础性研究的科研经费投入比重,改善研究开发环境,完善科技创新机制,切实提高创新能力,增加科技服务对制造业转型升级的促进作用。日本政府为生产性服务业的发展提供了资金上的保障。通过政府拨款和几大银行提供低息贷款,推动生产性服务业基础设施的建设,增加对其科研经费的投入。以信息服务业为例,日本在该行业科研经费投入持续增加,已经远远超过了日本财政收入与其预算的增加水平。日本为了发展信息服务业,成立数据库振兴中心等专门机构,通过政府直接注入资金、由金融机构提供低息贷款、政府进行债务担保等方式为软件开发、数据库建设等提供充足的资金。日本政府对科技服务业进行科研补助、实施委托研究和进行研究奖励等方式,促进日本科技服务业实现跨地区、跨机构和多群体的竞争合作,更好地整合了科技服务资源,使其得到更好的发展。日本政府特别重视人才的培养。日本曾制定了"240万科技人才开发综合推进计划",以大学生、研究生和科研人员为对象,着力培养尖端科技人才;推行"21世纪卓越中心计划",资助多项重点科研项目,为专业人才的培养提供良好的环境;实施"科学技术人才培养综合计划",制定吸收国外优秀科研人员和留学生的政策等，为发展高科技产业提供人才储备。

（3）注重行业协会在发展生产性服务业中的作用。在促进生产性服务业发展方面，日本行业协会起到了非常重要的作用。相关研究指出，日本在发展信息服务业的起步阶段，就成立了信息处理振兴事业协会和信息服务业产业协会等，并出台专门针对该类协会的法规，充分发挥行业协会对信息服务业监管与协调的作用，使得日本的信息服务业得到了快速发展。另外，日本政府还借助信息服务业的各种协会沟通政府与企业之间的关系，为信息服务业企业提供技术咨询和帮助其实现信息技术研究成果的产业化。日本在1970年成立了物流管理协会和物流管理委员会，并开展"物流管理师"和"国际物流管理师"等资格培训班和研修班；1992年这两个组织合并设立日本物流系统协会，对物流服务业的发展进行市场指导、规范市场竞争秩序，并提供信息咨询服务等；日本物流学会除开展物流学术活动外，还积极推进物流管理的合理化与现代化建设，并对在此方面具有贡献的人给予奖励，极大地促进了日本物流业的发展。日本农业协会（简称"农协"）为农业发展提供技术支持、农林金融保险服务、市场信息服务等生产性服务。

（4）大力发展生产性服务贸易。逐步放开国内服务市场，并采取一定的鼓励措施发展生产性服务贸易，一方面可以更好地带动国内生产性服务业的发展，另一方面可以降低生产和交易成本、提高多样化水平，为制造业发展提供更有力的支持。自20世纪60年代中期开始，日本通过引进轿车车身设计技术、内外饰生产技术、安全以及控制尾气排放污染技术等，日本汽车产品在技术上逐渐达到了世界先进水平。自20世纪70年中期开始，日本逐渐放松对服务贸易的管制，适度对外开放服务业市场，减少贸易壁垒，尤其是专利技术等服务的进口，促进了本国科研技术水平的提高和制造业的快速发展。在亚洲金融危机后，日本首先选择放松对金融业的管制，加大了开放力度，并出台了《外汇及外贸管理法》，但直到20世纪90年代，日本金融改革仍未取得实质性进展，导致金融服务业发展相对滞后，风险资金供给不足，创新型中小企业资金短缺，使得日本丧失了挑战美国信息业的机会。自20世纪80年代开始，日本的服务业FDI开始超过制造业FDI，成为日本对外直接投资的主要形式，以计算机软件、动漫、信息产业等为主，与制造业相关的技术咨询、专利使用等是服务业FDI另一重要组成部分，金融保险和房地产等对外直接投资也出现了明显增加。

（5）加强生产性服务业与制造业的互动发展。日本政府认为，导致日本制造业转型升级乏力的重要因素是现代物流业对制造业的支撑不足。因此，日本政府明确指出物流改革是制造业升级中最为重要的课题之一，提出现代物流服务发展的方向、制定了详细的《综合物流政策实施大纲》、引入物流业竞争机制，推动现代物流业的快速发展。日本成立 IT 战略部，将信息服务业作为重点发展行业，加强其与制造业的融合，使得日本制造业在工业技术、生产环节等方面的信息化、精细化和智能化程度得到了显著提高。通过信息技术的发展带动了信息设备等相关制造业的发展。另外，日本善于将军用技术民用化，充分利用军用技术的优势帮助制造业迅速地占领市场，提高其市场竞争力，如2002年东芝推出的"家用电器终端"就是军工技术民用化的成果。相关研究发现，日本生产性服务业与制造业联动发展有力地推动了制造业转型升级。

9.2.4 日本生产性服务贸易促进制造业升级对我国的启示

（1）要大力发展生产性服务业。在制造业发展迅速的时期，美日都伴随着生产性服务业的快速发展；而日本经历的"失去的十年"中，由于生产性服务业发展滞后等原因，使得日本制造业转型升级乏力，这在一定程度上说明生产性服务业对制造业的发展有着非常重要的作用。因此，我国要实现制造业转型升级，需要优化发展生产性服务业，包括完善相应法律法规，加大政府扶持力度，注重人才培养，重视行业协会在促进生产性服务中作用等。

（2）大力发展生产性服务贸易。日本自20世纪70年代中期开始，逐渐放松对服务贸易的管制，适度对外开放服务业市场，尤其是专利技术的进口，促进本国科研技术水平的提高和制造业的快速发展。我国生产性服务业发展相对滞后，可以借鉴日本开放生产性服务业的经验，逐渐开放生产性服务市场，大力发展生产性服务进出口贸易，提高生产性服务 FDI 和 OFDI，不仅能更好地带动国内生产性服务业的发展，还可以降低生产性服务的成本、提高其多样化水平，为制造业发展提供更有力的支持。

9.3　韩国生产性服务贸易促进制造业升级的实践

9.3.1　韩国生产性服务贸易现状

韩国致力于发展以促进出口为主的外向型经济。2022年，实现外贸总额1.4万亿美元，其中，出口6 839.5亿美元，较上年增长6.1%；进口7 311.8亿美元，较上年增长18.9%。中国、美国、越南是韩国前三大贸易伙伴国。此外，韩国是亚洲首个与欧盟、美国及中国均签署自由贸易协定（FTA）的国家。2021年韩国吸引外资（申报额）290.4亿美元，同比增长40.7%，连续7年超过200亿美元；外资实际到位182.5亿美元，同比增长59.4%。韩国产业以制造业和服务业为主，造船、汽车、电子、钢铁、纺织等产业产量均进入世界前10名。

据统计，2022年韩国生产性服务贸易进出口额达到2 200亿美元以上，近几年韩国的生产性服务贸易增速有所提升。从生产性服务贸易的结构来看，韩国前三位的生产性服务出口行业是：运输服务、其他商业服务、电信服务，占本国服务出口比重分别为39%、25.5%和6.9%，合计占总出口额71%，运输服务稳居韩国服务出口第一，其他商业服务和电信服务占比上升。同时韩国运输服务在世界上也占有较高的份额，占世界运输服务总出口额3.5%，其他生产性服务贸易行业占比均不超过3%。

9.3.2 韩国制造业发展历史及产业结构

（1）1960—1971年，韩国制造业起步阶段，凭借劳动力优势大力发展轻工业出口贸易。1961年，韩国人均GDP仅93美元，属于世界贫穷国家行列。这个时期韩国的优势在于廉价劳动力多，海运条件好，所以大力发展纺织、家具、食品、制鞋等轻工业；1962—1971年，韩国国内生产总值年均增长率为8.7%，出口年均增长36%，出口总额从5 480万美元飙升到了12亿美元，人均国内生产总值达到了288美元。在此期间，韩国政府启动了电力、交通、通信、仓库等基础设施建设，为制造业2.0打好了坚实的基础。

（2）1972—1981年，通过政府重点扶持，大力发展重工业。1973年石油危机爆发后，韩国发现劳动力成本上涨，轻工业优势不再，决定从劳动密集型的轻工业转向资本密集型的重工业，经过政府的资本加持，1972—1981年，韩国钢产量由每年91万吨增加到了1 210万吨，造船由每年19万载重吨增加到了412万载重吨，汽车产量由每年1.8万辆增加到了120万辆；电子产业方面，1980年韩国黑白电视机出口量达514万台，居世界第一位，彩电出口位居世界第三位，计算机、电子手表、通信器材也大量出口。这十年，韩国工业年均增长速度达19%，人均国内生产总值从316美元增加到了1 719美元。

（3）1982—2013年，韩国从贸易治国向科技治国转变。具体而言，就是发展新型电子、新能源、新材料、生物工程、人工智能等等。这一阶段，韩国的工业化不再一味追求速度，而是注重调整结构，从追求"量"变成了追求"质"。政府和企业开始集中人力、物力、财力，进行科技项目攻关。一大批科研机构成立，高科技人才被引进，企业也大力奖励创新科研开发，这些举措直接提升了韩国产品的科技含量，也推动了韩国经济的高速发展。1995年，韩国GNP总值4 517亿美元，位居世界第11位，人均产值为10 076亿美元，外贸总额达2 002亿美元，位居世界第12位。此时，韩国的造船、电子、钢铁、汽车等产业指标位居世界前列，其产品能与美、日、欧一较高下。一年后，韩国被世界经济合作与发展组织（OECD）接纳为第26个成员国。OECD是"富人俱乐部"，穷国没资格参加。韩国能加入，意味着其已成为中等发达国家，正在向发达国家迈进。

（4）2014年至今，韩国政府提出以智能制造和培育融合型产业为主的"领跑"战略。韩国提出制造业创新3.0，期望以智能制造和培育融合型新产业为主，实现韩国在全球新一轮工业革命中的"领跑"。为此，推出了大力推广智能制造、提升重点领域的产业核心力、夯实制造业创新基础等三大战略。到目前为止，从制造业领域来看，韩国在汽车制造、电子、半导体、造船、化工、钢铁等领域的实力位居全球前列。以汽车制造为例，历经60年的快速发展，韩国汽车工业达到了全球先进水平，汽车出口到全球市场，实力最强的便是现代和起亚。在造船领域，韩国是首屈一指的，尤其是在LNG船订单方面，韩国更是处于垄断地位，拿走了全球大部分订单。在半导体领域，韩国在全球产业链中占据着极其重要的位置。韩国半导体产业的集大成者便是三星电子，三星在2017年超越美国英特尔成为全球第一大半导体厂商，在全球前五大半导体厂商中，韩国独占两席，除了三星电子，还有一家便是SK海力士。整体来说，韩国从1961年到2021年这60年间，通过二代人的努力，创造了"汉江奇迹"，迈入了发达国家行列，人均GDP从1961年的93美元增长至2019年的31 800美元，实现了342倍的增长。

9.3.3 韩国利用生产性服务贸易促进制造业升级主要措施

9.3.3.1 利用生产性服务贸易促进制造业数字化和智能化升级

生产性服务贸易为韩国制造业提供了技术咨询和解决方案，帮助企业了解并应用数字化和智能化技术。这些服务企业与制造业合作，根据制造企业的需求，提供量身定制的技术解决方案，包括工业物联网、人工智能、大数据分析等技术的应用方案。例如，在数字化和智能化升级方面，韩国现代重工公司与生产性服务企业合作，引入了先进的工程设计和系统集成技术，实现了数字化和智能化生产线的搭建。通过这些解决方案，韩国制造业能够更好地理解先进技术并加以应用，从而提高生产效率、产品质量和技术水平。

生产性服务贸易提供工程设计与系统集成服务，助力韩国制造业实现数字化和智能化技术的应用。服务企业为制造企业设计和实施数字化生产线、智能工厂等解决方案，包括自动化设备的选型和布置、智能控制系统的设计和集成等。韩国政府与产业界合作，推动了智能制造平台的建设，如工业4.0智能工厂示范项目。截至目前，韩国已建成了多个智能工厂示范项目，涵盖了汽车制造、电子制造等多个行业，有效提升了韩国制造业的数字化水平和生产效率。

生产性服务贸易搭建智能制造平台，实现了生产过程的数字化、网络化和智能化。这些平台集成了各种数字化和智能化技术，为制造业提供全方位的生产管理和控制功能。例如，韩国的智能制造平台不仅涵盖了工业物联网、云计算、人工智能等先进技术，还为制造企业提供了实时的生产数据分析和预测功能，帮助企业更好地管理生产过程并做出决策。韩国制造业通过这些平台实现了生产过程的全面监控和管理，实时优化了生产计划、调整了生产流程，提高了生产效率和灵活性。

韩国的职业培训机构与生产性服务企业合作，开设了针对数字化和智能化技术的培训课程，培养了大量数字化和智能化领域的专业人才，助力韩国制造业提升员工的技术水平和工作能力。服务企业开设各种培训课程和技术研讨会，培养制造业中的技术人才和专业人士，推动数字化和智能化技术的广泛应用。近年来，韩国制造业的数字化和智能化人才储备大幅增加，为制造业的持续发展提供了有力支撑。

9.3.3.2 利用生产性服务贸易促进制造业供应链整合与协同

韩国通过积极与生产性服务企业合作，使制造业能够更好地优化供应链管理,提高生产效率、降低成本,并加强与供应商之间的协同合作,以应对市场的变化和挑战。

韩国的物流服务企业通过引入先进的物流管理系统和技术,提供了高效的物流运输服务,为制造业实现了物流的智能化和优化。如今韩国的物流企业利用物联网技术,实现了对运输车辆的实时监控和调度,提高了物流运输的效率和可靠性。据统计,依靠物流服务企业的支持,韩国制造业的物流成本平均降低了10%,为企业节约了大量成本。

生产性服务贸易也加强了供应链管理和供应商协同。韩国的供应链管理服务企业通过建立数字化供应链平台,实现了对供应链的全面管理和监控。这些平台集成了各种供应链管理工具和技术,包括供应商管理、库存管理、订单管理等功能,帮助制造企业实现了供应链的可视化和透明化。例如,韩国的某供应链管理企业利用区块链技术,建立了供应链金融平台,实现了对供应链资金流动的实时监控和管理,提高了供应链的资金利用效率。据统计,依靠供应链管理服务企业的支持,韩国制造业的供应链响应速度提高了20%以上,为企业提供了更加灵活和高效的供应链管理解决方案。

韩国的供应商质量管理服务企业通过引入先进的质量管理技术和方法,帮助制造企业提高了对供应商质量的监控和评估能力。例如,某供应商质量管理企业利用人工智能和大数据分析技术,实现了对供应商质量的预测和预警,帮助制造企业及时发现和解决供应商质量问题。

9.3.3.3 利用生产性服务贸易促进制造业智能制造平台搭建

生产性服务贸易助力韩国制造业实现生产过程的数字化、网络化和智能化,提高生产效率、产品质量和市场竞争力的同时,对韩国智能制造平台建设也有着关键作用。

韩国政府于2015年启动了"工业4.0"战略,提出了建设智能工厂和智能制造平台的重要举措。政府出台了一系列政策和措施，支持企业开展智能制造平台的建设和应用。截至目前，韩国已建成了多个智能制造平台示范项目，涵盖了汽车制造、电子制造等行业，为制造业的数字化和智能化转型提供了重要支撑。

韩国的生产性服务企业通过提供工程设计与系统集成服务，帮助制造业进行智能制造平台的搭建和应用。例如，韩国的某工程设计公司与现代汽车集团合作，设计和实施了智能制造平台项目，包括生产线的数字化、网络化和智能化，以及生产过程的实时监控和数据分析等功能。

在与他国的生产性服务贸易中获取技术咨询与解决方案，帮助制造业实现智能制造平台的定制化和优化。韩国的生产性服务企业根据制造企业的需求，提供量身定制的智能制造平台综合解决方案，包括工业物联网、云计算、人工智能等技术的应用等。例如，韩国的某智能制造平台服务企业通过引入先进的人工智能和大数据分析技术，为制造企业提供了智能生产调度和优化方案，实现了生产过程的智能化管理和优化。

9.3.4 韩国生产性服务贸易促进制造业升级对我国的启示

（1）政府的战略规划和政策导向有助于引导产业发展方向，激发企业投入到生产性服务贸易领域的积极性。充分发挥民营企业的作用，在全球化竞争极其激烈的领域，保持高效的企业运营效率至关重要。因此，国家应鼓励这些企业继续保持民营企业的身份，避免盲目国有化的冲动。与此同时，也应该通过产业政策避免资本本能性的无序扩张，要使这些企业与国家大的方向政策保持一致，保证资源投向那些国家急需的产业，比如芯片、大飞机、云计算、新能源汽车等。

（2）强调创新驱动和技术引领，不断推动产业升级和转型。韩国之所以取得今天的成就，很大程度上是因为其在技术来源上，牢牢坚持了自主创新这个根本,没有造成企业对于国外技术尤其是合资的过分依赖。韩国强调创新驱动和技术引领,不断推动产业升级和转型。韩国制造业与生产性服务企业共同致力于技术创新和应用,推动了数字化和智能化技术的广泛应用。中国可以加强创新能力建设,提高技术自主创新能力,推动产业升级和转型。

(3)与国际合作伙伴开展了广泛的合作,共同推动生产性服务贸易的发展。通过开放合作,韩国制造业得以充分利用国际市场资源和先进技术,提高了产业竞争力和国际影响力。中国可以积极参与国际合作,借鉴和吸收国际先进经验,促进产业发展。学习韩国在扶持企业的时候坚持的出口导向原则,那些依靠自身过硬的产品和技术在国际市场上占据一席之地的企业应该得到更多的扶持和社会资源。

第10章 研究结论、对策建议与研究展望

10.1 研究结论

本书通过深入探讨理论机理,即探究生产性服务进口贸易如何影响制造业升级,主要从规模经济、生产性服务进口贸易技术溢出、竞争效应、制度创新、消费需求、物质资本积累、环境负担和低端锁定等诸多途径揭示了生产性服务进口贸易影响制造业升级影响的机理,据此提出了相应研究假设;同时从跨境交付和商业存在角度出发,通过构建数理模型刻画二者之间是否存在内在的函数关系;在此基础上,从制造业产业间升级视角、制造业产业内升级视角和价值链升级视角出发,构建了多维制造业升级指数,基于跨境交付和商业存在角度,依托省级面板数据和行业面板数据,结合静态面板、动态面板 GMM、中介效应等方法,从区域层面和行业层面检验生产性服务进口贸易对制造业升级的影响。本书主要研究结论如下:

10.1.1 生产性服务进口贸易影响制造业升级的理论机理

(1)生产性服务进口贸易可通过技术溢出效应促进制造业升级。制造业企业可以借助生产性服务进口渠道引进国外先进技术、管理经验等,并通过"干中学"提升生产技术水平,促使本国制造业优化与转型升级。此外,制造业企业引进高质量的中间服务品作为其中间投入,通过提升企业生产技术水平倒逼产业链上相关企业革新旧工艺、旧理念以提升技术水平,最终实现制造业

升级。

（2）生产性服务进口贸易可通过竞争效应促进制造业升级。生产性服务企业一方面不断改进原有的生产工艺、管理模式，另一方面促使生产性服务价格降低。这使得制造业获得低价格、高质量的生产性服务，有助于制造业实现向高级化、服务化全面升级。此外，竞争促使生产性服务企业将生产要素集中到更具优势的环节以提高服务质量、降低服务成本，进而降低制造业企业转型升级的成本。

（3）生产性服务进口贸易可通过制度创新效应促进制造业升级。在经济全球化背景下，面对国际市场竞争格局，制度创新对企业创新的推动作用越发凸显，适应本土市场的制度机制将有利于制造业企业技术创新，能有效促进制造业通过生产性服务贸易"引进来"吸纳更多适用于本土的先进理念和管理制度，并带动产业变革，进而加速本国相关经济制度的创新，促进产业转型升级发展。

（4）生产性服务进口贸易可通过消费需求效应促进制造业升级。生产性服务"引进来"会极大地刺激消费需求进口，进口的生产性服务一般都是高质量的，此种服务一旦进入国内市场，就会引致相关企业提升产品质量的潜在需求。因此，一旦降低生产性服务进口的准入门槛，就会激发出巨大的生产性服务消费需求。而生产性服务消费需求的扩大，可以直接增加高质量产品占总产品的比例，从而助推制造业升级。

（5）生产性服务进口贸易可通过物质资本积累效应促进制造业升级。一国或地区贸易快速发展将有利于贸易总量的增长，从而加速物质资本积累，使得资源配置效率得以提升，最终推动产业转型升级。各国由于经济发展水平和发展阶段不同，通过生产性服务贸易发展实现资本积累的方式也存在差异。对于发展中经济体，可通过引进高技术含量的生产性服务产品弥补国内生产性服务产品的不足，从而实现本国高技术物质资本积累，这对制造业升级起到不可或缺的作用。

（6）生产性服务进口贸易可通过环境负担效应抑制制造业升级。随着制造业的集聚发展，环境污染也在逐渐加深。而生产性服务进口贸易的快速发展，加快了生产性服务业发展速度，有利于形成集聚发展，其集聚发展在一定程度上缓解了工业污染排放，有效改善环境污染问题。我国生产性服务与工业发展并不能达到完全匹配的格局，从而阻断了生产性服务进口贸易引发生产性服务业规模化发展和集聚发展在清洁生产过程中所释放的规模经济效应减排机制。

（7）生产性服务进口贸易可通过规模经济效应促进制造业升级。制造企业与生产性服务企业进行的长期合作，一方面有利于降低生产成本和交易成本，获得更多的规模经济效应；另一方面有利于制造厂商有效规避在价值链其他环节的投入，集中于极具竞争力的业务，使资源得到优化配置和高效利用，获得更多的规模经济效应。生产性服务进口贸易有助于我国生产性服务业朝着专业化、规模化方向发展，并凭借自身服务能力增强推进制造业生产效率不断提升，从而有助于我国制造业产业升级。

（8）生产性服务进口贸易可以通过低端锁定效应抑制制造业升级。我国制造业虽然可以通过生产性服务进口贸易渠道引进海外先进技术加剧我国技术水平提升速度，但也致使制造厂商对国外技术的过度依赖，导致我国制造厂商研发设计能力不足、营销创新惰性，致使制造业产业被锁定在全球价值链低端，我国制造业陷入低端锁定的僵局，这不利于制造业转型升级。

10.1.2　中国生产性服务进口贸易与制造业升级的特征事实

本书依托中国生产性服务进口贸易数据和制造业升级数据，从总体层面、地区层面和行业层面出发，分析生产性服务进口贸易和制造业升级的时序变化特征。首先，分析生产性服务进口贸易总体规模的时序变化特征和生产性服务进口贸易结构的时序变化趋势；其次，分析制造业升级的水平的时序变化特征。

得出主要结论如下：

（1）从生产性服务进口贸易总体规模来看，2001—2021年无论是跨境交付下还是商业存在下生产性服务进口贸易总体呈上升趋势。从生产性服务进口贸易结构来看，2001—2021年生产性服务进口细分行业占比呈波动变化趋势。技术服务进口占比总体呈波动上升趋势，金融服务进口占比总体呈波动下滑的趋势，运输服务进口占比总体呈平稳变化的趋势，信息服务进口占比总体呈波动上升的趋势，商务服务进口占比总体呈波动下滑的趋势。总体来看，运输服务进口占比最高，商务服务进口占比次之，技术服务进口占比随后。2001—2021年生产性服务业FDI细分行业占比呈波动变化趋势。交通运输、仓储和邮政业外商直接投资占比总体呈波动下滑的趋势，信息传输、计算机服务和软件业FDI占比总体呈波动上升的趋势，批发和零售业FDI占比总体波动下降的趋势，金融业FDI占比总体呈波动上升的趋势，租赁和商务服务业FDI占比总体呈波动下降的趋势，科学研究、技术服务和地质勘查业FDI占比总体呈波动上升趋势。

（2）从行业层面来看，2001—2017年间我国制造业28个行业内部变革指数均值均大于1，说明我国制造业产业结构内部变革总体向好。从地区来看，我国制造业产业结构整体升级指数呈波动变化特征，总体呈上升趋势，东部地区制造业产业结构整体升级指数高于中部地区和西部地区。我国制造业产业结构高级化指数呈波动变化特征，总体呈下降的趋势，东部地区制造业产业结构高级化指数呈波动变化趋势，持续维持在1以上水平，东部地区制造业产业结构高级化水平较高；中部地区制造业产业结构高级化指数呈现由大于1转变为小于1最终小于1的变化特征；西部地区制造业产业结构高级化指数呈基本小于1，西部地区制造业产业结构高级化水平不高。近年来，我国制造业产业结构内部变革指数较高，基本维持在1以上水平，均值为1.069，东、中、西部地区制造业产业结构内部变革指数均值均在1以上。

(3)从生产性服务进口贸易与制造业升级的基本关系来看,无论是跨境交付下还是商业存在下,抑或价值链升级视角下,生产性服务进口贸易与制造业升级之间存在较为明显的正相关关系,但也出现了较为边缘的观测点,这意味着生产性服务进口贸易与制造业升级之间的正相关关系可能存在一定的差异,因此,需要设定合适的计量模型并结合经验证据验证生产性服务进口贸易与制造业升级之间的相关关系。

10.1.3 生产性服务进口贸易对制造业产业间升级的影响效应

依托中国2007—2021年30个省域的省际面板数据和24个省域的省际面板数据,基于制造业产业间升级视角构建制造业升级指数(制造业升级指数包括制造业产业结构整体升级和制造业产业结构高级化两个指数)验证生产性服务进口、生产性服务业FDI对我国制造业产业间升级的影响。

(1)在跨境交付下,生产性服务进口贸易对制造业产业间升级具有显著的促进作用,生产性服务进口贸易不仅可以促进制造业产业结构整体升级,而且还可以有效促进制造业产业结构高级化,生产性服务进口贸易影响制造业产业结构高级化的效果最为突出。在商业存在下,生产性服务业FDI影响制造业产业结构整体升级的作用尚不显著,但对制造业产业结构高级化却具有显著的促进作用。

(2)生产性服务进口贸易对制造业产业间升级的影响存在明显的空间差异。在跨境交付下,生产性服务进口有效促进东部地区制造业产业间升级,而对于中西部地区,生产性服务进口贸易甚至阻碍了制造业产业间升级;在商业存在下,生产性服务业FDI对东部地区制造业产业间升级存在明显的正向影响效果,但对中西部地区制造业产业间升级甚至存在阻碍作用。

10.1.4　生产性服务进口贸易对制造业产业内升级的影响效应

基于产业内升级视角，从行业层面和区域层面出发，构建制造业产业结构内部变革指数，并基于2001—2021年28个制造业行业面板数据、中国2007—2021年30个省域的省际面板数据和24个省域的省际面板数据，使用广义最小二乘法、面板GMM估计等方法分别验证了跨境交付下生产性服务进口贸易对我国制造业升级的影响和商业存在下生产性服务业FDI对我国制造业升级的影响。

（1）从行业层面来看，跨境交付下生产性服务进口显著促进了我国制造业升级，这种促进作用存在明显的行业异质性，金融服务进口、运输服务进口与商务服务进口显著促进了我国制造业升级，而技术服务进口和信息服务进口对我国制造业升级的作用并不显著；商业存在下，生产性服务业FDI显著促进了我国制造业升级，这种促进效应存在明显的行业异质性，"信息传输、计算机服务和软件业FDI""科学研究、技术服务和地质勘查业FDI"的估计系数并不显著；"批发和零售业FDI""金融业FDI"的估计系数显著为负；"交通运输、仓储和邮政业FDI"和"租赁和商务服务业FDI"显著促进了我国制造业升级。

（2）从区域层面来看，无论是跨境交付下还是商业存在下，生产性服务进口贸易显著促进了我国制造业升级。生产性服务进口贸易对制造业升级的影响存在明显的区域差异，在跨境交付下生产性服务进口贸易对东部地区制造业产业结构内部变革的影响系数并不显著，而商业存在下生产性服务业FDI对东部地区制造业产业结构内部变革的影响系数在统计上较为显著。对于中西部地区而言，生产性服务进口贸易甚至阻碍了制造业升级。

10.1.5　生产性服务进口贸易对制造业价值链升级的影响效应

制造业价值链升级是衡量制造业升级的关键要素，也是制造业全球价值链地位提升、增强国际竞争力的重要途径。本书从价值链升级视角出发，基于影响机理分析的基础上,并结合2016年WIOD发布的数据,首先重点考查2001—2014年生产性服务进口对制造业价值链地位提升的影响效应;其次考查2001—2014年生产性服务进口对制造业价值链地位提升影响的行业异质性。

(1)无论是否考虑劳动生产率的影响,生产性服务进口均显著促进制造业价值链地位提升。在引入生产性服务进口与劳动生产率的交互项之后,生产性服务进口及其与劳动生产率的交互项系数分别为26.3071和-4.9984,说明当劳动生产率处于较低水平时,生产性服务进口有助于我国制造业价值地位的提升。

(2)生产性服务进口对我国制造业价值链地位提升影响存在明显的行业异质性,生产性服务进口影响劳动密集型制造业的价值链地位提升作用不显著,生产性服务进口显著抑制了资本密集型制造业价值链地位提升,而生产性服务进口对技术密集型制造业价值链地位提升具有显著的促进作用。此外,企业管理成本越高越不利于我国制造业价值链地位提升,资本规模的扩大有利于我国制造业价值链地位提升,但外商直接投资、研发投入、研发人员对我国制造业价值链地位提升的作用并不显著。

10.1.6 机制检验

本书通过探讨生产性服务进口贸易对制造业升级的影响机理,发现生产性服务进口贸易主要通过技术溢出效应、竞争效应、消费需求效应、物质资本积累效应、制度创新效应和环境负担效应等诸多方式间接对制造业升级产生影响。因此,本书从产业间升级视角和产业内升级视角出发,利用中国2007—2021年30个省域的省际面板数据和24个省域的省际面板数据,使用中介效应检验方法分别验证了跨境交付下生产性服务进口对我国制造业升级的影响机制和商业存在下生产性服务业FDI对我国制造业升级的影响机制。得出如下主要结论:

（1）在跨境交付下，生产性服务进口确实促进了我国制造业升级水平的提升，而这种提升是通过生产性服务进口贸易技术溢出效应、竞争效应、制度创新效应、消费需求效应、规模经济效应、低端锁定效应来实现的，并且制度创新效应是推动我国制造业朝着高级化方向转变和制造业内部变革的关键要素。此外，生产性服务进口也通过物质资本积累效应和环境负担效应抑制了我国制造业升级。

（2）在商业存在下，生产性服务业 FDI 确实促进了我国制造业升级水平的提升，这种提升是依靠外资技术溢出效应、制度创新效应、消费需求效应和规模经济效应来实现的，但生产性服务业 FDI 通过竞争效应、物质资本积累效应、环境负担效应抑制了我国制造升级。此外，生产性服务业 FDI 对制造业升级的中介效应检验中，低端锁定效应并不显著。

10.2 对策建议

根据研究结论以及国际实践总结，本书提出如下关于加快推进生产性服务进口贸易发展、促进我国制造业升级的对策建议：

（1）扩大高质量生产性服务进口比重，加大高端生产性服务进口，推动我国制造业升级。

通过实证验证，我们可以清晰地看到生产性服务进口贸易在促进我国制造业升级方面的显著作用。这种促进作用不仅体现在对劳动密集型、资本密集型和技术密集型制造业整体的升级上，更在于推动了我国制造业朝着高级化方向发展以及制造业产业结构内部的深刻变革。

在贸易保护主义有所抬头的背景下，我国制造业面临着前所未有的挑战。增强产品的国际竞争力，加快制造业转型升级成为我国制造业的迫切需求。扩大高质量生产性服务的进口，不仅有助于引入国外的前沿技术和丰富的管理经验，而且对于推动我国制造业向更高附加值领域转变具有深远的影响。通过引进国外的先进技术，我们可以加速自身技术的更新换代，提高生产效率和产品质量，降低生产成本，从而增强我国制造业在国际市场上的竞争力。此外，国外的管理实践为我国制造业的发展提供了宝贵的借鉴。学习并应用这些经验，可以优化我国制造业的生产流程、管理体系和市场运营策略，进一步提升制造业的整体水平。更重要的是，扩大高质量进口还能够推动我国制造业产品从低附加值向高附加值转变。在这一过程中，制造业的产业结构将得到优化升级，实现由劳动密集型向技术密集型、资本密集型的转变。这将使我国制造业在全球价值链中的地位得到提升，为我国经济的持续健康发展提供有力支撑。

要实现这一目标，我们需要从多个方面入手。首先，需要加快我国制造业从劳动密集型、资本密集型向技术密集型变革的步伐。这要求我们要在保持传统制造业的竞争优势基础上，大力发展高新技术产业和战略性新兴产业。包括加大对新技术、新工艺、新材料的研发和应用力度，推动制造业向数字化、智能化、绿色化方向发展。同时，要加强产学研合作，促进科技成果转化，提高制造业的整体技术水平。其次，通过扩大高端生产性服务的进口，可以引进国外先进的技术和设备，提高我国制造业的生产效率和产品质量，这不仅可以提高我国关键制造业产品的竞争力，还可以推动我国制造业向全球价值链的高端攀升。在这一过程中，我们要注重消化吸收再创新，将引进的先进技术与我国制造业的实际情况相结合，形成具有自主知识产权的核心技术，进一步增强我国关键制造业产品的竞争力。同时，需要引导制造业向服务化方向发展。随着经济发展和消费升级，服务化已经成为制造业发展的一个重要趋势。扩大服务类中间品的进口，可以引进国外先进的服务理念和服务模式，推动我国制造业向服务型制造转变。这不仅可以提升制造业产品的附加值和市场竞争力，还可以推动我国经济结构的转型升级。在这一过程中，我们要加强制造业与服务业的协同发展，推动制造业向价值链高端延伸，实现制造业与服务业的良性互动。

再次，增加能实现制造业可持续发展的高端生产性服务类的进口也是至关重要的。在全球环境问题日益严峻的背景下，绿色发展已经成为制造业发展的必然选择。通过引进国外先进的节能环保技术和环境服务，可以缓解生产性服务贸易进口所带来的环境负担效应，推进我国生产性服务与制造业朝着绿色化、服务化方向融合发展。这不仅有助于提升我国制造业的可持续发展能力，还可以为全球环境保护做出贡献。具体来说，这些高端生产性服务和技术包括先进的生产工艺、环保材料、智能制造解决方案等。例如，智能制造技术的引进可以提高生产过程的自动化和智能化水平，从而提高生产效率和产品质量。同时，环保材料的使用可以减少生产过程中的污染排放，有利于改善环境质量。最后，我们还需要关注生产性服务进口贸易对制造业升级的影响机制。具体来说，生产性服务进口可以通过技术溢出效应、竞争效应和产业升级效应等多种机制来促进制造业升级。技术溢出效应和竞争效应可以激发企业的创新活力，推动制造业的技术进步和产品质量提升；产业升级效应则可以从根本上改变制造业的发展模式，推动制造业向更加绿色、智能、高端的方向发展。

总之，在贸易保护主义抬头的背景下，我国制造业的发展面临着前所未有的挑战和机遇。扩大高质量生产性服务进口并加大高端生产性服务的进口力度是推动我国制造业升级的重要途径。通过加快制造业向技术密集型和服务型转变、增加高端生产性服务进口以及推动绿色化发展等措施的实施，我国制造业可以进一步提升国际竞争力和可持续发展能力，实现制造业升级水平提升和高质量发展。同时，我们还需要加强与国际社会的合作与交流，通过参与国际经济合作组织、推动多边贸易协定的签署等方式，共同应对贸易保护主义的挑战，推动全球经济的繁荣与发展。

（2）加大对技术密集型的先进制造业扶持力度，放宽市场准入限制，有序推进生产性服务对外开放。

我国旅游服务居高不下，导致我国生产性服务业对外开放水平不高。而本书已经证实生产性服务进口对制造业高级化的促进作用最为明显，主要原因在于生产性服务进口贸易有益于技术要素在国际上的流动。引进国外生产性服务要素方式吸引大量技术要素注入我国制造生产环节，有益于我国技术密集型制造业的发展，在一定程度上对我国劳动密集型和资本密集型制造业的发展空间起到压缩和束缚作用，从而推动了制造业向更为高级化、智能化的方向发展。因此，提升生产性服务业对外开放水平，促进生产性服务进口，对于我国制造业的技术升级和结构优化具有重要意义。需要进一步加强政策引导，推动生产性服务领域的国际交流与合作，以期加快我国制造业的转型和发展。

为了实现我国制造业向高级化方向发展，政府应加快完善和合理制定支持生产性服务贸易发展的相关政策，在秉持"有序开放"原则，防范产业安全风险的基础上积极稳妥地放宽生产性服务贸易市场准入限制，积极引导和鼓励引进国外高端生产性服务要素投入到生产制造环节，实现生产要素优化配置，更好地满足制造业发展的要素需求。尽管生产性服务在我国的发展较快，但我们也必须认识到，生产性服务进口对制造业高级化的促进作用将对整个经济产生深远影响，这一点应当引起政府和相关部门的高度重视。因此，政府在推动生产性服务对外开放的同时，还应该注重协调各行业之间的发展，以实现整体经济的协同发展，从而助推我国制造业朝着高级化的方向不断迈进。值得注意的是，政府在制定政策时应审慎考虑各方面的利益和风险，确保政策的有效性和可持续性。同时，政府还应加强对生产性服务贸易市场的监管和管理，建立健全的监管体系，防范各种潜在风险和不良影响。通过这些努力，政府可以为我国制造业的高级化发展提供更加有力的支持，推动经济结构优化和产业升级。

当前，我国经济发展方式发生了深刻变化，正在由"量"到"质"跨越性转变，而制造业升级恰恰又是高质量发展的关键举措，为加快推进制造业转型升级，增强经济高质量发展优势，应当逐步放宽或取消我国金融、知识产权领域的先进生产性服务进口市场准入限制。通过放开这些限制，我国可以引进更多先进的生产性服务，不仅可以提升我国制造业的整体技术水平和竞争力，还可以加速我国制造业在全球价值链中的位置升级，增强我国制造业在产品设计与研发、市场销售与管理等"微笑曲线"两端的业务能力。此外，通过引入海外生产性服务，我国还能够优化供给结构，从根本上解决我国制造业在供给端的困境。这不仅能够促进我国制造业的转型升级，还能够提高产业链的附加值，推动我国经济由传统制造业向高端制造业和服务业的转型。

随着制造业向智能化、自动化、数字化方向迈进，对高端生产性服务的需求日益增加。这不仅是全球范围内的共同趋势，也是我国制造业发展的必然选择。在这一背景下，政府在加大对技术密集型先进制造业的扶持力度的同时，应当着重关注高端生产性服务的发展。一方面，由于高端生产性服务需要具备较高技术水平和专业知识的人才支撑，而这些人才的培养需要长期的系统性培训和教育。因此，政府应当加大对人才培养的支持力度，可以通过加大对相关专业人才培训的投入、建设更多高水平的人才培训基地、设立奖学金和补贴政策等措施，吸引更多的人才从事相关领域的学习和研究，以满足制造业对高端生产性服务人才的需求；另一方面，鉴于高端生产性服务往往依托于先进的科学技术和创新成果，需要不断进行技术研发和创新，政府应当加大对技术研发的支持力度，可以通过增加科研经费投入、支持企业和科研机构开展相关技术研究，鼓励技术创新和成果转化，推动高端生产性服务的不断提升和更新换代，为我国制造业引进更多高素质、高水平的生产性服务要素，提升我国制造业的整体水平和核心竞争力。

虽然我国生产性服务业发展迅速，但是与制造业发达国家的生产性服务业相比，我国生产性服务业国际化程度相对低，表现为海外营收占总营收的比重低、对外开放程度低等特点，导致我国高端制造业对国外的生产性服务业依赖程度较高。为改变这一现状，应积极利用国际资源发展高端生产性服务业；继续扩大服务业对外开放，通过吸引国际高端人才和投资获得更多溢出效应。政府可以通过积极与国外高水平技术企业和研究机构建立合作平台，通过技术合作、人才交流和项目对接等方式，吸引国外先进生产性服务要素进入我国制造生产环节；还可以与国外技术企业和研究机构共同开展国际合作研发项目，通过联合攻关、共享成果等方式，借鉴国外先进经验和理念，不断提升自身发展能力，从而促进我国制造业的技术创新和提升，提高产业竞争力和国际地位，推动我国制造业的技术升级和转型。

（3）稳步推进制度创新，提升生产性服务进口便利化水平，驱动制造业内部变革。

2018年以来，随着中美贸易摩擦不断升级，美国对中国加征关税主要涉及航空、工业机器人、新能源汽车等十大高科技产业，而这些产业是"中国制造2025"计划中主要发展的产业，短期内，我国制造业恐难实现技术升级。研究表明，生产性服务进口有助于我国制造业内部变革，因此，通过制度创新来改善我国生产性服务进口贸易便利化水平，可以助推我国制造业产业结构内部变革。

一方面，应该充分发挥地方的积极性和创造性，不断推动在服务贸易管理体制、开放路径、促进机制、政策体系、监管制度、发展模式等方面的先行先试。在服务贸易管理体制方面，地方政府可以探索建立更加灵活的管理机制。例如，可以在一些服务贸易试点城市，探索建立简化审批程序、优化监管机制的管理体制，加快服务贸易便利化进程；在开放路径方面，地方政府可以积极主动地拓展对外开放的渠道和领域。可以通过建设自由贸易试验区、开展服务贸易自由化试点等方式，吸引更多的服务贸易企业和项目落地，推动服务贸易的开放与发展；在促进机制方面，地方政府可以建立健全激励机制，鼓励企业积极参与服务贸易，通过给予税收优惠、提供财政补贴、设立专项资金等方式，引导和支持企业开展服务贸易业务，促进服务贸易的繁荣发展；在政策体系方面，地方政府可以根据本地的实际情况，制定更加灵活的政策举措，为服务贸易的发展营造良好的政策环境；在监管制度方面，地方政府可以探索建立更加适合本地实际情况的监管制度，通过加强对服务贸易的监管力度，提高监管效率，保障服务贸易的安全和稳定，提升监管水平，促进服务贸易的规范化发展；在发展模式方面，地方政府可以探索建立更加创新的发展模式，推动服务贸易的转型升级，通过发展数字经济、推动产业互联网发展等方式，探索新的服务贸易发展模式，提高服务贸易的质量和效益。在不断优化营商环境的同时，还要最大限度地激发市场活力，促进生产性服务贸易的创新发展，从而引领全国生产性服务贸易迈入高质量发展的新境界。通过建设创新型生产性服务贸易示范区，培育和引进一批具有国际竞争力的服务企业，提升我国生产性服务贸易的整体水平和国际影响力，进而打造生产性服务贸易创新发展高地，带动全国生产性服务贸易进入高质量发展的新阶段。我们还应加强与发达国家的技术合作，积极吸收和借鉴先进技术和管理经验，推动我国生产性服务贸易的技术创新和提升，以实现全面开放新格局的构建和我国经济的高质量发展。

另一方面，应大力发展服务新业态、新模式，积极研究探索对海关特殊监管区域外"两头在外"的研发、设计、检测、维修等服务业态实行保税监管。随着科技的不断进步和经济的快速发展，新型的服务业态层出不穷。为了加快推动服务贸易便利化，我们需要大力发展这些新业态、新模式。这包括但不限于数字经济、互联网医疗、智能物流等领域。通过支持和鼓励这些新兴行业的发展，可以为服务贸易的创新和提升提供新的动力和机遇。关于海关特殊监管区域外"两头在外"的服务业态实行保税监管的探索，可以有效地促进跨境服务贸易的发展，为服务业企业提供更加便利的海外运营环境。例如，对于一些跨境电商、跨境物流等服务企业，在海关特殊监管区域外实行保税监管，可以有效降低企业的运营成本，提高其国际竞争力。同时，深入改革通关监管制度，为与服务贸易相关的货物进出口提供最大化的通关便利条件。通关环节的便利化对于促进服务贸易的发展至关重要。在通关监管制度方面，可以采取一系列措施，如简化报关手续、优化通关流程、提高通关效率等，以确保货物的快速通关，为服务贸易的顺利进行提供有力支持。加大金融、科技、信息等新兴生产性服务进口的力度，可以为我国制造业的转型升级提供重要支持和保障。引进先进的生产性服务要素，可以促进我国制造业的产业结构优化和升级，提高国际竞争力和核心竞争力，从而激发引进的生产性服务要素对我国制造业产业结构内部变革的促进作用。

（4）积极鼓励生产性服务"引进来"，深化多双边合作的体制机制，改善我国制造业升级水平。

经验证据证实了生产性服务进口贸易可以通过多种途径间接提升我国制造业升级水平，而这种提升效应主要通过规模经济效应、竞争效应、技术溢出效应等间接方式实现。

一方面，积极拓展生产性服务进口贸易内容。在巩固运输、广告、宣传和其他商业服务合作成果的基础上，加快推进金融服务、科技服务和信息服务"引进来"。具体来说，金融服务可以为制造业提供融资支持和风险管理工具，促进企业扩大规模和提升效率；科技服务可以帮助企业引进先进的生产技术和管理经验，提高其技术水平和创新能力；而信息服务则可以提供市场信息、营销策略等支持，帮助企业更好地了解市场需求，调整生产结构，提高产品竞争力，从而更好地为我国制造业转型升级提供更多的技术、知识、管理经验等。首先，通过积极拓展生产性服务进口贸易内容，我国制造业可以引进先进的技术和管理经验。例如，引入国外先进的生产线设备和生产工艺，有利于提高我国企业的生产效率和产品质量；引进先进的管理经验和模式，可以帮助企业优化运营管理，提高管理水平和竞争力。其次，生产性服务进口贸易还可以帮助我国制造业优化供应链管理。通过引入国外优秀的物流和供应链管理服务，可以提高供应链的效率和灵活性，以达到降低企业的成本和风险、加快产品上市速度、提升市场竞争力的目的。最后，积极拓展生产性服务进口贸易还可以加速我国产品的创新与升级。引进国外先进的研发支持和技术咨询服务，可以帮助我国企业加速产品创新，推出更具竞争力和市场需求的新产品，实现从传统制造向智能制造的转型升级。但生产性服务贸易产品要求具备较高的技术和知识水平，因此需要配备素质更高的从业人员。我国虽然拥有大量劳动力资源，但其整体知识水平和专业技能相对较低，与生产性服务业对高素质专业人才的需求不相符。人才的培养迫在眉睫。而生产性服务进口贸易正可以为我国制造业培养人才和促进技术交流提供机会：引进国外专业的技术培训和人才交流服务，可以提升我国企业的人才队伍水平，增强创新能力和技术储备，推动产业技术升级与人才培养。那些在海外从事生产性服务行业、积累了丰富经验的高级专业人才，可以利用其已有的能力、经验和人脉等资源为我国生产性服务业的发展注入新的活力。

另一方面，深化多双边合作体制机制也是促进生产性服务"引进来"的关键。我们可以通过降低市场准入门槛、简化审批手续、提供优惠政策等举措建立更加开放和便利的贸易合作机制，吸引更多外国生产性服务提供商进入中国市场。同时，加强与发达国家和新兴市场国家的贸易合作，促进生产性服务的引进和技术的交流。立足周边，依托"一带一路"倡议，进一步推动与周边国家及"一带一路"沿线重点国家的多双边及区域金融、电子信息、资产评估、海外救援等生产性服务合作机制，促进区域间贸易往来，加强互联互通，提升贸易合作的效率，为我国制造业提供更多的服务支持和保障。通过建立联合研发中心、共享平台等合作机制，促进技术交流和经验分享，提升中国制造业的创新能力和竞争力。通过与这些国家建立更紧密的合作关系，共同推动服务贸易领域的发展，构筑更高水平、更大范围、更高标准的自由服务贸易区网络，以更加开放务实的姿态推动服务贸易朝着自由化、便利化、全球化方向发展，破除制造业跨越发展的深层次难题，为中国制造业提供更多的服务资源和市场机遇，助力我国制造业实现跨越式发展。

推动服务贸易全球化是深化多双边合作的长远目标之一。我们需要通过加强与国际组织和合作伙伴的合作，共同推动服务贸易规则的制定和执行，促进服务贸易的全球化进程。同时，加强与发达国家和新兴市场国家的交流与合作，吸引更多国际生产性服务提供商进入中国市场，为中国制造业的升级提供更多选择和支持。此外，我们也需要重视国内生产性服务供给的提升。只有在国内生产性服务业发展壮大的基础上，才能更好地吸引外部优质服务资源，实现国内外生产性服务的有机结合。因此，政府不仅可以通过加大对生产性服务业的支持力度，推动其转型升级和提升服务质量，还可以采取措施优化生产性服务市场环境，降低市场准入门槛，促进企业间的合作与竞争，推动生产性服务业的健康发展。

总之，积极鼓励生产性服务"引进来"，并深化多双边合作的体制机制，是推动我国制造业升级的重要途径。通过不断拓展生产性服务进口贸易内容，以及加强与周边国家和"一带一路"共建国家的合作，我们可以有效地提升我国制造业的竞争力和创新能力，推动我国制造业实现跨越式发展，实现贸易自由化、便利化和全球化的目标。

（5）缩小制造业转型与优化升级的区域转移的地区差异，重点推进中西部地区生产性服务进口，加速生产性服务与制造业有效融合。

经验证据验证结果显示，生产性服务进口贸易有效促进东部地区制造业升级，但对中西部地区制造业升级甚至具有阻碍作用。这是因为东部地区制造业相对发达，具备更高的技术水平和管理能力，引入生产性服务可以进一步提升其生产效率和产品质量，从而推动制造业向更高端、更智能化的方向发展。然而，在中西部地区，情况并非如此。中西部地区的制造业相对滞后，面临技术、管理和人才等方面的瓶颈，此时引入生产性服务可能会面临一些挑战，比如成本高、适应性差等问题，从而阻碍了制造业的升级和转型。此外，由于中西部地区的经济基础相对薄弱，生产性服务进口可能会加剧地区间经济发展不平衡的问题，使得中西部地区的制造业发展更加困难。

理解制造业转型与优化升级的地区差异问题，需要考虑中国经济发展中不同地区的产业结构和发展水平。在过去几十年里，中国的东部沿海地区经济发展迅速，制造业占据了主导地位，但随着经济的发展，东部地区的制造业面临着产能过剩、环境压力和人工成本上升等问题，需要进行转型升级。相比之下，中西部地区的制造业相对滞后，产业结构相对单一，依然以传统的劳动密集型、资源密集型产业为主，面临着发展不平衡的问题。针对这一问题，提出了重点推进中西部地区生产性服务进口的措施。生产性服务是指能够提高生产效率、促进产业升级和技术创新的服务，如技术开发、设计咨询、管理培训等。通过引进生产性服务，可以弥补中西部地区在技术、管理和人才方面的短板，提高其制造业的竞争力和附加值，从而推动制造业转型升级。

加速生产性服务与制造业的有效融合是实现制造业转型升级的关键。在传统上，制造业和服务业往往被看作是相互独立的两个领域，但随着经济的发展和科技的进步，二者之间的界限逐渐模糊，服务业对制造业的支持和补充作用日益凸显。通过生产性服务的引进和融合，可以帮助制造业提高生产效率、降低成本、提升产品质量，实现由"制造"向"智造"的转变。近年来，东部地区为了解决产能过剩问题，将大量劳动密集型、资源密集型和环境污染型制造业转移到中西部地区。这种转移是出于对多种因素的考量。首先，东部地区在经济发展过程中积累了大量的劳动密集型和资源密集型产业，但随着经济结构转型升级和环境保护意识的增强，这些产业在东部地区已经面临着成本上升、环保压力增大等问题。为了减轻这些压力并优化经济结构，东部地区的政府机构鼓励和引导这些产业向中西部地区转移，以利用中西部地区相对较低的成本和资源优势。其次，中西部地区在吸纳这些产业转移过程中，能够提供相对低廉的劳动力和丰富的资源，这为企业降低生产成本提供了条件。然而，这种产业转移也带来了一些问题，如中西部地区在承接这些产业时可能面临技术水平不足、环境污染加重等挑战，同时产业转移也可能加剧地区间的经济发展不平衡。

为了消除区域间制造业不平衡发展问题，需要采取差异化的措施，以促进生产性服务业与制造业的融合发展。应加强对中西部地区服务业的扶持力度，制定相关政策措施，大力建设服务贸易基地和改善产业链结构以推进中西部地区生产性服务进口水平，从而带动生产性服务业快速发展；应积极发挥东部地区高质量生产性服务进口的领先带头作用，推动生产性服务进口成为中西部地区开放型经济发展的重要突破口。同时，加快东、中、西部地区合作与交流，东部地区需将技术、人才、资金、高端产业等要素向中西部地区输送，有效促成中西部地区生产性服务业与制造业融合发展，从而缩小制造业升级的地区差异。总的来说，缩小制造业转型与优化升级的区域转移的地区差异，重点推进中西部地区生产性服务进口，并加速生产性服务与制造业的融合，是实现区域经济协调发展和高质量发展的重要举措。只有通过加强政策支持、促进产业协同发展、推动技术创新和人才培养等多方面的努力，才能实现制造业转型升级的目标，促进经济的持续健康发展。

（6）着力推进生产性服务进口贸易规模的扩张，刺激我国制造业升级水平提升，增强我国经济高质量发展优势。

在经济增长转向经济高质量发展的关键时期，迫切需要扩大生产性服务进口贸易，尤其是信息技术、知识密集的生产性服务，以促进我国制造业产业转型升级，引领制造业产业升级和全球价值链升级，助推我国经济发展提质增效。同时，持续推进服务贸易和服务外包示范区建设，降低市场准入门槛，刺激大量海外先进中间服务进入本土市场，充分释放生产性服务进口贸易规模经济效应、消费需求效应等的溢出红利，助推我国制造业升级水平的提高。

生产性服务贸易进口是我国服务贸易进口的主要内容。2022年，我国服务贸易进口规模排名前五位的行业分别是运输服务（36%）、旅行服务（25%）、其他商业服务（11%）、知识产权使用费（10%）、电信与计算机和信息服务（8%）。2022年，中国服务贸易进口以生产性服务贸易为主，生产性服务贸易进口在服务贸易进口中约占74%，远高于生活性服务进口（26%）。

我国生产性服务贸易发展呈现三方面动向。一是贸易规模持续扩张。即便新冠疫情对全球经济造成了巨大冲击，我国生产性服务贸易总体仍然保持坚挺。二是贸易逆差呈现扭转态势。鉴于生产性服务贸易在我国整体服务贸易中的重要性，改善生产性服务贸易收支将成为优化我国服务贸易总体结构和减少贸易逆差的重要突破口。三是行业发展不够均衡。从出口来看，我国生产性服务贸易各细分行业出口额基本呈增长态势，但各行业出口规模和增幅差异较大；从进口来看，我国生产性服务进口主要集中于运输服务，整体进口质量亟须提高。因此，推动生产性服务贸易高质量发展应着眼于：一是持续增强双向开放力度。具体包括拓宽开放领域、保障开放安全等；二是不断提升产业关联效能。应从加大产业集聚、加固产业支撑和加强产业赋能等方面发力；三是加快完善保障措施体系。具体包括提升便利化水平、加快人才资源建设和健全统计制度等。

对于制造业升级方面，预计到2025年，我国制造业质量有效提升取得积极进展，企业质量意识明显增强，质量管理能力持续提高，质量管理数字化水平不断提升，可持续发展能力有效提高，质量绩效稳步增长，中高端产品的比例快速增大。到2027年，新增贯彻实施先进质量管理体系标准企业10万家，新增质量管理能力达到检验级企业10 000家、保证级企业1 000家、预防级企业100家、卓越级企业10家，质量提升对制造业整体效益的贡献更加突出，推动制造业加速向价值链中高端迈进。质量是制造业的生命，卓越质量是高端制造的标准，推动产业从数量扩张向质量提升是新时期制造业高质量发展的现实需要，追求卓越质量是制造业由大变强的必由之路。其中，卓越质量要求质量管理体系更加全面、质量发展动力更加强劲、质量数字转型更加成熟、质量绩效表现更加优异。

中国经济实现高质量发展具备以下显著优势：①市场规模优势：中国拥有世界上最大的人口和消费市场，这为经济发展提供了巨大的内需潜力。中国市场的规模和增长速度为企业提供了广阔的发展空间。②产业基础优势：中国在制造业、信息技术、电子商务、新能源等领域具有较强的产业基础。中国的制造业规模庞大，技术水平不断提升，具备较强的竞争力。③创新能力优势：中国政府高度重视创新驱动发展，不断加大对科技研发的投入。中国在人工智能、生物技术新材料等领域取得了重要突破，培育了一批具有全球竞争力的创新型企业。④人力资源优势：中国拥有庞大的劳动力资源，劳动力素质不断提高。中国的人口资源为企业提供了充足的劳动力供应，同时也为企业提供了创新和创业的人才储备。⑤基础设施优势：中国在交通、能源、通信等基础设施建设方面取得了巨大成就，高速公路、高铁、机场等基础设施的完善为经济发展提供了良好的支撑。⑥政策支持优势：中国政府积极推动供给侧结构性改革，加大了对创新、绿色发展、高端制造业等领域的支持力度。政府的政策支持为企业提供了良好的发展环境和政策红利。综上所述，中国经济实现高质量发展具备市场规模优势、产业基础优势、创新能力优势、人力资源优势、基础设施优势和政策支持优势等六大显著优势，这些优势将为中国经济的可持续发展提供有力支撑。

我们必须要着力推进生产性服务进口贸易规模的扩张，使其处于高质量发展的状态，才能在未来使得我国制造业实现飞跃发展，同时进一步增强我国经济高质量发展的六大优势。

（7）充分认识生产性服务进口贸易作用于制造业升级的异质非线性影响规律，制定和实施合理的阶段性的畅通服务贸易政策支撑体系，尤其是结合地区生产性服务进口贸易实际情况对服务贸易支撑政策适时进行动态调整。

首先，充分认识生产性服务进口贸易对制造业升级的异质非线性影响规律至关重要。众多研究发现，不同类型、规模和水平的服务进口对不同制造业行业的影响是不同的，即生产性服务进口贸易与制造业之间存在非线性效应，进口的增加并不总是线性地导致制造业的提升，而是受到多种因素的交织影响，呈现出复杂的异质性特征。从行业层面和区域层面来分析，不论跨境交付下还是商业存在下，生产性服务进口贸易显著促进了我国制造业升级，而面对不同的地区和行业都存在明显的异质性。研究发现，在跨境交付下技术服务进口和信息服务进口对我国制造业升级的作用并不显著。鉴于技术服务和信息服务的进口作用有限，我国应加强自主研发和创新能力，通过自主开发和引进先进技术，满足制造业的升级需求；鼓励企业间的技术合作与转移，促进国内技术的传播和应用，提高我国制造业的技术水平；加强对数字化技术和信息服务的投资，建立健全的数字化基础设施，提升制造业的智能化和自动化水平；鼓励企业进行产业链优化和升级，提高产品质量和附加值，增强我国制造业的竞争力。

其次，深入剖析各制造业行业企业对生产性服务的个性化诉求，拓宽各地生产性服务业专业化功能板块；依托本地工业园区、众创空间、孵化器等平台，搭建制造业与生产性服务业良性互动的集成服务平台，导入一批优质生产性服务提供商和平台型企业，打造先进制造业与现代服务业融合发展的新业态、新模式，在该模式下制造业企业能够方便地获取符合其需求的专业服务，提高生产效率和产品质量，实现技术创新和转型升级。同时，生产性服务企业也能够与制造业企业紧密合作，不断优化和提升自身的服务水平和能力。

再次，通过制定和实施合理的阶段性畅通服务贸易政策支撑体系加强生产性服务进口贸易对中国制造业升级的促进作用。这包括在政策制定过程中考虑到不同制造业细分行业的需求差异，针对性地制定政策措施，以促进生产性服务进口与制造业升级之间的良性互动。在生产性服务进口贸易中，关税政策尤为关键，根据国际贸易市场和全球经济的发展变化，可以针对性地制定差异化的关税政策，降低生产性服务进口的关税，以减少制造业成本，提高竞争力。

比如降低氯化锂、燃料电池用气体扩散层等国内短缺的资源、关键设备和零部件的进口关税，有利于加快推进先进制造业创新发展；制定相关服务贸易进口政策，坚持高质量"引进来"相关政策，取消制造业领域外资准入限制措施，推动利用外资高质量发展，并简化生产性服务进口的相关手续和程序，降低进口的行政成本和时间成本，提高进口效率，为制造业提供更便利的服务；针对特定的生产性服务，可以设立优惠的进口配额，鼓励企业增加生产性服务的进口量，促进制造业的升级与发展；建立服务贸易促进平台，与国际接轨，打破贸易信息茧房，提升对国内外制造业发展的理解，为国内企业和外国服务提供商提供信息对接、合作交流等服务，促进生产性服务进口对制造业的正向作用；加强对服务贸易政策的宣传和培训，提高企业对政策的了解和运用能力，促进企业更好地利用政策支持，推动生产性服务进口与制造业升级的有效对接。通过实施差异化关税政策、简化进口手续、优惠进口配额、建立服务贸易促进平台、加强政策宣传与培训等差异性、阶段性的贸易政策，我国制造业企业更能够适应全球经济和国际贸易的变化，以提高生产性服务贸易进口对中国制造业升级的影响力。

最后，应该动态处理生产性服务进口贸易与制造业升级之间的关系。对于东部沿海发达地区，已经相对具备了较高的经济发展水平和产业基础，可以积极引进国外先进的生产性服务要素，如高级生产资料和服务等，促进制造业的升级和创新。这样可以增加制造业的竞争力、提高产业附加值，推动经济的高质量发展。中西部相对落后地区可能面临着发展基础相对薄弱的情况，此时应该采取一些特定的措施来推动制造业的发展和升级。这些地区应当加快推进基础设施建设，包括交通、通信、能源等，以提高生产性服务要素的配置效率。同时，中西部地区可以积极推动自身制造业产业的发展，鼓励企业进行技术创新和产品升级。此外，推动生产性服务要素与制造业的融合发展也是非常重要的，可以通过培育本地的生产性服务供应商、搭建产业链合作平台等方式，促进服务要素与制造业的协同发展。

总的来说，根据各地区的经济发展水平和产业基础，可以采取不同的策略来处理生产性服务进口贸易与制造业升级之间的关系。对于发达地区，重点在于引进先进的生产性服务要素，而对于相对落后地区，则应注重发展其自身制造业产业，并推动服务要素与制造业的融合发展，以促进中国制造业的转型升级。从而实现区域间的协同发展，推动整体经济的可持续增长。

（8）重点扶持生产率较低的中小企业，鼓励积极引进海外先进的生产性服务要素，实现中小企业发展壮大。

我国中小企业具有较强的比较优势，对经济增长作出了不可或缺的贡献。经验证据验证结果表明，劳动生产率处于较低水平时，引进先进的生产性服务要素对制造业价值链地位提升发挥积极作用。通过引进国外先进的生产性服务要素，中小企业在短期内可以学习、模仿和吸收国外先进的生产性服务要素所带来的技术和管理经验，从而压缩技术进步成长时间和生产制造成本，降低管理成本，强化企业资本投入，推动制造业转型升级。通过经验证据验证结果可以看出，企业管理成本对制造业价值链地位提升具有显著的抑制作用，与预期一致。这是因为在我国制造业转型升级的攻关时期，过多投入管理费用必然引起制造商内部生产的成本上升，也反映了制造商内部信息传递系统的"拥塞"，这不仅削弱了制造业转型升级的资金支持，而且不利于企业生产、加工、配送、销售及售后等各个环节的建设，阻碍实现生产、加工、销售的无缝衔接，从而不利于制造业价值链地位提升。同时，制造业企业为了加快发展，势必会通过加大市场扩张力度来获取更多的市场份额和增强市场竞争力，然而，制造业企业的市场扩张行为必然会引发制造业企业内部管理层级的增加，这也会导致制造业企业内部管理费用负担沉重和负荷。鉴于此，制造业企业有必要建立一套合理的内部管理机制和有效降低企业管理成本，这是关系到企业能否顺利实现制造业升级的重要因素。此外，经验证据验证结果表明，资本强度对制造业价值链地位提升具有显著的促进作用，与预期一致。在制造业转型升级的关键时期，制造业价值链地位攀升必然需要购买更多先进仪器设备、投入大量人力资源以及加速企业扩张等，这就意味着需要投入大量资本作为产品技术含量提高的资金支持，使得资本规模扩张有助于制造业价值链地位的攀升，有益于制造业价值链升级。因此，政府应加大对制造业发展的资本支持力度，通过制度优势吸引更多社会资本注入生产制造，为满足制造业高质量发展和转型升级提供足够的资本支持。

10.3 研究展望

本书通过深入探讨理论机理，即探究生产性服务进口贸易如何影响制造业升级，主要从规模经济、生产性服务进口贸易技术溢出、竞争效应、制度创新、消费需求、物质资本积累、环境负担和低端锁定等诸多途径揭示了生产性服务进口贸易影响制造业升级影响的机理，据此提出了本书相应研究假设，并通过数理模型考查了生产性服务进口贸易与制造业升级之间存在的函数关系；在此基础上，依托省际面板数据和行业面板数据，结合静态面板模型、动态面板GMM和中介效应方法验证了生产性服务进口贸易与制造业升级的关联关系，并得出了有益结论。但本书仍存在如下不足之处，仍需进一步深入研究。

（1）本书从产业间升级视角、产业内升级视角和价值链升级视角出发，构造了多维制造业升级指数，虽然能够较为全面地反映制造业升级状况，但衡量制造业升级的指标较多，诸如制造业服务化转型、国际竞争力等，也能够在一定程度上反映制造业升级状况。在未来的研究过程中，可以考虑从制造业服务化转型等方面研究生产性服务进口贸易对制造业升级的影响。

（2）本书从省际层面探讨了生产性服务进口与制造业升级的关联关系，得出了有益的结论，但囿于数据的可获得性，本书仅从贸易总量角度考查了生产性服务进口与制造业升级的关联关系，缺乏从省际层面细分服务贸易角度探讨生产性服务进口贸易对制造业升级的影响。鉴于此，应积极推进各省域完善服务贸易统计，特别是跨境交付角度的数据统计，以满足服务学术等方面研究需要。因此，在未来的研究过程中，可以考虑从省际层面细分服务贸易角度探究生产性服务进口贸易对制造业升级的影响。

（3）本书从价值链地位提升角度考查了生产性服务进口与制造业升级的关联关系，得出了有益的结论。本书从出口技术复杂度测算了制造业价值链地位攀升情况，但测度全球价值链升级的指标和方法较多，诸如价值链参与程度、价值链分工地位，可采用垂直专业化比率来衡量价值链参与程度，也就是来自第三国的中间品出口的国内增加值和来自直接进口国的中间品出口的国内增加值占总的国内增加值比例；采用全球价值链分工地位来衡量，也就是来自于第三国的中间品出口的国外增加值和来自直接进口国的中间品出口的国外增加值占总的国外增加值的比例。鉴于此，在未来研究过程中，可以考虑从这些方面深入研究生产性服务进口贸易对制造业升级的影响。

参考文献

◎ 蔡海亚，徐盈之，2017. 贸易开放是否影响了中国产业结构升级？[J]. 数量经济技术经济研究，34（10）：3-22.

◎ 陈晨，2017. 美国与新兴经济体贸易影响因素及潜力研究[D]. 沈阳：辽宁大学.

◎ 陈东，刘金东，2013. 农村信贷对农村居民消费的影响：基于状态空间模型和中介效应检验的长期动态分析[J]. 金融研究（6）：160-172.

◎ 陈光，张超，2014. 生产性服务业对制造业效率的影响研究：基于全国面板数据的实证分析[J]. 经济问题探索（2）：18-24.

◎ 陈海波，姚蕾，2019. 生产性服务进口对中国装备制造业技术创新效率的影响研究[J]. 价格月刊（1）：50-57.

◎ 陈海波，姚蕾，2018. 制造业国际分工地位影响因素研究：基于生产性服务贸易进口复杂度的测度[J]. 价格理论与实践（7）：159-162.

◎ 陈丽娴，沈鸿，2018. 生产性服务贸易网络特征与制造业全球价值链升级[J]. 财经问题研究（4）：39-46.

◎ 陈明，魏作磊，2018. 服务业开放打破中国制造业"低端锁定"了吗[J]. 经济学家（2）：70-79.

◎ 陈明，魏作磊，2018. 生产性服务业开放对中国制造业生产率的影响分析：基于生产性服务细分行业的角度[J]. 经济评论（3）：59-73.

◎ 陈启斐，刘志彪，2014. 生产性服务进口对我国制造业技术进步的实证分

析 [J]. 数量经济技术经济研究, 31（3）: 74-88.

◎ 陈启斐, 王晶晶, 黄志军, 2018. 参与全球价值链能否推动中国内陆地区产业集群升级 [J]. 经济学家（4）: 42-53.

◎ 成丹, 2012. 东亚生产性服务与分工及贸易的关系 [D]. 长春: 吉林大学.

◎ 程大中, 2006. 中国生产者服务业的增长、结构变化及其影响: 基于投入—产出法的分析 [J]. 财贸经济（10）: 45-52.

◎ 崔日明, 张志明, 2013. 服务贸易与中国服务业技术效率提升: 基于行业面板数据的实证研究 [J]. 国际贸易问题（10）: 90-101.

◎ 戴翔, 李洲, 张雨, 2019. 服务投入来源差异、制造业服务化与价值链攀升 [J]. 财经研究, 45（5）: 30-43.

◎ 戴翔, 2016. 服务贸易自由化是否影响中国制成品出口复杂度 [J]. 财贸研究, 27（3）: 1-9.

◎ 刁莉, 朱琦, 2018. 生产性服务进口贸易对中国制造业服务化的影响 [J]. 中国软科学（8）: 49-57.

◎ 丁博, 曹希广, 邓敏, 等, 2019. 生产性服务业对制造业生产效率提升效应的实证分析: 基于中国城市面板数据的空间计量分析 [J]. 审计与经济研究, 34（2）: 116-127.

◎ 董也琳, 2016. 生产性服务进口会抑制中国制造业自主创新吗 [J]. 财贸研究, 27（2）: 47-55.

◎ 杜宇玮, 2017. 中国生产性服务业促进制造业升级影响因素研究: 基于超效率 DEA 和 Tobit 模型的实证分析 [J]. 商业研究（6）: 145-153.

◎ 杜宇玮, 2017. 中国生产性服务业对制造业升级的促进作用研究: 基于效率视角的评价 [J]. 当代经济管理, 39（5）: 65-72.

◎ 杜运苏, 彭冬冬, 2019. 生产性服务进口复杂度、制度质量与制造业分工地位：基于2000—2014年世界投入产出表[J].国际贸易问题（1）：41-53.

◎ 樊文静,肖文,潘娴,2023.服务贸易、技术距离与中国制造业服务化：基于行业面板数据的实证研究[J].国际经贸探索,39（4）：67-81.

◎ 樊秀峰,韩亚峰,2012.生产性服务贸易对制造业生产效率影响的实证研究：基于价值链视角[J].国际经贸探索,28（5）：4-14.

◎ 冯泰文,2009.生产性服务业的发展对制造业效率的影响：以交易成本和制造成本为中介变量[J].数量经济技术经济研究,26（3）：56-65.

◎ 傅元海,叶祥松,王展祥,2016.制造业结构变迁与经济增长效率提高[J].经济研究（8）：86-100.

◎ 高传胜,李善同,2007.中国生产者服务：内容、发展与结构——基于中国1987-2002年投入产出表的分析[J].现代经济探讨（8）：68-72.

◎ 赫伯特·G·格鲁伯,迈克尔·A·沃克,1993.服务业的增长：原因与影响[M].陈彪如,译.上海：读书·生活·新知三联书店上海分店.

◎ 顾乃华,毕斗斗,任旺兵,2006.中国转型期生产性服务业发展与制造业竞争力关系研究：基于面板数据的实证分析[J].中国工业经济（9）：14-21.

◎ 顾乃华,朱文涛,2019.生产性服务业对外开放对产业融合的影响：基于行业面板数据的实证研究[J].北京工商大学学报（社会科学版）,34（4）：11-20.

◎ 顾乃华,2011.我国城市生产性服务业集聚对工业的外溢效应及其区域边界：基于HLM模型的实证研究[J].财贸经济（5）：115-122.

◎ 郭根龙,鲁慧鑫,2017.生产性服务业FDI是否促进制造业全要素生产率提升?[J].首都经济贸易大学学报,19（5）：44-52.

◎ 郭然,原毅军,2019.生产性服务业集聚、制造业集聚与环境污染：基于省级面板数据的检验[J].经济科学（1）：82-94.

◎ 韩峰,谢锐,2017.生产性服务业集聚降低碳排放了吗?：对我国地级及以上城市面板数据的空间计量分析[J]. 数量经济技术经济研究, 34（3）: 40-58.

◎ 韩霞, 2003. 高新技术产业化对产业升级的影响研究[J]. 辽宁大学学报（哲学社会科学版）（2）: 112-114.

◎ 洪联英, 彭媛, 张丽娟, 2013. FDI、外包与中国制造业升级陷阱: 一个微观生产组织控制视角的分析[J]. 产业经济研究（5）: 10-22.

◎ 华广敏, 荆林波, 2013. 中日高技术服务业 FDI 对制造业效率影响的比较研究: 基于中介效应分析[J]. 世界经济研究（11）: 66-73, 89.

◎ 黄繁华, 纪洁, 2023. 服务贸易自由化、行业数字发展水平与制造业服务化转型: 基于制造业微观企业数据的实证研究[J]. 世界经济研究（1）: 12-27, 134.

◎ 黄玖立, 李坤望, 2006. 出口开放、地区市场规模和经济增长[J]. 经济研究（6）: 27-38.

◎ 黄莉芳, 黄良文, 郭玮, 2012. 生产性服务业提升制造业效率的传导机制检验: 基于成本和规模中介效应的实证分析[J]. 财贸研究, 23（3）: 22-30.

◎ 惠炜, 韩先锋, 2016. 生产性服务业集聚促进了地区劳动生产率吗? [J]. 数量经济技术经济研究, 33（10）: 37-56.

◎ 纪祥裕, 2019. 外资和生产性服务业集聚对城市环境污染的影响[J]. 城市问题（6）: 52-62.

◎ 简晓彬, 陈伟博, 2016. 生产性服务业发展与制造业价值链攀升: 以江苏为例[J]. 华东经济管理, 30（7）: 29-34.

◎ 金泽虎, 钱燕, 2019. 生产性服务进口对我国制造业转型升级的影响[J]. 重庆社会科学（6）: 96-107.

◎ 靳光涛, 唐荣, 黄抒田, 2023. 高质量生产性服务业集聚与制造业升级: 基于知识溢出的视角[J]. 宏观经济研究（7）: 82-96.

◎ 景守武，陈红蕾，2018. 外商直接投资是否有助于改善中国能源环境效率？[J]. 经济问题探索（12）：172-182.

◎ 阚大学，2012. 区域对外贸易与制造业产业结构间关系的实证研究：基于省级制造业行业动态面板数据[J]. 技术经济，31（4）：38-44.

◎ 孔婷，孙林岩，冯泰文，2010. 生产性服务业对制造业效率调节效应的实证研究[J]. 科学学研究，28（3）：357-364.

◎ 来有为，2004. 趋向日益加快：服务业国际转移发展动向与我国引资新热点[J]. 国际贸易（4）：46-48.

◎ 蓝庆新，陈超凡，2013. 新型城镇化推动产业结构升级了吗？：基于中国省级面板数据的空间计量研究[J]. 财经研究（12）：57-71.

◎ 李惠娟，蔡伟宏，2016. 生产性服务进口对制造业自主创新效率的影响：基于跨国面板数据的实证分析[J]. 工业技术经济，35（5）：124-129.

◎ 李江帆，毕斗斗，2004. 国外生产服务业研究述评[J]. 外国经济与管理（11）：16-19.

◎ 李娜娜，杨仁发，2020. 生产性服务进口复杂度与制造业全球价值链地位：理论机制与实证分析[J]. 现代经济探讨（3）：64-72.

◎ 李平，王钦，贺俊，等，2010. 中国制造业可持续发展指标体系构建及目标预测[J]. 中国工业经济（5）：5-15.

◎ 李平，张静婷，王春晖. 生产性服务进口技术复杂度与企业生产率：来自制造业上市公司的微观证据[J]. 世界经济研究（2）：104-117，136.

◎ 李强，郑江淮. 基于产品内分工的我国制造业价值链攀升：理论假设与实证分析[J]. 财贸经济，2013（9）：95-102.

◎ 李燕，李应博. OFDI反向技术溢出对我国经济增长的影响：基于对东盟的实证研究[J]. 科学学与科学技术管理，2013（7）：3-11.

◎ 林毅夫,孙希芳.银行业结构与经济增长[J].经济研究,2008,43(9):31-45.

◎ 刘斌,魏倩,吕越,等,2016.制造业服务化与价值链升级[J].经济研究,51(3):151-162.

◎ 刘慧,2017.长三角城市群生产性服务业集聚对碳排放的影响及空间效应:基于面板数据的计量分析[J].商业经济研究(17):166-168.

◎ 刘明宇,芮明杰,姚凯,2010.生产性服务价值链嵌入与制造业升级的协同演进关系研究[J].中国工业经济(8):66-75.

◎ 刘庆林,高越,韩军伟,2010.国际生产分割的生产率效应[J].经济研究,45(2):32-43,108.

◎ 刘胜,顾乃华,2015.行政垄断、生产性服务业集聚与城市工业污染:来自260个地级及以上城市的经验证据[J].财经研究,41(11):95-107.

◎ 刘艳,2013.服务业FDI的前向关联和中国制造业生产率增长:基于行业面板数据的实证分析[J].世界贸易组织动态与研究,20(3):70-78.

◎ 刘艳,2014.生产性服务进口与高技术制成品出口复杂度:基于跨国面板数据的实证分析[J].产业经济研究(4):84-93.

◎ 刘叶,刘伯凡,2016.生产性服务业与制造业协同集聚对制造业效率的影响:基于中国城市群面板数据的实证研究[J].经济管理,38(6):16-28.

◎ 刘奕,夏杰长,李垚,2017.生产性服务业集聚与制造业升级[J].中国工业经济(7):24-42.

◎ 刘志彪,张杰,2009.我国本土制造业企业出口决定因素的实证分析[J].经济研究,44(8):99-112,159.

◎ 刘志彪,2000.产业升级的发展效应及其动因分析[J].南京师大学报(社会科学版)(2):3-10.

◎ 鲁成浩,符大海,曹莉,2022.生产性服务发展促进我国制造业升级了吗:

基于现代服务业综合试点的政策冲击[J]. 南开经济研究（1）: 74-90, 108.

◎ 罗军, 2019. 生产性服务进口与制造业全球价值链升级模式：影响机制与调节效应[J]. 国际贸易问题（8）: 65-79.

◎ 罗立彬, 2009. 服务业FDI与东道国制造业效率提升[J]. 国际经贸探索, 25（8）: 69-73.

◎ 马盈盈, 2019. 服务贸易自由化与全球价值链：参与度及分工地位[J]. 国际贸易问题（7）: 113-127.

◎ 蒙英华, 黄宁, 2010. 中美服务贸易与制造业效率：基于行业面板数据的考查[J]. 财贸经济（12）: 96-103.

◎ 孟萍莉, 董相町, 2017. 生产性服务业FDI、OFDI对制造业结构升级的影响：基于灰色关联理论的实证分析[J]. 经济与管理, 31（3）: 74-79.

◎ 孟萍莉, 2017. 中国生产性服务贸易对制造业升级的影响研究[D]. 北京：首都经济贸易大学.

◎ 莫莎, 周晓明, 2015. 生产性服务贸易进口复杂度对制造业国际竞争力的影响研究：基于跨国面板数据的实证分析[J]. 国际商务（对外经济贸易大学学报）（6）: 16-26.

◎ 潘冬青, 尹忠明, 2013. 对开放条件下产业升级内涵的再认识[J]. 管理世界（5）: 178-179.

◎ 彭湘君, 曾国平, 2014. 基于内生经济增长模型的生产性服务业对制造业效率影响的研究[J]. 经济问题探索（12）: 72-78.

◎ 邱爱莲, 崔日明, 逄红梅, 2016. 生产性服务进口贸易前向溢出效应对中国制造业TFP的影响：基于制造业行业要素密集度差异的角度[J]. 国际商务（对外经济贸易大学学报）（5）: 41-51.

◎ 邱爱莲, 崔日明, 徐晓龙, 2014. 生产性服务贸易对中国制造业全要素生产率提升的影响：机理及实证研究——基于价值链规模经济效应角度[J]. 国际贸易问题（6）：71-80.

◎ 邱爱莲，崔日明，2014. 生产性服务贸易对中国制造业TFP提升的影响：机理与实证研究——基于面板数据和分行业进口的角度[J]. 国际经贸探索，30（10）：28-38.

◎ 邱斌，叶龙凤，孙少勤，2012. 参与全球生产网络对我国制造业价值链提升影响的实证研究：基于出口复杂度的分析[J]. 中国工业经济（1）：57-67.

◎ 尚涛，陶蕴芳，2009. 中国生产性服务贸易开放与制造业国际竞争力关系研究：基于脉冲响应函数方法的分析[J]. 世界经济研究（5）：52-58，88-89.

◎ 邵昱晔，2012. 对外贸易对中国制造业集聚的影响研究[D]. 长春：吉林大学.

◎ 盛丰，2014. 生产性服务业集聚与制造业升级：机制与经验——来自230个城市数据的空间计量分析[J]. 产业经济研究（2）：32-39.

◎ 舒杏，王佳，2018. 生产性服务贸易自由化对制造业生产率的影响机制与效果研究[J]. 经济学家（3）：73-81.

◎ 孙湘湘，周小亮，2018. 服务业开放对制造业价值链攀升效率的影响研究：基于门槛回归的实证分析[J]. 国际贸易问题（8）：94-107.

◎ 唐东波，2014. 垂直专业分工与劳动生产率：一个全球化视角的研究[J]. 世界经济，37（11）：25-52.

◎ 唐海燕，张会清，2009. 产品内国际分工与发展中国家的价值链提升[J]. 经济研究，44（9）：81-93.

◎ 田曦，2007. 生产性服务影响我国制造业竞争力的实证分析[J]. 科技和产业（11）：5-7.

◎ 万兆泉，2012. 中美产业内贸易对劳动力市场成本影响研究[D]. 南昌：江西财经大学.

◎ 汪素芹，孙燕，2008. 中国生产性服务贸易发展及其结构分析 [J]. 商业经济与管理（11）：62-67.

◎ 王超铧，2010. 提升中国生产性服务贸易竞争力的对策建议 [J]. 商业经济（1）：105-107.

◎ 王辉，2015. 生产性服务业对制造业效率的影响研究：基于产业创新视角的实证分析 [J]. 当代经济管理，37（8）：63-66.

◎ 王建冬，康大臣，刘洋，2010. 第四代生产性服务业：概念及实践意义 [J]. 中国科学院院刊，25（4）：381-388.

◎ 王思语，郑乐凯，2018. 制造业出口服务化与价值链提升：基于出口复杂度的视角 [J]. 国际贸易问题（5）：92-102.

◎ 王影，2013. 中国生产性服务贸易国际竞争力研究 [D]. 长春：东北师范大学.

◎ 王诏怡，2013. 生产性服务进口、FDI 与制造业生产率：基于行业面板数据的实证研究 [J]. 首都经济贸易大学学报，15（1）：47-53.

◎ 魏作磊，刘海红，2017. 服务业 FDI 提升了我国制造业的生产效率吗 [J]. 财经理论研究（3）：62-71.

◎ 温忠麟，叶宝娟，2014. 中介效应分析：方法和模型发展 [J]. 心理科学进展（5）：731-745.

◎ 温忠麟，张雷，侯杰泰，等，2004. 中介效应检验程序及其应用 [J]. 心理学报（5）：614-620.

◎ 吴崇伯，1988. 论东盟国家的产业升级 [J]. 亚太经济（1）：26-30.

◎ 吴延兵，2012. 国有企业双重效率损失研究 [J]. 经济研究，47（3）：15-27.

◎ 吴智刚，段杰，阎小培，2003. 广东省生产性服务业的发展与空间差异研究 [J]. 华南师范大学学报（自然科学版）（3）：131-139.

◎ 席强敏，陈曦，李国平，2015. 中国城市生产性服务业模式选择研究：以工业效率提升为导向[J].中国工业经济（2）：18-30.

◎ 肖文，林高榜，2011.海外研发资本对中国技术进步的知识溢出[J].世界经济（1）：37-51.

◎ 徐国祥，常宁，2004.现代服务业统计标准的设计[J].统计研究（12）：10-12.

◎ 徐毅，张二震，2008.FDI、外包与技术创新：基于投入产出表数据的经验研究[J].世界经济（9）：41-48.

◎ 宣烨，余泳泽，2014.生产性服务业层级分工对制造业效率提升的影响：基于长三角地区38城市的经验分析[J].产业经济研究（3）：1-10.

◎ 宣烨，2012.生产性服务业空间集聚与制造业效率提升：基于空间外溢效应的实证研究[J].财贸经济（4）：121-128.

◎ 杨军，宁晓刚，张波，2015.外商直接投资对我国产业结构升级影响的总体效应分析[J].商业经济研究（1）：116-118.

◎ 杨连星，刘晓光，2016.中国OFDI逆向技术溢出与出口技术复杂度提升[J].财贸经济（6）：97-112.

◎ 杨玲，2016.生产性服务进口复杂度及其对制造业增加值率影响研究：基于"一带一路"18省份区域异质性比较分析[J].数量经济技术经济研究，33（2）：3-20.

◎ 杨玲，2015.生产性服务进口贸易促进制造业服务化效应研究[J].数量经济技术经济研究，32（5）：37-53.

◎ 杨骞，刘华军，2012.中国二氧化碳排放的区域差异分解及影响因素：基于1995—2009年省际面板数据的研究[J].数量经济技术经济研究（5）：36-49.

◎ 杨仁发，王静，2019.生产性服务业集聚能否提升中国制造业全球价值链地位？[J].广西财经学院学报，32（2）：1-11.

- 杨仁发，2015. 产业集聚能否改善中国环境污染 [J]. 中国人口·资源与环境，25（2）：23-29.

- 杨校美，2015. 中欧服务贸易与中国制造业效率提升：基于行业面板数据的分析 [J]. 国际商务研究，36（6）：77-86.

- 杨勇，2011. 生产者服务贸易国外研究进展与述评 [J]. 技术经济与管理研究（7）：62-67.

- 姚战琪，2019. 生产性服务的中间品进口对中国制造业全球价值链分工地位的影响研究 [J]. 学术探索（3）：86-95.

- 于斌斌，2017. 生产性服务业集聚能提高制造业生产率吗？：基于行业、地区和城市异质性视角的分析 [J]. 南开经济研究（2）：112-132.

- 于诚，胡晓曼，孙治宇，2018. 服务业 FDI 对中国制造业技术创新的影响研究：基于上下游投入产出关系的分析 [J]. 南京财经大学学报（6）：99-108.

- 余道先，刘海云，2010. 中国生产性服务贸易结构与贸易竞争力分析 [J]. 世界经济研究（2）：49-55.

- 余东华，张维国，2018. 要素市场扭曲、资本深化与制造业转型升级 [J]. 当代经济科学（2）：114-123.

- 余泳泽，刘大勇，宣烨，2016. 生产性服务业集聚对制造业生产效率的外溢效应及其衰减边界：基于空间计量模型的实证分析 [J]. 金融研究（2）：23-36.

- 余泳泽，刘凤娟，2017. 生产性服务业空间集聚对环境污染的影响 [J]. 财经问题研究（8）：23-29.

- 喻春娇，肖德，胡小洁，2012. 武汉城市圈生产性服务业对制造业效率提升作用的实证 [J]. 经济地理，32（5）：93-98.

- 原毅军，郭然，2018. 生产性服务业集聚、制造业集聚与技术创新：基于省级面板数据的实证研究 [J]. 经济学家（5）：23-31.

◎ 曾艺，韩峰，刘俊峰，2019. 生产性服务业集聚提升城市经济增长质量了吗？[J]. 数量经济技术经济研究，36（5）：83-100.

◎ 詹浩勇，冯金丽，2016. 西部生产性服务业集聚对制造业转型升级的影响：基于空间计量模型的实证分析[J]. 技术经济与管理研究（4）：102-109.

◎ 占华，2018. 收入差距对环境污染的影响研究：兼对"EKC"假说的再检验[J]. 经济评论（6）：100-112.

◎ 张宝友，肖文，孟丽君，2012. 我国服务贸易进口与制造业出口竞争力关系研究[J]. 经济地理，32（1）：102-108.

◎ 张浩然，2015. 生产性服务业集聚与城市经济绩效：基于行业和地区异质性视角的分析[J]. 财经研究，41（5）：67-77.

◎ 张珺，杨思嘉，2014. 知识密集型服务业的FDI与制造业技术进步[J]. 管理现代化（2）：66-68.

◎ 张楠，崔日明，2011. 服务贸易自由化的经济增长效应研究：基于SVM的实证检验[J]. 财经问题研究（9）：13-20.

◎ 张琴，赵丙奇，郑旭，2015. 科技服务业集聚与制造业升级：机理与实证检验[J]. 管理世界（11）：178-179.

◎ 张艳，唐宜红，周默涵，2013. 服务贸易自由化是否提高了制造业企业生产效率[J]. 世界经济，36（11）：51-71.

◎ 张一林，林毅夫，龚强，2019. 企业规模、银行规模与最优银行业结构：基于新结构经济学的视角[J]. 管理世界，35（3）：31-47，206.

◎ 张振刚，陈志明，胡琪玲，2014. 生产性服务业对制造业效率提升的影响研究[J]. 科研管理，35（1）：131-138.

◎ 赵景峰，杨承佳，2019. 生产性服务进口对中国制造业升级的影响研究[J]. 经济纵横（3）：102-113.

◎ 郑春霞，陈漓高，2007. 国际分工深化中生产者服务贸易的增长及我国的启示 [J]. 世界经济研究（1）：22-27.

◎ 郑永杰，齐中英，2012. 资源约束、贸易开放与技术溢出 [J]. 科学学研究（10）：1518-1526.

◎ 钟韵，闫小培，2005. 西方地理学界关于生产性服务业作用研究述评 [J]. 人文地理（3）：12-17.

◎ 周明生，王帅，2018. 产业集聚是导致区域环境污染的"凶手"吗？：来自京津冀地区的证据 [J]. 经济体制改革（5）：185-190.

◎ 庄丽娟，陈翠兰，2009. 我国服务贸易与货物贸易的动态相关性研究 [J]. 国际贸易问题（2）：32-36.

◎ 邹国伟，纪祥裕，胡晓丹，等，2018. 服务贸易开放能否带来制造业服务化水平的提升？[J]. 产业经济研究（6）：62-74.

◎ ALFARO L, 2003. Foreign direct investment and growth: Does the sector matter?[J/OL]. International Conference on African, 1: 1-31.

◎ ALTENBURG T, SCHMITZ H, STAMM A, 2008. Breakthrough? China's and India's transition from production to innovation[J]. World Development, 36(2): 325-344.

◎ ARNOLD J M, JAVORCIK B S, MATTOO A, 2011. Does services liberalization benefit manufacturing firms?: Evidence from the Czech Republic[J]. Social Science Electronic Publishing, 85(1):136-146.

◎ BARON R M, KENNY D A, 1986. The moderator-mediator variable distinction in social psychological research: conceptual, strategic, and statistical considerations. [J].Chapman and Hall, 51(6):1173-1182.

◎ BHAGWATI J N, 1984. Splintering and disembodiment of services and developing nations[J].The World Economy, 7(2):133-144.

◎ BROWNING H, SINGELMAN J, 1975. The emergence of a service society: Demographic and sociological aspects of the sectoral transformation of the labor force in the U.S.A[M].Springfield: National Technical Information Service.

◎ CHEN X H, LIU H, 2016. The integration of productive services into manufacturing sector preferences and the upgrading of manufacturing export technology[J].International Trade Issues(6):82-93.

◎ Chen K M, Yang S F, 2013. The impact of outward foreign direct investment on domestic R&D activity: Evidence from Taiwan's MNEs in China[J]. Asian Economic Journal, 27(1):17-38.

◎ COE D T, HELPMAN E, HOFFMAISTER A W, 1995. International R&D spillovers and institutions[J]. European Economic Review, 39(7), 859-887.

◎ COFFEY W J, POLESE M, 1989. Intrafirm trade in business services: Implication for the location of office based activities[J]. Papers, Regional Science Association, 23(7):13-25.

◎ COFFEY W J, 2000. The geographies of producer services[J]. Urban Geography, 21(2):170-183.

◎ DANIELS P W, 1991. Some perspectives on the geography of services[J]. Progress in Human Geography, 15(1):37-46.

◎ DEARDORFF J W, WILLIS G E, 1985. Further results from a laboratory model of the convective planetary boundary layer[J]. Boundary-Layer Meteorology, 32(3):205-236.

◎ DECI E L, RYAN R M, 1987. The support of autonomy and the control of behavior [J]. Journal of Personality and Social Psychology, 53(6):1024-1037.

◎ DESMET K, FAFCHAMPS M, 2005. Changes in the spatial concentration of employment across Us Counties: A sectoral analysis 1972—2000[J]. Journal of Economic Geography, 5(3):261-284.

◎ DOYTCH N, UCTUM M, 2011. Does the worldwide shift of FDI from manufacturing to services accelerate economic growth?: A GMM estimation study[J]. Journal of International Money & Finance, 30(3):410-427.

◎ ETHIER W J, 1982. National and international returns to scale in the modern theory of international trade[J]. American Economic Review, 72(3):389-405.

◎ FAN H C, LI Y A, YEAPLE S R, 2015. Trade liberalization, quality, and export prices: Theory and evidence from China[J]. Journal of Comparative Economics 43(5): 390-416.

◎ FARE R, GROSSKOPF S, LOVELL C A K, 1994. Production frontiers[M]. Cambridge: Cambridge University Press.

◎ FERNANDES A M, PAUNOV C, 2012. Foreign direct investment in services and manufacturing productivity: Evidence for Chile[J]. Journal of Development Economics, 97(2):305-321.

◎ FRANCOIS J, WOERZ J, 2007. Producer services, manufacturing linkages, and trade[J]. Social Science Electronic Publishing, 8(3-4):199-229.

◎ FRANCOIS J F, 1990. Producer services, scale, and the division of labor[J]. Oxford Economic Papers, 42(4):715-729.

◎ FRANCOIS J F, 1990.Trade in producer services and returns due to specialization under monopolistic competition[J]. Canadian Journal of Economics, 23(2):109-124.

◎ Fuentes D D, 1999. On the limits of the post-industrial society structural change and service sector employment in Spain[J]. International Review of Applied Economics, 13(1):111-123.

◎ FALVEY R E, GEMMELL N, 1991. Explaining service-price differences in international comparisons[J]. American Economic Review, 81(5):1295-1309.

◎ GEREFFI G, KAPLINSKY R, 2001. The value of value chains: Spreading the gains from globalisation[J].IDS Bulletin(32):3-5.

◎ GEREFFI G, 1999. International trade and industrial upgrading in the apparel commodity chain[J]. Journal of international economics, 48(1):37-70

◎ GEREFFI G, 1994. The organization of buyer-driven global commodity chains: How U.S. retailersshape overseas production networks[M]//GEREFFI G, KORZENIEWICZ M. Commodity Chains and Global Capitalism:95-122.

◎ GREENFIELD H I, 1966. Manpower and the growth of producer services[M]. New York: Columbia University Press.

◎ GRILICHES Z, LICHTENBERG F R, 1984. Interindustry technology flows and productivity growth: A reexamination[J]. Review of Economics and Statistics, 66(2):324-329.

◎ GRUBEL H G, WALKER M A, 1989. Service industry growth: Causes and effects[M]. Canada: The Fraser Institute.

◎ HALL R E, JONES C I, 1999. Why do some countries produce so much more output per worker than others?[J]. Quarterly Journal of Economics, 114(1):83-116.

◎ HALLAK J C, SCHOTT P K, 2008. Estimating cross-country differences in product quality[J]. Quarterly Journal of Economics, 126(1):417-474.

◎ HANSEN N, 1990. Do producer services induce regional economic development?

[J].Journal of Regional Science, 30(4): 465-476.

◎ HARRINGTON J W, 1995. Producer services research in U.S. regional studies [J]. The Professional Geographer, 47(1):87-96.

◎ HAUSMANN R, HWANG J, RODRIK D, 2007. What you export matters[J]. Journal of Economic Growth, 12(1):1-25.

◎ HILL P, 1999. Tangibles, intangibles and services: a new taxonomy for the classification of output[J].The Canadian Journal of Economics, 32(2): 426-446.

◎ HINDLEY B, SMITH A, 1984. Comparative advantage and trade in services[J]. The World Economy, 7(4):369-390.

◎ HOEKMAN B, BRAGA C A P, 1997. Protection and trade in services: A survey[J]. Open Economies Review, 8(3):285-308.

◎ HOWELLS J, GREEN A E, 1986. Location, technology and industrial organisation in U.K. services[J]. Progress in Planning, 26(2):83-183.

◎ HUMPHREY J, SCHMITZ H, 2002. How does insertion in global value chains affect upgrading in industrial clusters?[J]. Regional Studies, 36(9):1017-1027.

◎ JONES R W, FRANCES R, 1990. Appraising the options for international trade in services[J]. Oxford Economic Papers, 42(4):672-687.

◎ JUDD C M, 1981. Process analysis: Estimating mediation in treatment evaluations[J]. Evaluation Review(5):602-619.

◎ JÜRGEN B, KEREKES M, 2008. Does foreign direct investment transfer technology across borders? New evidence[J]. Economics Letters, 100(3):355-358.

◎ KAKAOMERLIOGLU D C, CARLSSON B, 1999. Manufacturing in decline? a matter of definition[J]. Economics of Innovation & New Technology, 8(3):175-196.

◎ KAPLINSKY R, MORRIS M, 2001. A Handbook for Value Chain Research[M].

Ottawa: IDRC.

◎ KIERZKOWSKI H, 1989. Monopolistic competition and international trade [M]. Oxford: Clarendon Press.

◎ KOGUT B, 1985. Designing global strategies: Comparative and competitive value-added chains[J]. Sloan Management Review, 26(4), 15-28.

◎ LANGHAMMER R J, 2007. Service trade liberalization as a handmaiden of competitiveness in manufacturing: An industrialized or developing country issue?[J]. Journal of world trade. 41(5): 909-929.

◎ LEEUW F A A M, DE, MOUSSIOPOULOS N, SAHM P, 2001. Urban air quality in larger conurbations in the European Union[J].Environmental Modelling & Software, 16(4):399-414.

◎ LI D H, MOSHIRIAN F, SIM A B, 2003. The Determinants of Intra-Industry Trade in Insurance Services[J]. The Journal of Risk and Insurance, 70(2):269-287.

◎ LICHTENBERG F R, POTTERIE B V P D L, 1998. International R&D spillovers a comment[J]. European Economic Review, 42(8):1483-1491.

◎ MACHLUP F, 1962. The production and distribution of knowledge in the United States[M].New Jersey: Princeton University Press.

◎ MAINE E M, SHAPIRO D M, VINING A R, 2010. The role of clustering in the growth of new technologybased firms[J]. Small Business Economics, 34(2):127-146.

◎ MARKUSEN J, RUTHERFORD T, TARR D, 2005. Trade and direct investment in producer services and the domestic market for expertise[J]. Canadian Journal of Economics/revue Canadienne Déconomique, 38(3):758-777.

◎ MARKUSEN J R, 1986. Explaining the volume of trade: An eclectic approach.[J]. American Economic Review, 76(5):1002-1011.

◎ MARKUSEN J R, 1989. Trade in producer services and in other specialized intermediate inputs[J]. American Economic Review, 79(1):85-95.

◎ MARSHALL J N, DAMESICK P, WOOD P, 1987. Understanding the location and role of producer services in the United Kingdom[J]. Environment and Planning A, 19(5):575-595.

◎ MARTINELLI F A, 1991. Demand-oriented approach to understanding producer services[M]. DANIELS P W, MOULAERT F. The Changing Geography of Advanced Producer Services. London: Belhaven Press:23-34.

◎ MELITZ M J, 2003. The Impact of Trade on Intra-Industry Reallocations and Aggregate Industry Productivity[J]. Econometrica, 71(6):1695-1725.

◎ MELVIN J R, 1989. Trade in producer services: A heckscher-ohlin approach[J]. Journal of Political Economy, 97(5):1180-1196.

◎ POON T S C, 2004. Beyond the global production networks:A case of further upgrading of Taiwan's information technology industry[J].International Journal of Technology and Globalization, 1(1):130-145.

◎ PORTER M E, 1985. Technology and competitive advantage[J]. Journal of Business Strategy, 5(3):60-78.

◎ ROBINSON S, WANG Z, MARTIN W, 2002. Capturing the implications of services trade liberalization[J]. Economic Systems Research, 14(1):3-33.

◎ RIVERA-BATIZ L A, ROMER P M, 1991. International trade with endogenous technological change[J].European Economic Review, 35(4):971-1004.

◎ Rowthorn R, Ramaswamy R, 1999. Growth, trade and deindustrialisation[J]. IMF Staff Papers, 46 (1):18-411.

◎ SAPIR A, LUTZ E, 1980. Trade in non-factor services: past trends and current issues[R/OL]. World Bank Staff Working Paper. (2024-06-10)[2024-06-10]. https://api.semanticscholar.org/CorpusID:152780409

◎ SIMON C J, NARDINELLI C, 2002. Human capital and the rise of American cities, 1900–1990[J]. Regional Science and Urban Economics, 32(1):59-96.

◎ SOBEL M E, 1982. Asymptotic confidence intervals for indirect effects in structural equation models[J]. Sociological Methodology, 13:290-312.

◎ SOLOW R M, 1956. A contribution to the theory of economic growth[J]. The Quarterly Journal of Economics, 70(1):65-94.

◎ SWAN T W, 1956. Economic growth and capital accumulation[J]. Economic Record, 63(32): 334-361.